Jean de La Fontaine

THE FABLES

JEAN DE LA FONTAINE

Jean de La Fontaine
THE FABLES

A Selection

Rendered into the English language

BY

ELIZUR WRIGHT

AND

adorned throughout

with

ILLUSTRATIONS & DECORATIONS

after

GUSTAVE DORÉ

JUPITER BOOKS
LONDON

This edition,
published by arrangement with
Emil Vollmer Verlag, Wiesbaden,
together with the Introduction is
Copyright © Jupiter Books (London) Limited 1975

First published in Great Britain in 1975 by
JUPITER BOOKS (LONDON) LTD
167 Hermitage Road, London N4.

English translation set in 11pt 'Photon' Times
by Input Typesetting Ltd (London);
ISBN 0 904041 26 3
D.L. M. 4468 – 1975
MELSA. Pinto (MADRID)
printed in Spain.

CONTENTS

INTRODUCTION

'HUMAN nature, when fresh from the hand of God, was full of poetry. Its sociality could not be pent within the bounds of the actual. To the lower inhabitants of air, earth, and water, – and even to those elements themselves, in all their parts and forms, – it gave speech and reason. The skies it peopled with beings, on the noblest model of which it could have any conception – to wit, its own. The intercourse of these beings, thus created and endowed, – from the deity kindled into immortality by the imagination, to the clod personified for the moment, – gratified one of its strongest propensities; for man may well enough be defined as the historical animal. The faculty which, in after ages, was to chronicle the realities developed by time, had at first no employment but to place on record the productions of the imagination. Hence, fable blossomed and ripened in the remotest antiquity'.

Thus the forthright New World prose of Elizur Wright on the ultimate origins of the fable in the pungent Preface to his translation of La Fontaine's *Fables,* the present English text, which first appeared in 1842.

The fable was, and still is, a notably memorable and concise way of presenting the moral lessons and laws, and truths, which we would seek to live by. The graphic imagery that dominates the form – most frequently of animals in human guise – highlights the edifying or cautionary point of the narrative in a way which characterises its birth to be contemporary with that of human-kind. Primitive peoples, those with only an oral tradition, sheath their verities so and were a tribal nabob – either of predeluvian Europe or modern-day Borneo – to be temporarily empowered with the written word any chrestomathy he might compile would be liberally graced with fables. In fact, some of the earliest surviving written records we possess, Egyptian papyri dating from 1500BC, abound with examples and show clearly the great sophistication it had attained by the advent of the permanent record.

The fable, not surprisingly, was popular too with public speakers in historical times, and it is to an Ancient Greek orator, Aesop, who lived circa 600BC that we owe its present stylisations and conventions. Aesop employed the device in his declamations and addresses with considerable dramatic effect and, after his death, when his rhetoric and its objects had long since been forgotten, the fables remained to become part of the Hellenic oral tradition. It was Socrates many years later who gathered the Aesop attributions together, reworked them into verse form, and published them for an even larger world. Induced by the Socratic example, many subsequent Greek and Roman writers essayed fables and thus its popularity was further increased. From the same period we find also, though outside the Western heritage, original collections of fables, mainly religious in nature, in the literature of both Islam and Hinduism.

The Bible is a rich repository of fables – a source that tends to be overlooked because of the theologians' preferred use of the term 'parable' – and there is scarcely a book in either the Old or New Testament which cannot muster at least a half-dozen examples. For example, when Jotham sought to show the men of Shechem the folly of their ingratitude, he recounted the fable of the Fig Tree, the Olive, the Vine, and the Bramble. (*Judges,* IX: 7-15). Thus the lesson was dramatically given; though to little avail on this occasion.

Jesus Christ favoured the fable, according to St. Mark, because he wished to make His meaning clear to the simple people. (*St. Mark,* HV: 11). And, today, many of His teachings are chiefly remembered by the form in which they were given. Few people cannot have heard the parable of the Sower or the parable of the Mustard Seed (both *St. Mark,* IV) at sometime in their life. And no one needs to be reminded of the importance these lessons have played in shaping the intellectual and cultural climate of the West ...

During the next thousand years, as Wright phrases it in his Preface, 'Fable slept, with other things, in the dark ages of Europe'. But in 1447 the collections attributed to Aesop were rendered into Greek prose by Planudes at Constantinople, a monk who prefixed his work with a life of the orator which, for many years, was considered genuine. The newly arrived art of printing saw to it that Planudes' work was published throughout the West; thus the fable was reborn amidst the Middle Ages. The form impressed itself upon the culture of the time and once again many writers sought to enshrine the eternal truths in such a concise manner.

The revival of the fable reached its grandest height in France during the seventeenth century with the work of Jean de La Fontaine. His fables, divided into twelve books, are in the words of the translator, 'like pure gold enveloped in rock-crystal'. La Fontaine dwarfs the productions of contemporary fabulists like John Gay, Cowper, and Pope. It is the supreme achievement of the form and the measure by which all similar ventures must ultimately be judged.

La Fontaine was born on July 8th, 1621, at Château-Thierry to wealthy and provincial middle-class parents. He seems to have grown up in a sheltered and intellectually informed household where, by the standards of the day, he was considered a little backward. The father was responsible for two mis-judgements in disposing of his son. One was that he sought for him an education that would lead eventually to a life within the Church; this proved totally unsuitable. And the other is that he brought about the marriage of La Fontaine, at an early age, to a woman 'who was unfitted to secure his affections, or to manage his domestic affairs'. But thanks must go to La Fontaine père for striving unremittingly to make his son a poet. Though Jean was slow in many ways and showed no poetic gifts until he was twenty-two, and it would not be until many years later that he reached the perfection we now associate with his work, it was obvious that his mental outlook and ideas were now being moulded.

La Fontaine having found himself married at the age of twenty-six, though being not much more than sixteen years in emotional development, would in the ensuing years gradually drift from his wife and son to seek the company of others. He seemed to lack the outside care and consternation of those around him. What today we might vulgarly describe as absent-minded; a man who, to quote a striking metaphor of Wright's, 'when his mind shuts the door, [and] pulls in the latch-string ... is wholly at home'. The quality characterised by the oft-repeated anecdote, probably apocryphal, but typical nonetheless, that after having his son pointed out to him by a third party declared, "Ah, yes, I thought I had seen him somewhere".

It was not, as has been noted, until La Fontaine's twenty-second year that he showed any taste for poetry. This was occasioned by an ode of Malherbe's being read to him by a soldier on leave. It begins thus in the translation of Wright:

> What will ye say, ye future days,
>   If I, for once, in honest rhymes,
> Recount to you the deeds and ways
>   Of our abominable times?

He set himself to read immediately the whole of the poet's work and, as the months passed, he cast his net ever wider until he was well versed in much of French and Classical literature. Among his favourites were Plato and Plutarch and the editions he used are full of marginal notes which constitute the maxims to be found in the following fables.

He strove hard at writing verse and his work was soon much admired among his wide circle of friends. His acclaim spread rapidly; he was patronised and for a time produced poems regularly to order. He soon moved to Paris, leaving behind his family in Château-Thierry, and was frequently to be found in the company of Molière, Racine, and Boileau. It was in 1668 that La Fontaine published his first collection of fables and the response was so great that several reprintings were called for in the following months.

The verses of La Fontaine did more for his reputation than his purse; his family estate wasted away under his carelessness and his wife at one time was supported entirely by *her* friends. It is obvious that such a man who could provide so little for himself needed good friends to make amends. And thus it was with La Fontaine. He was invited by Madame de la Sablière to make her house his home and there he stayed for twenty years. "I have sent away all my domestics", said that lady one day in a memorable line; "I have kept only my dog, my cat, and La Fontaine". She was one of the best educated women in France, spoke several languages fluently, and knew Horace and Virgil by heart. La Fontaine did all he could to honour the arrangement and never published anything without first submitting it to her.

Upon Madame de la Sablière's death in 1693, La Fontaine was left, at the age of seventy-two, without a home. His friends vied with each other as to who should next furnish him with one. But the end was not far away; he died, aged seventy-three, on April 13th, 1695, and was buried in the cemetery of Saints-Innocents. He was mourned by France as one of her greatest poets.

La Fontaine's fables are the work of a consumate psychologist, a superb writer of verse whose vocabulary of poetic effects and mastery of language never fails him (or his audience). The animals of these dramas represent men but, and here one must recall Grandville's graphic work attempting the same feat, they are still essentially animals. Seldom have the two been combined so strikingly. The emblematic use to which the beasts of nature are put will forever remain with us, as a mnemonic almost, recalling, in the words of La Fontaine himself in the dedication to the first published collection, the 'hard core of vital truths'. No great profundity is evinced in the following selection of fables, but rather a gentle philosophy of sense and moderation tinged, occasionally, with the acidic realism that some might mistake for cynicism. That great writer of maxims, Chamfort, who much admired the fabulist noted that he is a poet 'of everday life, of homespun reason, unworried prudence, the advantage of living among equals, the need which may arise of seeking help from inferiors ... this is what he loves and prompts us to love'. (Quoted by Raymond Picard in *Two Centuries of French Literature,* p. 55; see the bibliographical note below).

The present translation was the first complete rendering of La Fontaine's texts into the English language and was finished in the early 1840s by a remarkable man in circumstances, happily temporary, of great poverty. Elizur Wright (1804-1885) chanced upon the fables in a bookshop in New York in 1837 and there and then decided that such a work should be translated forthwith. The task was originally undertaken solely for his own children. The following year it was published and met with an enthusiastic reception; Wright to ease his circumstances even took to hawking the volumes from door-to-door both in America and England.

Wright, while a graduate of Yale, was in no way prepared, it was thought at the time, for such a venture as translating one of France's greatest poets. That he succeeded in so accomplished a manner says much for his poetic understanding and dexterity with the language.

The original English edition of the *Fables* with Doré's illustrations, published in 1867, contained a translation by Walter Thornbury commissioned especially for the occasion. Thornbury's phrasing is arch and very much of the period, drenched in coy sentiment, and capturing nothing of La Fontaines's freshness or vigor. None of this is to be found in Wright's work; the spirit of the original is perfectly expressed and we find a pleasing and acceptable modernity which in no way betrays the original.

The Fables was Wright's first and last venture into what H. L. Mencken once dubbed the world of 'beautiful letters'. The translator after playing a prominent part in the anti-slavery struggle went on to be concerned solely with life insurance. He exposed the corruption and graft rife in the larger companies and was responsible for much of the basic legislation enacted in America governing insurance practice. 'His efforts probably had more to do with the development of sound standards for life insurance than those of any other man in history'. (*Dictionary of American Biography,* vol. XX; New York, 1936). Wright's only other major published works were also on this subject.

Louis Auguste Gustave Doré will need no introduction. His typically Victorian approach, often anecdotal and sentimental, is saved by his heroic intents. The selection reproduced here is equal to his best work in *The History of Don Quixote* (1864), *The Bible* (1866), and, at a time when so much of his even very minor illustration is so frequently reprinted, the one work that no one has yet seen fit to rescue, the epic *Works of Rabelais* (1871) – the freest and most compelling extravaganza of his undoubted talents.

BIBLIOGRAPHICAL NOTE

For a concise general introduction to La Fontaine and his period see Raymond Picard's *Two Centuries of French Literature* (London, 1969). This little work is splendidly illustrated with both colour and black-and-white reproductions of the visual arts of the period. The text is a model of clipped perception. For full studies of La Fontaine see M. Sutherland's *La Fontaine* (London, 1953), and J. D. Biard's *The Style of La Fontaine's Fables* (Oxford, 1966). Both books contain extensive references to other works. For a representative selection of La Fontaine's writings in forms other than that of the fable, the reader should consult the translations in *Selected Works of La Fontaine,* edited by P. A. Wadsworth (New York and London, 1950).

In addition to the Walter Thornbury translation already mentioned (London, 1867), other more recent attempts are available: Sir Edward Marsh's *La Fontaine's Fables* (New York and London, 1952) is a sort of refit into Modern Verse; and R. Jarman's *The Complete Fables* (London 1962) is spirited but marred on occasion with some trite phrasing.

Elizur Wright's translation has been available many times since first it was published in Boston in 1842. A notable edition to have is that put out by George Bell in London in 1882. In addition to containing Wright's Preface in its entirety it is further enriched by J. W. M. Gibbs's full annotation. The notes abound on every page and explain many of the allusions and sources which the lay reader might find unfamiliar. Wright's 'only other major published works' were, *Politics and Mysteries of Life Insurance* (Boston, 1873), and, *Traps Baited with Orphans; or, What is the matter with Life Insurance?* (Boston, 1877). It should also be noted here that he wrote the Preface to the first collected edition of the works of the poet who was to lend his name to Richard M. Nixon's birthplace in Los Angeles – John Greenleaf Whittier.

Doré's life and times may be studied in H. Haupt-Lehmann's *The Terrible Gustave Doré* (London, 1943), and Millicent Rose's work which simply bears the artist's name (London, 1946). There have also been several recent studies. For a full listing of curently available Doré reprints the reader is asked to consult the latest edition of *Whitaker* (in England) and *Bowker* (in America) which should be available in every bookshop and library with more than three paperbacked books to its credit.

THE GRASSHOPPER AND THE ANT.

A Grasshopper gay
Sang the summer away,
And found herself poor
By the winter's first roar.
Of meat or of bread,
Not a morsel she had!
So a begging she went,
To her neighbour the ant,
  For the loan of some wheat,
  Which would serve her to eat,
Till the season came round.
  'I will pay you,' she saith,
  'On an animal's faith,
Double weight in the pound
Ere the harvest be bound.'
  The ant is a friend
  (And here she might mend)
  Little given to lend.
'How spent you the summer?'
  Quoth she, looking shame
  At the borrowing dame.
'Night and day to each comer
  I sang, if you please.'
  'You sang! I'm at ease;
For 'tis plain at a glance,
Now, ma'am, you must dance.'

LA CIGALE ET LA FOURMI.

La Cigale, ayant chanté
    Tout l'été,
Se trouva fort dépourvue
Quand la bise fut venue :
Pas un seul petit morceau
De mouche ou de vermisseau.
Elle alla crier famine
Chez la Fourmi sa voisine,
La priant de lui prêter
Quelque grain pour subsister
Jusqu'à la saison nouvelle.
« Je vous paierai, lui dit-elle,
Avant l'oût, foi d'animal,
Intérêt et principal. »
La Fourmi n'est pas prêteuse;
C'est là son moindre défaut.
« Que faisiez-vous au temps chaud?
Dit-elle à cette emprunteuse.
— Nuit et jour à tout venant
Je chantois, ne vous déplaise.
— Vous chantiez? j'en suis fort aise :
Eh bien! dansez maintenant. »

LE CORBEAU ET LE RENARD.

Maitre Corbeau, sur un arbre perché,
Tenoit en son bec un fromage.
Maitre Renard, par l'odeur alléché,
Lui tint à peu près ce langage :
« Hé! bonjour monsieur du Corbeau.
Que vous êtes joli! que vous me semblez beau!
Sans mentir, si votre ramage
Se rapporte à votre plumage,
Vous êtes le phénix des hôtes de ces bois. »
A ces mots le Corbeau ne se sent pas de joie;
Et, pour montrer sa belle voix,
Il ouvre un large bec, laisse tomber sa proie.
Le Renard s'en saisit, et dit : « Mon bon monsieur,
Apprenez que tout flatteur
Vit aux dépens de celui qui l'écoute :
Cette leçon vaut bien un fromage, sans doute. »
Le Corbeau, honteux et confus,
Jura, mais un peu tard, qu'on ne l'y prendroit plus.

THE RAVEN AND THE FOX.

Perch'd on a lofty oak,
Sir Raven held a lunch of cheese;
Sir Fox, who smelt it in the breeze,
Thus to the holder spoke:—
'Ha! how do you do, Sir Raven?
Well, your coat, sir, is a brave one!
So black and glossy, on my word, sir,
With voice to match, you were a bird, sir,
Well fit to be the Phœnix of these days.'
Sir Raven, overset with praise,
Must show how musical his croak.
Down fell the luncheon from the oak;
Which snatching up, Sir Fox thus spoke:—
'The flatterer, my good sir,
Aye liveth on his listener;
Which lesson, if you please,
Is doubtless worth the cheese.'
A bit too late, Sir Raven swore
The rogue should never cheat him more.

THE FROG THAT WISHED TO BE AS BIG AS THE OX.

The tenant of a bog,
An envious little frog,
  Not bigger than an egg,
A stately bullock spies,
And, smitten with his size,
  Attempts to be as big.

  With earnestness and pains,
  She stretches, swells, and strains,
And says, 'Sis Frog, look here! see me!
  Is this enough?' 'No, no.'
  'Well, then, is this?' 'Poh! Poh!
Enough! you don't begin to be.'
    And thus the reptile sits,
    Enlarging till she splits.
    The world is full of folks
      Of just such wisdom;–
    The lordly dome provokes
      The cit to build his dome;
    And, really, there is no telling
How much great men set little ones a swelling.

LA GRENOUILLE QUI SE VEUT FAIRE AUSSI GROSSE
QUE LE BŒUF.

Une Grenouille vit un Bœuf
Qui lui sembla de belle taille.
Elle, qui n'étoit pas grosse en tout comme un œuf,
Envieuse, s'étend, et s'enfle, et se travaille,
Pour égaler l'animal en grosseur;
Disant : « Regardez bien, ma sœur;

Est-ce assez? dites-moi; n'y suis-je point encore?
— Nenni. — M'y voici donc? — Point du tout. — M'y voilà?
— Vous n'en approchez point. » La chétive pécore
S'enfla si bien qu'elle creva.

Le monde est plein de gens qui ne sont pas plus sages :
Tout bourgeois veut bâtir comme les grands seigneurs,
Tout petit prince a des ambassadeurs,
Tout marquis veut avoir des pages.

Deux Mulets cheminoient, l'un d'avoine chargé,
    L'autre portant l'argent de la gabelle.
Celui-ci, glorieux d'une charge si belle,
N'eût voulu pour beaucoup en être soulagé.
      Il marchoit d'un pas relevé,
      Et faisoit sonner sa sonnette ;
      Quand l'ennemi se présentant,
      Comme il en vouloit à l'argent,
Sur le Mulet du fisc une troupe se jette,
      Le saisit au frein, et l'arrête.
      Le Mulet, en se défendant,
Se sent percer de coups ; il gémit, il soupire.
« Est-ce donc là, dit-il, ce qu'on m'avoit promis ?
Ce Mulet qui me suit du danger se retire ;
      Et moi j'y tombe, et je péris !
      — Ami, lui dit son camarade,
Il n'est pas toujours bon d'avoir un haut emploi :
Si tu n'avois servi qu'un meunier, comme moi,
      Tu ne serois pas si malade. »

THE TWO MULES.

Two mules were bearing on their backs,
One, oats; the other, silver of the tax.
  The latter glorying in his load,
    March'd proudly forward on the road;
And, from the jingle of his bell,
'Twas plain he liked his burden well.
    But in a wild-wood glen
      A band of robber men
Rush'd forth upon the twain.
    Well with the silver pleased,
      They by the bridle seized
The treasure-mule so vain.
Poor mule! in struggling to repel
  His ruthless foes, he fell
Stabb'd through; and with a bitter sighing,
  He cried, 'Is this the lot they promised me?
  My humble friend from danger free,
While, weltering in my gore, I'm dying?'
    'My friend,' his fellow-mule replied,
'It is not well to have one's work too high.
If thou hadst been a miller's drudge, as I,
  Thou wouldst not thus have died.'

LE LOUP ET LE CHIEN.

Un Loup n'avoit que les os et la peau,
    Tant les chiens faisoient bonne garde.
Ce Loup rencontre un Dogue aussi puissant que beau,
Gras, poli, qui s'étoit fourvoyé par mégarde.
      L'attaquer, le mettre en quartiers,
      Sire Loup l'eût fait volontiers;
      Mais il falloit livrer bataille;
      Et le mâtin étoit de taille
      A se défendre hardiment.
      Le Loup donc l'aborde humblement,
    Entre en propos, et lui fait compliment
      Sur son embonpoint, qu'il admire.
      « Il ne tiendra qu'à vous, beau sire,
D'être aussi gras que moi, lui repartit le Chien.
      Quittez les bois, vous ferez bien :
      Vos pareils y sont misérables,
      Cancres, hères, et pauvres diables,
Dont la condition est de mourir de faim.
Car, quoi? rien d'assuré : point de franche lippée;
      Tout à la pointe de l'épée.
Suivez-moi, vous aurez un bien meilleur destin. »
    Le Loup reprit : « Que me faudra-t-il faire ?
— Presque rien, dit le Chien : donner la chasse aux gens
      Portant bâtons, et mendiants;

A prowling wolf, whose shaggy skin
(So strict the watch of dogs had been)
    Hid little but his bones,
Once met a mastiff dog astray.
A prouder, fatter, sleeker Tray,
    No human mortal owns.
Sir Wolf in famish'd plight,
    Would fain have made a ration
    Upon his fat relation;
But then he first must fight;
    And well the dog seem'd able
    To save from wolfish table
His carcass snug and tight.
    So, then, in civil conversation
    The wolf express'd his admiration
Of Tray's fine case. Said Tray, politely,
'Yourself, good sir, may be as sightly;
    Quit but the woods, advised by me.
    For all your fellows here, I see,
Are shabby wretches, lean and gaunt,
Belike to die of haggard want.
With such a pack, of course it follows,
One fights for every bit he swallows.
    Come, then, with me, and share
    On equal terms our princely fare.'
      'But what with you
      Has one to do?'
Inquires the wolf. 'Light work indeed,'
Replies the dog; 'you only need
    To bark a little now and then,
    To chase off duns and beggar men,
To fawn on friends that come or go forth,
Your master please, and so forth;
    For which you have to eat
    All sorts of well-cook'd meat—
Cold pullets, pigeons, savoury messes—
Besides unnumber'd fond caresses.'

The wolf, by force of appetitie,
    Accepts the terms outright,
Tears glistening in his eyes.
But faring on, he spies
    A Gall'd spot on the mastiff's neck.
'What's that?' he cries. 'O, nothing but a speck.'
'A speck?' 'Ay, ay; 'tis not enough to pain me;
'Perhaps the collar's mark by which they chain me.'
    'Chain! chain you! What! run you not, then,
Just where you please, and when?'
'Not always, sir; but what of that?'
'Enough for me, to spoil your fat!
It ought to be a precious price
Which could to servile chains entice;
For me, I'll shun them while I've wit.'
    So ran Sir Wolf, and runneth yet.

Flatter ceux du logis, à son maître complaire :
    Moyennant quoi votre salaire
Sera force reliefs de toutes les façons,
    Os de poulets, os de pigeons ;
    Sans parler de mainte caresse. »
Le Loup déjà se forge une félicité
    Qui le fait pleurer de tendresse.
Chemin faisant, il vit le cou du Chien pelé.
« Qu'est-ce là ? lui dit-il. — Rien. — Quoi ! rien ? — Peu de chose.
— Mais encor ? — Le collier dont je suis attaché
De ce que vous voyez est peut-être la cause.
— Attaché ? dit le Loup : vous ne courez donc pas
    Où vous voulez ? — Pas toujours : mais qu'importe ?
— Il importe si bien, que de tous vos repas
    Je ne veux en aucune sorte,
Et ne voudrois pas même à ce prix un trésor. »
Cela dit, maitre Loup s'enfuit, et court encor.

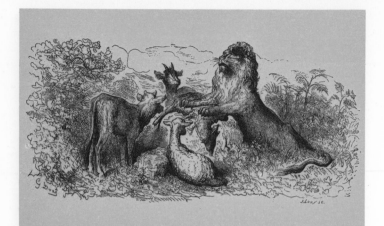

THE HEIFER, THE GOAT, AND THE SHEEP, IN COMPANY WITH THE LION.

LA GÉNISSE, LA CHÈVRE ET LA BREBIS EN SOCIÉTÉ AVEC LE LION.

La Génisse, la Chèvre, et leur sœur la Brebis,
Avec un fier Lion, seigneur du voisinage,
Firent société, dit-on, au temps jadis,
Et mirent en commun le gain et le dommage.
Dans les lacs de la Chèvre un cerf se trouva pris.
Vers ses associés aussitôt elle envoie.
Eux venus, le Lion par ses ongles compta,
Et dit : « Nous sommes quatre à partager la proie. »
Puis en autant de parts le cerf il dépeça ;
Prit pour lui la première en qualité de sire.
« Elle doit être à moi, dit-il ; et la raison,
     C'est que je m'appelle Lion :
     A cela l'on n'a rien à dire.
La seconde, par droit, me doit échoir encor :
Ce droit, vous le savez, c'est le droit du plus fort.
Comme le plus vaillant, je prétends la troisième.
Si quelqu'une de vous touche à la quatrième,
     Je l'étranglerai tout d'abord. »

The heifer, the goat, and their sister the sheep,
Compacted their earnings in common to keep,
'Tis said, in time past, with a lion, who sway'd
Full lordship o'er neighbours, of whatever grade.
The goat, as it happen'd, a stag having snared,
Sent off to the rest, that the beast might be shared.
All gather'd; the lion first counts on his claws,
And says, 'We'll proceed to divide with our paws
The stag into pieces, as fix'd by our laws.'
   This done, he announced part first as his own;
   'Tis mine,' he says, 'truly, as lion alone.'
   To such a decision there's nought to be said,
   As he who has made it is doubtless the head.
'Well, also, the second to me should belong;
'Tis mine, be it known, by the right of the strong.
Again, as the bravest, the third must be mine.
To touch but the fourth whosewhoso maketh a sign,
     I'll choke him to death
     In the space of a breath!'

THE WALLET.

From heaven, one day, did Jupiter proclaim,
  'Let all that live before my throne appear,
And there if any one hath aught to blame,
In matter, form, or texture of his frame,
  He may bring forth his grievance without fear.
Redress shall instantly be given to each.
Come, monkey, now, first let us have your speech.
    You see these quadrupeds, your brothers;
    Comparing, then, yourself with others,
  Are you well satisfied?' 'And wherefore not?'
Says Jock. 'Haven't I four trotters with the rest?
Is not my visage comely as the best?
    But this my brother Bruin, is a blot
      On thy creation fair;
    And sooner than be painted I'd be shot,
      Were I, great sire, a bear.'
The bear approaching, doth he make complaint?
Not he;—himself he lauds without restraint.
    The elephant he needs must criticize;
    To crop his ears and stretch
      His tail were wise;
    A creature he of huge, misshapen size.
The elephant, though famed as beast judicious,
While on his own account he had no wishes,
Pronounced dame whale too big to suit his taste;
Of flesh and fat she was a perfect waste.
The little ant, again, pronounced the gnat too wee;
To such a speck, a vast colossus she.
Each censured by the rest, himself content,
Back to their homes all living things were sent.
    Such folly liveth yet with human fools.
    For others lynxes, for ourselves but moles.
    Great blemishes in other men we spy,
    Which in ourselves we pass most kindly by.
    As in this world we're but way-farers,
    Kind Heaven has made us wallet-bearers.
    The pouch behind our own defects must store,
    The faults of others lodge in that before.

LA BESACE.

Jupiter dit un jour : « Que tout ce qui respire
S'en vienne comparoître aux pieds de ma grandeur :
Si dans son composé quelqu'un trouve à redire,
      Il peut le déclarer sans peur ;
      Je mettrai remède à la chose.
Venez, Singe ; parlez le premier, et pour cause :
Voyez ces animaux, faites comparaison
      De leurs beautés avec les vôtres.
Ête s-vous satisfait ? — Moi ? dit-il ; pourquoi non ?
N'ai-je pas quatre pieds aussi bien que les autres ?
Mon portrait jusqu'ici ne m'a rien reproché :
Mais pour mon frère l'Ours, on ne l'a qu'ébauché ;
Jamais s'il me veut croire, il ne se fera peindre. »
L'Ours venant là-dessus, on crut qu'il s'alloit plaindre.
Tant s'en faut : de sa forme il se loua très-fort ;
Glosa sur l'Éléphant, dit qu'on pourroit encor
Ajouter à sa queue, ôter à ses oreilles ;
Que c'étoit une masse informe et sans beauté.
      L'Éléphant étant écouté,
Tout sage qu'il étoit, dit des choses pareilles :
      Il jugea qu'à son appétit
      Dame Baleine étoit trop grosse.
Dame Fourmi trouva le Ciron trop petit,
      Se croyant, pour elle, un colosse.
Jupin les renvoya s'étant censurés tous,
Du reste, contents d'eux. Mais parmi les plus fous
Notre espèce excella ; car tout ce que nous sommes,
Lynx envers nos pareils, et taupes envers nous,
Nous nous pardonnons tout, et rien aux autres hommes :
On se voit d'un autre œil qu'on ne voit son prochain.
      Le fabricateur souverain
Nous créa besaciers tous de même manière,
Tant ceux du temps passé que du temps d'aujourd'hui :
Il fit pour nos défauts la poche de derrière,
Et celle de devant pour les défauts d'autrui.

L'HIRONDELLE ET LES PETITS OISEAUX.

Une Hirondelle en ses voyages
Avoit beaucoup appris. Quiconque a beaucoup vu
 Peut avoir beaucoup retenu.
Celle-ci prévoyoit jusqu'aux moindres orages,
 Et, devant qu'ils fussent éclos,
 Les annonçoit aux matelots.
Il arriva qu'au temps que la chanvre se sème,
Elle vit un manant en couvrir maints sillons.
« Ceci ne me plait pas, dit-elle aux oisillons :
Je vous plains ; car, pour moi, dans ce péril extrême,
Je saurai m'éloigner, ou vivre en quelque coin.
Voyez-vous cette main qui par les airs chemine ?
 Un jour viendra, qui n'est pas loin,
Que ce qu'elle répand sera votre ruine.
De là naitront engins à vous envelopper,
 Et lacets pour vous attraper,
 Enfin mainte et mainte machine
 Qui causera dans la saison
 Votre mort ou votre prison :
 Gare la cage ou le chaudron !
 C'est pourquoi, leur dit l'Hirondelle,
 Mangez ce grain ; et croyez-moi. »
 Les oiseaux se moquèrent d'elle :
 Ils trouvoient aux champs trop de quoi.
 Quand la chènevière fut verte,
L'Hirondelle leur dit : « Arrachez brin à brin
 Ce qu'a produit ce maudit grain,
 Ou soyez sûrs de votre perte.
— Prophète de malheur, babillarde, dit-on,
 Le bel emploi que tu nous donnes !
 Il nous faudroit mille personnes
 Pour éplucher tout ce canton. »
 La chanvre étant tout à fait crûe,

THE SWALLOW AND THE LITTLE BIRDS.

By voyages in air,
 With constant thought and care,
Much knowledge had a swallow gain'd,
Which she for public use retain'd,
 The slightest storms she well foreknew,
 And told the sailors ere they blew.
A farmer sowing hemp, once having found,
She gather'd all the little birds around,
And said, 'My friends, the freedom let me take
To prophesy a little, for your sake,
 Against this dangerous seed.
 Though such a bird as I
 Knows how to hide or fly,
 You birds a caution need.
 See you that waving hand?
 It scatters on the land
 What well may cause alarm.
 'Twill grow to nets and snares,
 To catch you unawares,
 And work you fatal harm!
 Great multitudes I fear,
 Of you, my birdies dear,
 That falling seed, so little,
 Will bring to cage or kettle!
But though so perilous the plot,
 You now may easily defeat it:
All lighting on the seeded spot,
Just scratch up every seed and eat it.'
 The little birds took little heed,
 So fed were they with other seed.
 Anon the field was seen
 Bedeck'd in tender green.
The swallow's warning voice was heard again:
'My friends, the product of that deadly grain,
 Seize now, and pull it root by root,

L'Hirondelle ajouta : « Ceci ne va pas bien ;
　　　　Mauvaise graine est tôt venue.
Mais, puisque jusqu'ici l'on ne m'a crue en rien,
　　　　Dès que vous verrez que la terre
　　　　Sera couverte, et qu'à leurs blés
　　　　Les gens n'étant plus occupés
　　　　Feront aux oisillons la guerre ;
　　　　Quand reginglettes et réseaux
　　　　Attraperont petits oiseaux,
　　　　Ne volez plus de place en place,
Demeurez au logis, ou changez de climat :
Imitez le Canard, la Grue, et la Bécasse.
　　　　Mais vous n'êtes pas en état
De passer, comme nous, les déserts et les ondes,
　　　　Ni d'aller chercher d'autres mondes :
C'est pourquoi vous n'avez qu'un parti qui soit sûr ;
C'est de vous renfermer aux trous de quelque mur. »
　　　　Les oisillons, las de l'entendre,
Se mirent à jaser aussi confusément
Que faisoient les Troyens quand la pauvre Cassandre
　　　　Ouvroit la bouche seulement.
　　　　Il en prit aux uns comme aux autres :
Maint oisillon se vit esclave retenu.

Nous n'écoutons d'instincts que ceux qui sont les nôtres,
Et ne croyons le mal que quand il est venu.

Or surely you'll repent its fruit.'
'False, babbling prophetess,' says one,
'You'd set us at some pretty fun!
To pull this field a thousand birds are needed,
While thousands more with hemp are seeded.'
　　The crop now quite mature,
The swallow adds, 'Thus far I've fail'd of cure;
　　I've prophesied in vain
　　Against this fatal grain:
　　It's grown. And now, my bonny birds,
　　Though you have disbelieved my words
　　　Thus far, take heed at last,–
　　　When you shall see the seed-time past,
And men, no crops to labour for,
On birds shall wage their cruel war,
　　　With deadly net and noose;
　　　　Of flying then beware,
　　　　Unless you take the air,
　　　Like woodcock, crane, or goose.
But stop; you're not in plight
For such adventurous flight,
　　　O'er desert waves and sands,
　　　In search of other lands.
Hence, then, to save your precious souls,
　　　Remaineth but to say,
　　　'Twill be the safest way,
To chuck yourselves in holes.'
　　Before she had thus far gone,
　　　The birdlings, tired of hearing,
　　　And laughing more than fearing,
　　Set up a greater jargon
Than did, before the Trojan slaughter,
The Trojans round old Priam's daughter.
　　And many a bird, in prison grate,
　　Lamented soon a Trojan fate.

'Tis thus we heed no instincts but our own;
Believe no evil till the evil's done.

THE CITY RAT AND THE COUNTRY RAT.

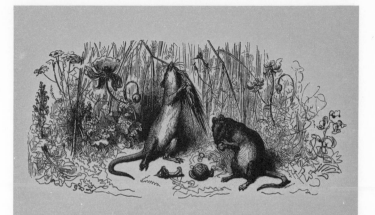

A city rat, on night,
  Did, with a civil stoop,
A country rat invite
  To end a turtle soup.

Upon a Turkey carpet
  They found the table spread,
And sure I need not harp it
  How well the fellows fed.

The entertainment was
  A truly noble one;
But some unlucky cause
  Disturb'd it when begun.

It was a slight rat-tat,
  That put their joys to rout;
Out ran the city rat;
  His guest, too, scamper'd out.

Our rats but fairly quit,
  The fearful knocking ceased.
'Return we,' cried the cit,
  To finish there our feast.

'No,' said the rustic rat;
  'To-morrow dine with me.
I'm not offended at
  Your feast so grand and free,—

'For I've no fare resembling;
  But then I eat at leisure,
  And would not swap, for pleasure
So mix'd with fear and trembling.'

LE RAT DE VILLE ET LE RAT DES CHAMPS.

Autrefois le Rat de ville
Invita le Rat des champs,
D'une façon fort civile,
A des reliefs d'ortolans.

Sur un tapis de Turquie
Le couvert se trouva mis.
Je laisse à penser la vie
Que firent ces deux amis.

Le régal fut fort honnête;
Rien ne manquoit au festin:
Mais quelqu'un troubla la fête
Pendant qu'ils étoient en train.

A la porte de la salle
Ils entendirent du bruit:
Le Rat de ville détale;
Son camarade le suit.

Le bruit cesse, on se retire:
Rats en campagne aussitôt;
Et le citadin de dire:
« Achevons tout notre rôt.

— C'est assez, dit le rustique;
Demain vous viendrez chez moi.
Ce n'est pas que je me pique
De tous vos festins de roi;

Mais rien ne vient m'interrompre:
Je mange tout à loisir.
Adieu donc: fi du plaisir
Que la crainte peut corrompre! »

LE LOUP ET L'AGNEAU.

La raison du plus fort est toujours la meilleure :
    Nous l'allons montrer tout à l'heure.

    Un Agneau se désaltéroit
    Dans le courant d'une onde pure ;
Un Loup survient à jeun, qui cherchoit aventure,
    Et que la faim en ces lieux attiroit.
« Qui te rend si hardi de troubler mon breuvage ?
    Dit cet animal plein de rage :
Tu seras châtié de ta témérité.
— Sire, répond l'Agneau, que Votre Majesté
    Ne se mette pas en colère ;
    Mais plutôt qu'elle considère
    Que je me vas désaltérant
        Dans le courant,
    Plus de vingt pas au-dessous d'elle ;
Et que par conséquent, en aucune façon,
    Je ne puis troubler sa boisson.
— Tu la troubles, reprit cette bête cruelle ;
Et je sais que de moi tu médis l'an passé.
— Comment l'aurois-je fait si je n'étois pas né ?
    Reprit l'Agneau, je tette encor ma mère.
      — Si ce n'est toi, c'est donc ton frère.
    — Je n'en ai point. — C'est donc quelqu'un des tiens ;
    Car vous ne m'épargnez guère,
    Vous, vos bergers et vos chiens.
On me l'a dit : il faut que je me venge. »
    Là-dessus, au fond des forêts
    Le Loup l'emporte, et puis le mange,
    Sans autre forme de procès.

THE WOLF AND THE LAMB.

That innocence is not a shield,
    A story teaches, not the longest.
The strongest reasons always yield
    To reasons of the strongest.

A lamb her thirst was slaking,
    Once, at a mountain rill.
A hungry wolf was taking
    His hunt for sheep to kill,
When, spying on the streamlet's brink
    This sheep of tender age,
    He howl'd in tones of rage,
'How dare you roil my drink?
Your impudence I shall chastise!'
'Let not your majesty,' the lamb replies,
    'Decide in haste or passion!
For sure 'tis difficult to think
    In what respect or fashion
My drinking here could roil your drink,
Since on the stream your majesty now faces
I'm lower down, full twenty paces.'
    'You roil it,' said the wolf; 'and, more, I know
    You cursed and slander'd me a year ago.'
'O no! how could I such a thing have done!
    A lamb that has not seen a year,
    A suckling of its mother dear?'
'Your brother then.' 'But brother I have none.'
    'Well, well, what's all the same,
    'Twas some one of your name.
Sheep, men, and dogs of every nation,
Are wont to stab my reputation,
    As I have truly heard.'
    Without another word,
He made his vengence good,—
Bore off the lambkin to the wood,
    And there, without a jury,
Judged, slew, and ate her in his fury.

L'HOMME ET SON IMAGE.

POUR M. LE DUC DE LA ROCHEFOUCAULD.

Un Homme qui s'aimoit sans avoir de rivaux
Passoit dans son esprit pour le plus beau du monde :
Il accusoit toujours les miroirs d'être faux,
Vivant plus que content dans son erreur profonde.
Afin de le guérir, le sort officieux
    Présentoit partout à ses yeux
Les conseillers muets dont se servent nos dames :
Miroirs dans les logis, miroirs chez les marchands,
    Miroirs aux poches des galands,
    Miroirs aux ceintures des femmes.
Que fait notre Narcisse? Il se va confiner
Aux lieux les plus cachés qu'il peut s'imaginer,
N'osant plus des miroirs éprouver l'aventure.
Mais un canal, formé par une source pure,
    Se trouve en ces lieux écartés :
Il s'y voit, il se fâche; et ses yeux irrités
Pensent apercevoir une chimère vaine.
Il fait tout ce qu'il peut pour éviter cette eau.
    Mais quoi? le canal est si beau
    Qu'il ne le quitte qu'avec peine.

    On voit bien où je veux venir.
    Je parle à tous; et cette erreur extrême
Est un mal que chacun se plaît d'entretenir.
Notre âme, c'est cet Homme amoureux de lui-même :
Tant de miroirs, ce sont les sottises d'autrui,
Miroirs, de nos défauts les peintres légitimes;
    Et quant au canal, c'est celui
    Que chacun sait, le livre des Maximes.

THE MAN AND HIS IMAGE.

To M. The Duke De La Rochefoucauld

A man, who had no rivals in the love
    Which to himself he bore,
Esteem'd his own dear beauty far above
    What earth had seen before.
More than contented in his error,
He lived the foe of every mirror.
Officious fate, resolved our lover
From such an illness should recover,
Presented always to his eyes
The mute advisers which the ladies prize;—
Mirrors in parlours, inns, and shops,—
Mirrors the pocket furniture of fops,—
Mirrors on every lady's zone,
From which his face reflected shone.
What could our dear Narcissus do?
From haunts of men he now withdrew,
On purpose that his precious shape
From every mirror might escape.
    But in his forest glen alone,
      Apart from human trace,
      A watercourse,
      Of purest source,
While with unconscious gaze
He pierced its waveless face,
    Reflected back his own.
Incensed with mingled rage and fright,
He seeks to shun the odious sight;
But yet that mirror sheet, so clear and still,
He cannot leave, do what he will.

Ere this, my story's drift you plainly see.
From such mistake there is no mortal free.
    That obstinate self-lover
    The human soul doth cover;
The mirrors follies are of others,
In which, as all are genuine brothers,
Each soul may see to life depicted
Itself with just such faults afflicted;
And by that charming placid brook,
Needless to say, I mean your Maxim Book.

THE DRAGON WITH MANY HEADS, AND THE DRAGON WITH MANY TAILS.

An envoy of the Porte Sublime,
As history says, once on a time,
Before th' imperial German court
Did rather boastfully report,
The troops commanded by his master's firman,
As being a stronger army than the German:
To which replied a Dutch attendant,
'Our prince has more than one dependant
Who keeps an army at his own expense.'
  The Turk, a man of sense,
  Rejoin'd, 'I am aware
What power your emperor's servants share.
It brings to mind a tale both strange and true,
A thing which once, myself, I chanced to view.
  I saw come darting through a hedge,
  Which fortified a rocky ledge,
  A hydra's hundred heads; and in a trice
    My blood was turning into ice.
    But less the harm than terror,—
    The body came no nearer;
    Nor could, unless it had been sunder'd,
    To parts at least a hundred.
    While musing deeply on this sight,
    Another dragon came to light,
    Whose single head avails
    To lead a hundred tails:
  And, seized with juster fright,
    I saw him pass the hedge,—
    Head, body, tails,— a wedge
  Of living and resistless powers.—
The other was your emperor's force; this ours.'

LE DRAGON A PLUSIEURS TÊTES ET LE DRAGON
A PLUSIEURS QUEUES.

Un envoyé du Grand Seigneur
Préféroit, dit l'histoire, un jour, chez l'Empereur,
Les forces de son maître à celles de l'Empire.
  Un Allemand se mit à dire :
  « Notre prince a des dépendants
  Qui, de leur chef, sont si puissants
Que chacun d'eux pourroit soudoyer une armée. »
  Le chiaoux, homme de sens,
  Lui dit : « Je sais par renommée
Ce que chaque Électeur peut de monde fournir ;
  Et cela me fait souvenir
D'une aventure étrange, et qui pourtant est vraie.
J'étois en un lieu sûr, lorsque je vis passer
Les cent têtes d'une Hydre au travers d'une haie.
  Mon sang commence à se glacer ;
  Et je crois qu'à moins on s'effraie.
Je n'en eus toutefois que la peur sans le mal :
  Jamais le corps de l'animal
Ne put venir vers moi, ni trouver d'ouverture.
  Je rêvois à cette aventure,
Quand un autre Dragon, qui n'avoit qu'un seul chef,
Et bien plus d'une queue, à passer se présente.
  Me voilà saisi derechef
  D'étonnement et d'épouvante.
Ce chef passe, et le corps, et chaque queue aussi :
Rien ne les empêcha ; l'un fit chemin à l'autre.
  Je soutiens qu'il en est ainsi
  De votre Empereur et du nôtre. »

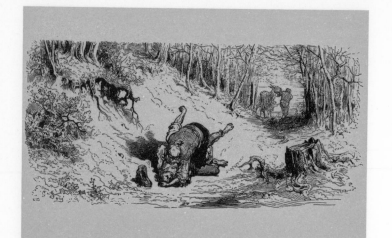

LES VOLEURS ET L'ANE.

Pour un Ane enlevé deux voleurs se battoient :
L'un vouloit le garder, l'autre le vouloit vendre.
  Tandis que coups de poings trottoient,
Et que nos champions songeoient à se défendre,
  Arrive un troisième larron
  Qui saisit maître Aliboron.

L'Ane, c'est quelquefois une pauvre province :
  Les voleurs sont tel et tel prince,
Comme le Transilvain, le Turc, et le Hongrois.
  Au lieu de deux, j'en ai rencontré trois :
  Il est assez de cette marchandise.
De nul d'eux n'est souvent la province conquise :
Un quart voleur survient, qui les accorde net
  En se saisissant du Baudet.

THE THIEVES AND THE ASS.

Two thieves, pursuing their profession,
Had of a donkey got possession,
  Whereon a strife arose,
  Which went from words to blows.
The question was, to sell, or not to sell;
But while our sturdy champions fought it well,
  Another thief, who chanced to pass,
  With ready wit rode off the ass.

This ass is, by interpretation,
Some province poor, or prostrate nation.
The thieves are princes this and that,
On spoils and plunder prone to fat,—
As those of Austria, Turkey, Hungary.
(Instead of two, I've quoted three—
Enough of such commodity.)
These powers engaged in war all,
Some fourth thief stops the quarrel,
  According all to one key,
  By riding off the donkey.

SIMONIDES PRESERVED BY THE GODS.

Three sorts there are, as Malherbe says,
Which one can never overpraise–
The gods, the ladies, and the king;
And I, for one, endorse the thing.
The heart, praise tickles and entices;
Of fair one's smile, it oft the price is.
See how the gods sometimes repay it.
Simonides–the ancients say it–
Once undertook, in poem lyric,
To write a wrestler's panegyric;
Which, ere he had proceeded far in,
He found his subject somewhat barren.
No ancestors of great renown;
His sire of some unnoted town;
Himself as little known to fame,
The wrestler's praise was rather tame.
The poet, having made the most of
Whate'er his hero, had to boast of,
Digress'd, by choice that was not all luck's,
To Castor and his brother Pollux;
Whose bright career was subject ample,
For wrestlers, sure, a good example.
Our poet fatten'd on their story,
Gave every fight its place and glory,
   Till of his panegyric words
   These deities had got two-thirds.
      All done, the poet's fee
      A talent was to be.
But when he comes his bill to settle,
The wrestler, with a spice of mettle,
Pays down a third, and tells the poet,
'The balance they may pay who owe it.
The gods than I are rather debtors
To such a pious man of letters.
But still I shall be greatly pleased

SIMONIDE PRÉSERVÉ PAR LES DIEUX.

On ne peut trop louer trois sortes de personnes :
      Les Dieux, sa maîtresse et son roi.
Malherbe le disoit : j'y souscris, quant à moi;
      Ce sont maximes toujours bonnes.
La louange chatouille et gagne les esprits :
Les faveurs d'une belle en sont souvent le prix.
Voyons comme les Dieux l'ont quelquefois payée.
      Simonide avoit entrepris
L'éloge d'un Athlète; et, la chose essayée,
Il trouva son sujet plein de récits tout nus.
Les parents de l'Athlète étoient gens inconnus;
Son père, un bon bourgeois; lui, sans autre mérite :
      Matière infertile et petite.
Le Poëte d'abord parla de son héros.
Après en avoir dit ce qu'il en pouvoit dire,
Il se jette à côté, se met sur le propos
De Castor et Pollux; ne manque pas d'écrire
Que leur exemple étoit aux lutteurs glorieux :
Élève leurs combats, spécifiant les lieux
Où ces frères s'étoient signalés davantage :
      Enfin l'éloge de ces dieux
      Faisoit les deux tiers de l'ouvrage.
L'Athlète avoit promis d'en payer un talent :
      Mais, quand il le vit, le galand
N'en donna que le tiers; et dit, fort franchement,
Que Castor et Pollux acquittassent le reste.
« Faites-vous contenter par ce couple céleste.
      Je vous veux traiter cependant :
Venez souper chez moi; nous ferons bonne vie.
      Les conviés sont gens choisis,
      Mes parents, mes meilleurs amis;
      Soyez donc de la compagnie. »
Simonide promit. Peut-être qu'il eut peur

De perdre, outre son dû, le gré de sa louange.
    Il vient : l'on festine, l'on mange.
        Chacun étant en belle humeur,
Un domestique accourt, l'avertit qu'à la porte
Deux hommes demandoient à le voir promptement.
        Il sort de table ; et la cohorte
        N'en perd pas un seul coup de dent.
Ces deux hommes étoient les gémeaux de l'éloge.
Tous deux lui rendent grâce ; et pour prix de ses vers,
        Ils l'avertissent qu'il déloge,
Et que cette maison va tomber à l'envers.
        La prédiction en fut vraie.
        Un pilier manque ; et le plafonds,
        Ne trouvant plus rien qui l'étaie,
Tombe sur le festin, brise plats et flacons,
        N'en fait pas moins aux échansons.
Ce ne fut pas le pis : car, pour rendre complete
        La vengeance due au Poëte,
Une poutre cassa les jambes à l'Athlète,
        Et renvoya les conviés
        Pour la plupart estropiés.
La Renommée eut soin de publier l'affaire :
Chacun cria, Miracle ! On doubla le salaire
Que méritoient les vers d'un homme aimé des Dieux.
        Il n'étoit fils de bonne mère
        Qui, les payant à qui mieux mieux,
        Pour ses ancêtres n'en fît faire.

Je reviens à mon texte : et dis premièrement
Qu'on ne sauroit manquer de louer largement
Les Dieux et leurs pareils ; de plus, que Melpomène
Souvent, sans déroger, trafique de sa peine :
Enfin, qu'on doit tenir notre art en quelque prix.
Les grands se font honneur dès lors qu'ils nous font grâce :
        Jadis l'Olympe et le Parnasse
        Étoient frères et bons amis.

To have your presence at my feast,
Among a knot of guests select,
My kin, and friends I most respect.'
More fond of character than coffer,
Simonides accepts the offer.
While at the feast the party sit,
And wine provokes the flow of wit,
It is announced that at the gate
Two men, in haste that cannot wait,
Would see the bard. He leaves the table,
No loss at all to'ts noisy gabble.
The men were Leda's twins, who knew
What to a poet's praise was due,
And, thanking, paid him by foretelling
The downfall of the wrestler's dwelling.
From which ill-fated pile, indeed,
No sooner was the poet freed,
Than, props and pilars failing,
Which held aloft the ceiling
        So splendid o'er them,
    It downward loudly crash'd,
    The plates and flagons dash'd,
        And men who bore them ;
        And, what was worse,
    Full vengeance for the man of verse,
    A timber broke the wrestler's thighs,
    And wounded many otherwise.
    The gossip Fame, of course, took care
    Abroad to publish this affair.
'A miracle !' the public cried, delighted.
No more could god-beloved bard be slighted.
His verse now brought him more than double,
With neither duns, nor care, nor trouble.
    Whoe'er laid claim to noble birth
        Must buy his ancestors slice,
    Resolved no nobleman on earth
        Should overgo him in the price.
From which these serious lessons flow :—
Fail not your praises to bestow
On gods and godlike men. Again,
    To sell the product of her pain
Is not degrading to the Muse.
    Indeed, her art they do abuse,
    Who think her wares to use,
    And yet a liberal pay refuse.
    Whate'er the great confer upon her.
    They're honour'd by it while they honour.
Of old, Olympus and Parnassus
In friendship heaved their sky-crown'd masses.

DEATH AND THE UNFORTUNATE.

A poor unfortunate, from day to day,
Call'd Death to take him from this world away.
'O Death,' he said, 'to me how fair they form!
Come quick, and end for me life's cruel storm.'
Death heard, and, with a ghastly grin,
Knobk'd at his door, and enter'd in.
With horror shivering, and affright,
'Take out this object from my sight!'
    The poor man loudly cried;
'Its dreadful looks I can't abide;
O stay him, stay him; let him come no nigher;
O Death! O Death! I pray thee to retire!'

    A gentleman of note
    In Rome, Mæcenas, somewhere wrote:—
"Make me the poorest wretch that begs,
Sore, hungry, crippled, clothed in rags,
In hopeless impotence of arms and legs;
    Provided, after all, you give
    The one sweet liberty to live:
I'll ask of Death no greater favour
Then just to stay away for ever."

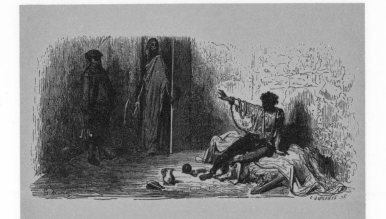

LA MORT ET LE MALHEUREUX.

        Un Malheureux appeloit tous les jours
            La Mort à son secours.
« O Mort! lui disoit-il, que tu me sembles belle!
Viens vite, viens finir ma fortune cruelle. »
La Mort crut, en venant, l'obliger en effet.
Elle frappe à sa porte, elle entre, elle se montre.
« Que vois-je? cria-t-il : ôtez-moi cet objet;
        Qu'il est hideux! que sa rencontre
        Me cause d'horreur et d'effroi!
N'approche pas, ô Mort! ô Mort, retire-toi! »

        Mécénas fut un galand homme;
Il a dit quelque part : « Qu'on me rende impotent,
Cul-de-jatte, goutteux, manchot, pourvu qu'en somme
Je vive, c'est assez, je suis plus que content. »
Ne viens jamais, ô Mort! on t'en dit tout autant.

LA MORT ET LE BUCHERON.

Un pauvre Bûcheron, tout couvert de ramée,
Sous le faix du fagot aussi bien que des ans
Gémissant et courbé, marchoit à pas pesants,
Et tàchoit de gagner sa chaumine enfumée.
Enfin, n'en pouvant plus d'effort et de douleur,
Il met bas son fagot, il songe à son malheur.
Quel plaisir a-t-il eu depuis qu'il est au monde?
En est-il un plus pauvre en la machine ronde?
Point de pain quelquefois, et jamais de repos :
Sa femme, ses enfants, les soldats, les impôts,
    Le créancier, et la corvée,
Lui font d'un malheureux la peinture achevée.
Il appelle la Mort; elle vient sans tarder,
    Lui demande ce qu'il faut faire.
    « C'est, dit-il, afin de m'aider
A recharger ce bois; tu ne tarderas guère. »

    Le trépas vient tout guérir;
    Mais ne bougeons d'où nous sommes :
    Plutôt souffrir que mourir,
    C'est la devise des hommes.

DEATH AND THE WOODMAN

A poor wood-chopper, with his fagot load,
Whom weight of years, as well as load, appress'd,
Sore groaning in his smoky hut to rest,
Trudged wearily along his homeward road.
At last his wood upon the ground he throws,
And sits him down to think o'er all his woes.
To joy a stranger, since his hapless birth,
What poorer wretch upon this rolling earth?

No bread sometimes, and ne'er a moment's rest;
Wife, children, soldiers, landlords, public tax,
All wait the swinging of his old, worn axe,
And paint the veriest picture of a man unblest.
On Death he calls. Forthwith that monarch grim
Appears, and asks what he should do for him.
'Not much, indeed; a little help I lack—
To put these fagots on my back.'

    Death ready stands all ills to cure;
        But let us not his cure invite.
    Than die, 'tis better to endure,—
        Is both a manly maxim and a right.

L'HOMME ENTRE DEUX AGES ET SES DEUX MAITRESSES.

Un Homme de moyen âge,
Et tirant sur le grison,
Jugea qu'il étoit saison
De songer au mariage.
    Il avoit du comptant,
        Et partant
De quoi choisir; toutes vouloient lui plaire:
En quoi notre amoureux ne se pressoit pas tant;
    Bien adresser n'est pas petite affaire.
Deux veuves sur son cœur eurent le plus de part:
    L'une encor verte; et l'autre un peu bien mûre,
        Mais qui réparoit par son art
        Ce qu'avoit détruit la nature.
        Ces deux veuves, en badinant,
        En riant, en lui faisant fête,
        L'alloient quelquefois testonnant,
        C'est-à-dire ajustant sa tête.
La vieille, à tous moments, de sa part emportoit
    Un peu du poil noir qui restoit,
Afin que son amant en fût plus à sa guise.
La jeune saccageoit les poils blancs à son tour.
Toutes deux firent tant, que notre tête grise
Demeura sans cheveux, et se douta du tour.
« Je vous rends, leur dit-il, mille grâces, les Belles,
        Qui m'avez si bien tondu:
        J'ai plus gagné que perdu;
        Car d'hymen, point de nouvelles.
Celle que je prendrois voudroit qu'à sa façon
        Je vécusse, et non à la mienne.
        Il n'est tête chauve qui tienne:
Je vous suis obligé, Belles, de la leçon. »

THE MAN BETWEEN TWO AGES, AND HIS TWO MISTRESSES.

A man of middle age, whose hair
    Was bordering on the grey,
Began to turn his thoughts and care
    The matrimonial way.
By virtue of his ready,
A store of choices had he
Of ladies bent to suit his taste;
On which account he made no haste.
To court well was no trifling art.
Two windows chiefly gain'd his heart;
The one yet green, the other more mature,
Who found for nature's wane in art a cure.
These dames, amidst their joking and caressing
    The man they long'd to wed,
Would sometimes set themselves to dressing
    His party-colour'd head.
    Each aiming to assimilate
    Her lover to her own estate,
    The older piecemeal stole
    The black hair from his poll,
    While eke, with fingers light,
    The young one stole the white.
Between them both, as if by scald.
His head was changed from grey to bald.
'For these,' he said, 'your gentle pranks,
I ove you, ladies, many thanks.
    By being thus well shaved,
    I less have lost than saved.
    Of Hymen, yet, no news at hand,
        I do assure ye.
    By what I've lost, I understand
        It is in your way,
Not mine, that I must pass on.
Thanks, ladies, for the lesson.'

THE FOX AND THE STORK.

Old Mister Fox was at expense, one day,
    To dine old Mistress Stork.
The fare was light, was nothing, sooth to say,
    Requiring knife and fork.
That sly old gentleman, the dinner-giver,
Was, you must understand, a frugal liver.
    This once, at least, the total matter
Was thinnish soup served on a platter,
For madam's slender beak a fruitless puzzle,
Till all had pass'd the fox's lapping muzzle.
    But, little relishing his laughter,
Old gossip Stork, some few days after,
Return'd his Foxship's invitation.
Without a moment's hesitation,
He said he'd go, for, he must own he
Ne'er stood with friends for ceremony.
    And so, precisely at the hour,
    He hired him to the lady's bower;
    Where, praising her politeness,
    He finds her dinner right nice.

Its punctuality and plenty,
Its viands, cut in mouthfuls dainty,
Its fragrant smell, were powerful to excite,
Had there been need, his foxish appetite.
But now the dame, to torture him,
    Such wit was in her,
    Served up her dinner
In vases made so tall and slim,
They let their owner's beak pass in and out,
But not, by any means, the fox's snout!
    All arts without avail,
    With dropping head and tail,
As ought a fox a fowl had cheated,
The hungry guest at last retreated.

Ye knaves, for you is this recital,
You'll often meet Dame Stork's requital.

LE RENARD ET LA CIGOGNE.

Compère le Renard se mit un jour en frais,
Et retint à dîner commère la Cigogne.
Le régal fut petit et sans beaucoup d'apprèts :
    Le galand, pour toute besogne,
Avoit un brouet clair ; il vivoit chichement.
Ce brouet fut par lui servi sur une assiette :
La Cigogne au long bec n'en put attraper miette ;
Et le drôle eut lapé le tout en un moment.
    Pour se venger de cette tromperie,
A quelque temps de là, la Cigogne le prie.
« Volontiers, lui dit-il ; car avec mes amis
    Je ne fais point cérémonie. »
    A l'heure dite, il courut au logis
    De la Cigogne son hôtesse ;
    Loua très-fort sa politesse ;
    Trouva le dîner cuit à point :
Bon appétit surtout ; renards n'en manquent point.
Il se réjouissoit à l'odeur de la viande
Mise en menus morceaux, et qu'il croyoit friande.
    On servit, pour l'embarrasser,
En un vase à long col et d'étroite embouchure :
Le bec de la Cigogne y pouvoit bien passer ;
Mais le museau du sire étoit d'autre mesure.
Il lui fallut à jeun retourner au logis,
Honteux comme un renard qu'une poule auroit pris,
    Serrant la queue, et portant bas l'oreille.

    Trompeurs, c'est pour vous que j'écris :
    Attendez-vous à la pareille.

L'ENFANT ET LE MAITRE D'ÉCOLE.

Dans ce récit je prétends faire voir
D'un certain sot la remontrance vaine.

Un jeune Enfant dans l'eau se laissa choir,
En badinant sur les bords de la Seine.
Le ciel permit qu'un saule se trouva,
Dont le branchage, après Dieu, le sauva.
S'étant pris, dis-je, aux branches de ce saule,
Par cet endroit passe un Maître d'école;
L'Enfant lui crie : « Au secours ! je péris ! »
Le Magister, se tournant à ses cris,
D'un ton fort grave à contre-temps s'avise
De le tancer : « Ah ! le petit babouin !
Voyez, dit-il, où l'a mis sa sottise !
Et puis, prenez de tels fripons le soin !
Que les parents sont malheureux, qu'il faille
Toujours veiller à semblable canaille !
Qu'ils ont de maux ! et que je plains leur sort ! »
Ayant tout dit, il mit l'Enfant à bord.

Je blâme ici plus de gens qu'on ne pense.
Tout babillard, tout censeur, tout pédant,
Se peut connoître au discours que j'avance.
Chacun des trois fait un peuple fort grand :
Le Créateur en a béni l'engeance.
En toute affaire, ils ne font que songer
　　Au moyen d'exercer leur langue.
Eh ! mon ami, tire-moi de danger,
　　Tu feras après ta harangue.

THE BOY AND THE SCHOOLMASTER.

Wise counsel is not always wise,
　As this my tale exemplifies.
A boy, that frolick'd on the banks of Seine,
Fell in, and would have found a watery grave,
Had not that hand that planteth ne'er in vain
A willow planted there, his life to save.
While hanging by its branches as he might,
A certain sage preceptor came in sight;
To whom the urchin cried, 'Save, or I'm drown'd!'
The master, turning gravely at the sound,
Thought proper for a while to stand aloof,
And give the boy some seasonable reproof.

　'You little wretch! this comes of foolish playing,
　Commands and precepts disobeying.
　A naughty rogue, no doubt, you are,
　Who thus requite your parents' care.
　Alas! their lot I pity much,
　Whom fate condemns to watch o'er such.'
　This having coolly said, and more,
　He pull'd the drowning lad ashore.

This story hits more marks than you suppose.
All critics, pedants, men of endless prose,—
　Three sorts, so richly bless'd with progeny,
　The house is blessed that doth not lodge any,—
May in it see themselves from head to toes.
　　No matter what the task,
　　　Their precious tongues must teach;
　　Their help in need you ask,
　　　You first must hear them preach.

THE COCK AND THE PEARL.

A cock scratch'd up, one day,
A pearl of purest ray,
Which to a jeweller he bore.
'I think it fine,' he said,
'But yet a crumb of bread
To me were worth a great deal more.'

So did a dunce inherit
A manuscript of merit,
Which to a publisher he bore.
' 'Tis good,' said he, 'I'm told,
Yet any coin of gold
To me were worth a great deal more.'

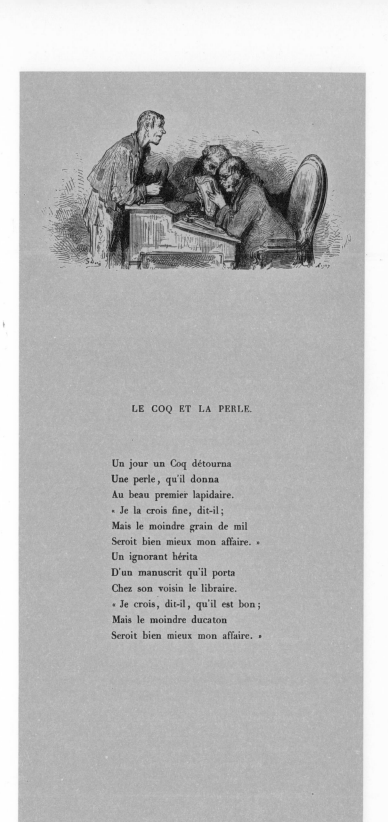

LE COQ ET LA PERLE.

Un jour un Coq détourna
Une perle, qu'il donna
Au beau premier lapidaire.
« Je la crois fine, dit-il ;
Mais le moindre grain de mil
Seroit bien mieux mon affaire. »
Un ignorant hérita
D'un manuscrit qu'il porta
Chez son voisin le libraire.
« Je crois, dit-il, qu'il est bon ;
Mais le moindre ducaton
Seroit bien mieux mon affaire. »

LE LOUP PLAIDANT CONTRE LE RENARD
PAR-DEVANT LE SINGE.

Un Loup disoit que l'on l'avoit volé :
Un Renard, son voisin, d'assez mauvaise vie,
Pour ce prétendu vol par lui fut appelé.
          Devant le Singe il fut plaidé,
Non point par avocats, mais par chaque partie.
          Thémis n'avoit point travaillé,
De mémoire de singe, à fait plus embrouillé.
Le magistrat.suoit en son lit de justice.
          Après qu'on eut bien contesté,
          Répliqué, crié, tempété,
          Le juge, instruit de leur malice,
Leur dit : « Je vous connois de longtemps, mes amis ;
          Et tous deux vous paierez l'amende :
Car toi, Loup, tu te plains, quoiqu'on ne t'ait rien pris ;
Et toi, Renard, as pris ce que l'on te demande. »

Le juge prétendoit qu'à tort et à travers
On ne sauroit manquer, condamnant un pervers.

THE WOLF ACCUSING THE FOX BEFORE THE MONKEY.

A wolf, affirming his belief
That he had suffer'd by a thief,
    Brought up his neighbour fox —
Of whom it was by all confess'd,
        His character was not the best —
            To fill the prisoner's box.
        As judge between these vermin,
        A monkey graced the ermine;
        And truly other gifts of Themis
            Did scarcely seem his;
        For while each party plead his cause,
        Appealing boldly to the laws,
        And much the question vex'd,
        Our monkey sat perplex'd.
            Their words and wrath expended,
        Their strife at length was ended;
        When, by their malice taught,
        The judge this judgment brought:
'Your characters, my friends, I long have known,
        As on this trial clearly shown;
And hence I fine you both — the grounds at large
        To state would little profit —
You wolf, in short, as bringing groundless charge,
        You fox, as guilty of it.'

    Come at it right or wrong, the judge opined
    No other than a villain could be fined.

THE TWO BULLS AND THE FROG.

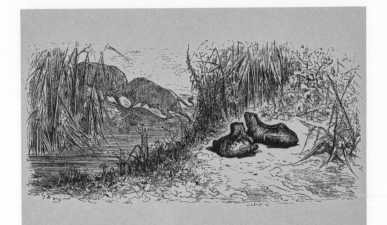

Two bulls engaged in shocking battle,
　　Both for a certain heifer's sake,
And lordship over certain cattle,
　　A frog began to groan and quake.
　　　'But what is this to you?'
Inquired another of the croaking crew.
　　　'Why, sister, don't you see,
　　　The end of this will be,
That one of these big brutes will yield,
And then be exiled from the field?

No more permitted on the grass to feed,
He'll forage through our marsh, on rush and reed;
　　　And while he eats or chews the cud,
　　　Will trample on us in the mud.
　　　Alas! to think how frogs must suffer
　　　By means of this proud lady heifer!'
This fear was not without good sense.
One bull was beat, and much to their expense;
For, quick retreating to their reedy bower,
He trod on twenty of them in an hour.

　　Of little folks it oft has been the fate
　　To suffer for the follies of the great.

LES DEUX TAUREAUX ET UNE GRENOUILLE.

Deux Taureaux combattoient à qui posséderoit
　　Une Génisse avec l'empire.
　　Une Grenouille en soupiroit.
　　« Qu'avez-vous? se mit à lui dire
　　Quelqu'un du peuple coassant.
　　— Eh! ne voyez-vous pas, dit-elle,
　　Que la fin de cette querelle
Sera l'exil de l'un; que l'autre, le chassant,
Le fera renoncer aux campagnes fleuries?
Il ne régnera plus sur l'herbe des prairies,
Viendra dans nos marais régner sur les roseaux;
Et, nous foulant aux pieds jusques au fond des eaux,
Tantot l'une, et puis l'autre, il faudra qu'on pâtisse
Du combat qu'a causé madame la Génisse. »
　　Cette crainte étoit de bon sens.
　　L'un des Taureaux en leur demeure
　　S'alla cacher à leurs dépens:
　　Il en écrasoit vingt par heure.

　　Hélas! on voit que de tout temps
Les petits ont pâti des sottises des grands.

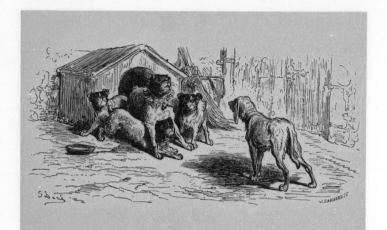

LA LICE ET SA COMPAGNE

Une Lice étant sur son terme,
Et ne sachant où mettre un fardeau si pressant,
Fait si bien qu'à la fin sa compagne consent
De lui prêter sa hutte, où la Lice s'enferme.
Au bout de quelque temps sa compagne revient.
La Lice lui demande encore une quinzaine :
Ses petits ne marchoient, disoit-elle, qu'à peine.
Pour faire court, elle l'obtient.
Ce second terme échu, l'autre lui redemande
Sa maison, sa chambre, son lit.
La Lice cette fois montre les dents, et dit :
« Je suis prête à sortir avec toute ma bande,
Si vous pouvez nous mettre hors. »
Ses enfants étoient déjà forts.

Ce qu'on donne aux méchants, toujours on le regrette :
Pour tirer d'eux ce qu'on leur prête
Il faut que l'on en vienne aux coups ;
Il faut plaider ; il faut combattre.
Laissez-leur prendre un pied chez vous,
Ils en auront bientôt pris quatre.

THE BITCH AND HER FRIEND

A Bitch, that felt her time approaching,
    And had no place for parturition,
Went to a female friend, and, broaching
    Her delicate condition,
        Got leave herself to shut
        Within the other's hut.
    At proper time the lender came
    Her little premises to claim.
The bitch crawl'd meekly to the door,
    And humbly begg'd a fortnight more.
Her little pups, she said, could hardly walk.
In short, the lender yielded to her talk.
    The second term expired; the friend had come
    To take possession of her house and home.
The bitch, this time, as if she would have bit her,
Replied, 'I'm ready, madam, with my litter,
        To go when you can turn me out.'
        Her pups, you see, were fierce and stout.

    The creditor, from whom a villain borrows,
    Will fewer shillings get again than sorrows.
If you have trusted people of this sort,
You'll have to plead, and dun, and fight; in short,
        If in your house you let one step a foot,
        He'll surely step the other in to boot.

HE EAGLE AND THE BEETLE.

John Rabbit, by Dame Eagle chased,
 Was making for his hole in haste,
When, on his way, he met a beetle's burrow.
  I leave you all to think
  If such a little chink
Could to a rabbit give protection thorough.
 But, since no better could be got,
 John Rabbit there was fain to squat.
 Of course, in an asylum so absurd,
 John felt ere long the talons of the bird.
 But first, the beetle, interceding, cried,
 'Great queen of birds, it cannot be denied,
That, maugre my protection, you can bear
My trembling guest, John Rabbit, through the air.
 But first, the beetle, interceding, cried,
 'Great queen of birds, it cannot be denied,
That maugre my protection, you can bear
My trembling guest, John Rabbit, through the air.
 But do not give me such affront, I pray;
  And since he craves your grace,
   In pity of his case,
 Grant him his life, or take us both away;
 For he's my gossip, friend, and neighbour.'
 In vain the beetle's friendly labour;
 The eagle clutch'd her prey without reply,
 And as she flapp'd her vasty wings to fly,
  Struck down our orator and still'd him;
  The wonder is she hadn't killed him.
 The beetle soon, of sweet revenge in quest,
  Flew to the old, gnarl'd mountain oak,
 Which proudly bore that haughty eagle's nest
  And while the bird was gone,
  Her eggs, her cherish'd efgs, he broke,
   Not sparing one.
Returning from her flight, the eagle's cry,
Of rage and bitter anguish, fill'd the sky.
 But, by excess of passion blind,

L'AIGLE ET L'ESCARBOT.

L'Aigle donnoit la chasse à maître Jean Lapin,
Qui droit à son terrier s'enfuyoit au plus vite.
Le trou de l'Escarbot se rencontre en chemin.
 Je laisse à penser si ce gîte
Étoit sûr : mais où mieux ? Jean Lapin s'y blottit.
L'Aigle fondant sur lui nonobstant cet asile,
 L'Escarbot intercède, et dit :
« Princesse des oiseaux, il vous est fort facile
D'enlever malgré moi ce pauvre malheureux :
Mais ne me faites pas cet affront, je vous prie ;
Et puisque Jean Lapin vous demande la vie,
Donnez-la-lui, de grâce, ou l'ôtez à tous deux :
  C'est mon voisin, c'est mon compere. »
L'oiseau de Jupiter, sans répondre un seul mot,
  Choque de l'aile l'Escarbot,
  L'étourdit, l'oblige à se taire,
Enlève Jean Lapin. L'Escarbot indigné
Vole au nid de l'oiseau, fracasse, en son absence,
Ses œufs, ses tendres œufs, sa plus douce espérance :
  Pas un seul ne fut épargné.
L'Aigle étant de retour, et voyant ce ménage,
Remplit le ciel de cris ; et, pour comble de rage,
Ne sait sur qui venger le tort qu'elle a souffert.
Elle gémit en vain ; sa plainte au vent se perd.
Il fallut pour cet an vivre en mère affligée.
L'an suivant, elle mit son nid en lieu plus haut.
L'Escarbot prend son temps, fait faire aux œufs le saut :
La mort de Jean Lapin derechef est vengée.
Ce second deuil fut tel, que l'écho de ces bois
  N'en dormit de plus de six mois.
  L'oiseau qui porte Ganymède
Du monarque des Dieux enfin implore l'aide,
Dépose en son giron ses œufs, et croit qu'en paix

Ils seront dans ce lieu; que, pour ses intérêts,
Jupiter se verra contraint de les défendre:
      Hardi qui les iroit là prendre.
      Aussi ne les y prit-on pas.
      Leur ennemi changea de note,
Sur la robe du dieu fit tomber une crotte :
Le dieu la secouant jeta les œufs à bas.
      Quand l'Aigle sut l'inadvertance,
      Elle menaça Jupiter
D'abandonner sa cour, d'aller vivre au désert;
      De quitter toute dépendance:
      Avec mainte autre extravagance.
      Le pauvre Jupiter se tut.
Devant son tribunal l'Escarbot comparut,
      Fit sa plainte, et conta l'affaire.
On fit entendre à l'Aigle, enfin, qu'elle avoit tort.
Mais, les deux ennemis ne voulant point d'accord,
Le monarque des Dieux s'avisa, pour bien faire,
De transporter le temps où l'Aigle fait l'amour
En une autre saison, quand la race escarbote
Est en quartier d'hiver, et, comme la marmotte,
      Se cache et ne voit point le jour.

    Her enemy she fail'd to find.
Her wrath in vain, that year it was her fate
To live a mourning mother, desolate.
The next, she built a loftier nest; 'twas vain;
The beetle found and dash'd her eggs again.
    John Rabbit's death was thus revenged anew.
The second mourning for her murder'd brood
Was such, that through the giant mountain wood,
    For six long months, the sleepless echo flew.
      The bird, once Ganymede, now made
      Her prayer to Jupiter for aid;
And, laying them within his godship's lap,
She thought her eggs now safe from all mishap;
    The god his own could not but make them –
    No wretch would venture there to break them.
      And no one did. Their enemy, this time,
      Upsoaring to a place sublime,
Let fall upon his royal robes some dirt,
Which Jove just shaking, with a sudden flirt,
Threw out the eggs, no one knows whither.
      When Jupiter inform'd her how th' event
      Occurr'd by purest accident,
The eagle raved; there was no reasoning with her;
      She gave out threats of leaving court,
      To make the desert her resort,
      And other brav'ries of this sort.
      Poor Jupiter in silence herd
      The uproar of his favourite bird.
Before his throne the beetle now appear'd,
And by a clear complaint the mystery clear'd.
The god pronounced the eagle in the wrong.
But still, their hatred was so old and strong,
    These enemies could not be reconciled;
And, that the general peace might not be spoil'd, –
The best that he could do, – the god arranged,
That thence the eagle's pairing should be changed,
To come when beetle folks are only found
    Conceal'd and dormant under ground.

THE ASS LOADED WITH SPONGES, AND THE ASS LOADED WITH SALT

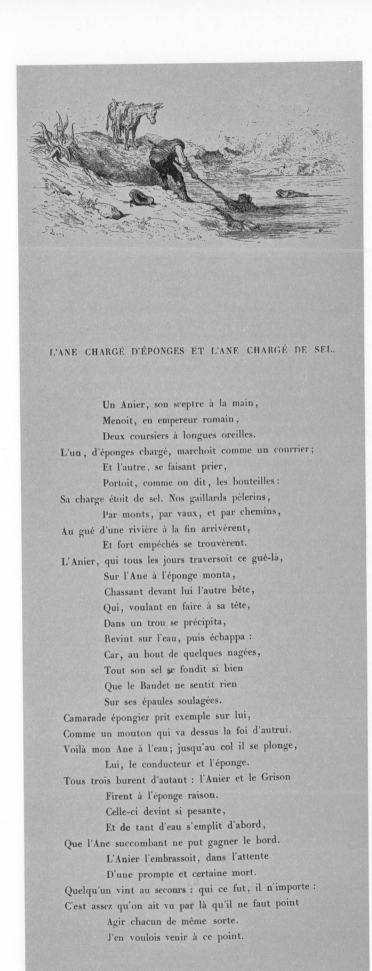

A Man, whom I shall call an ass-eteer,
His sceptre like some Roman emperor bearing,
  Drove on two coursers of protracted ear,
The one, with sponges laden, briskly faring;
      The other lifting legs
      As if he trod on eggs.
    With constant need of goading,
    And bags of salt for loading.
O'er hill and dale our merry pilgrims pass'd,
Till, coming to a river's ford at last,
They stopp'd quite puzzled on the shore.
Our asseteer had cross'd the stream before;
  So, on the lighter beast astride,
    He drives the other, spite of dread,
    Which, loath indeed to go ahead,
  Into a deep hole turns aside,
      And, facing right about,
      Where he went in, comes out;
      For duckings two or three
        Had power the salt to melt,
        So that the creature felt
      His burden'd shoulders free.
    The sponger, like a sequent sheep,
    Pursuing through the water deep,
      Into the same hole plunges
    Himself, his rider, and the sponges.
All three drank deeply: asseteer and ass
For boon companions of their load might pass;
Which last became so sore a weight,
      The ass fell down,
      Belike to drown,
    His rider risking equal fate.
    A helper came, no matter who.
    The moral needs no more ado –
      That all can't act alike, –
      The point I wish'd to strike.

L'ANE CHARGÉ D'ÉPONGES ET L'ANE CHARGÉ DE SEL.

    Un Anier, son sceptre à la main,
      Menoit, en empereur romain,
      Deux coursiers à longues oreilles.
  L'un, d'éponges chargé, marchoit comme un courrier;
      Et l'autre, se faisant prier,
      Portoit, comme on dit, les bouteilles :
  Sa charge étoit de sel. Nos gaillards pèlerins,
      Par monts, par vaux, et par chemins,
  Au gué d'une rivière à la fin arrivèrent,
      Et fort empéchés se trouvèrent.
  L'Anier, qui tous les jours traversoit ce gué-là,
      Sur l'Ane à l'éponge monta,
      Chassant devant lui l'autre bête,
      Qui, voulant en faire à sa tête,
      Dans un trou se précipita,
      Revint sur l'eau, puis échappa :
      Car, au bout de quelques nagées,
      Tout son sel se fondit si bien
      Que le Baudet ne sentit rien
      Sur ses épaules soulagées.
  Camarade épongier prit exemple sur lui,
  Comme un mouton qui va dessus la foi d'autrui.
  Voilà mon Ane à l'eau; jusqu'au col il se plonge,
      Lui, le conducteur et l'éponge.
  Tous trois burent d'autant : l'Anier et le Grison
      Firent à l'éponge raison.
      Celle-ci devint si pesante,
      Et de tant d'eau s'emplit d'abord,
  Que l'Ane succombant ne put gagner le bord.
      L'Anier l'embrassoit, dans l'attente
      D'une prompte et certaine mort.
  Quelqu'un vint au secours : qui ce fut, il n'importe :
  C'est assez qu'on ait vu par là qu'il ne faut point
      Agir chacun de même sorte.
      J'en voulois venir à ce point.

LE LION ET LE RAT.

Il faut, autant qu'on peut, obliger tout le monde :
On a souvent besoin d'un plus petit que soi.
De cette vérité deux fables feront foi ;
    Tant la chose en preuves abonde.

    Entre les pattes d'un Lion
Un Rat sortit de terre assez à l'étourdie.
Le roi des animaux, en cette occasion,
Montra ce qu'il étoit, et lui donna la vie.
    Ce bienfait ne fut pas perdu.
    Quelqu'un auroit-il jamais cru
    Qu'un lion d'un rat eût affaire ?
Cependant il avint qu'au sortir des forêts
    Ce Lion fut pris dans des rets,
Dont ses rugissements ne le purent défaire.
Sire Rat accourut, et fit tant par ses dents
Qu'une maille rongée emporta tout l'ouvrage.

    Patience et longueur de temps
    Font plus que force ni que rage.

THE LION AND THE RAT.

To show to all your kindness, it behoves:
There's none so small but you his aid may need.
I quote two fables for this weighty creed,
    Which either of them fully proves.
        From underneath the sward
        A rat, quite off his guard,
    Popp'd out between a lion's paws.
        The beast of royal bearing
        Show'd what a lion was
        The creature's life by sparing —
        A kindness well repaid;
    For, little as you would have thought
    His majesty would ever need his aid,
        It proved full soon
        A precious boon.
    Forth issuing from his forest glen,
        T' explore the haunts of men,
    In lion net his majesty was caught,
    From which his strength and rage
    Served not to disengage.
The rat ran up, with grateful glee,
Gnaw'd off a rope, and set him free.

By time and toil we sever
What strength and rage could never.

THE DOVE AND THE ANT.

The same instruction we may get
From another couple, smaller yet.

A dove came to a brook to drink,
When, leaning o'er its crumbling brink,
An ant fell in, and vainly tried,
In this, to her, an ocean tide,
To reach the land; whereat the dove,
With every living thing in love,
Was prompt a spire of grass to throw her,
By which the ant regain'd the shore.

A barefoot scamp, both mean and sly,
Soon after chanced this dove to spy;
And, being arm'd with bow and arrow,
  The hungry codger doubted not
  The bird of Venus, in his pot,
Would make a soup before the morrow.
  Just as his deadly bow he drew,
    Our ant just bit his heel.
    Roused by the villain's squeal,
  The dove took timely hint, and flew
    Far from the rascal's coop; —
    And with her flew his soup.

LA COLOMBE ET LA FOURMI.

L'autre exemple est tiré d'animaux plus petits.

Le long d'un clair ruisseau buvoit une Colombe,
Quand sur l'eau se penchant une Fourmis y tombe;
Et dans cet océan l'on eût vu la Fourmis
S'efforcer, mais en vain, de regagner la rive.
La Colombe aussitôt usa de charité :
Un brin d'herbe dans l'eau par elle étant jeté,
Ce fut un promontoire où la Fourmis arrive.
    Elle se sauve; et là-dessus
Passe un certain croquant qui marchoit les pieds nus.
Ce croquant, par hasard, avoit une arbalète :
    Dès qu'il voit l'oiseau de Vénus,
Il le croit en son pot, et déjà lui fait fête.
Tandis qu'à le tuer mon villageois s'apprête,
    La Fourmis le pique au talon.
    Le vilain retourne la tête :
La Colombe l'entend, part, et tire de long.
Le souper du croquant avec elle s'envole :
    Point de pigeon pour une obole.

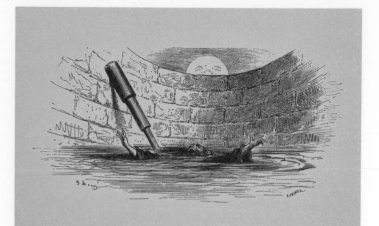

L'ASTROLOGUE QUI SE LAISSE TOMBER DANS UN PUITS.

Un Astrologue un jour se laissa choir
Au fond d'un puits. On lui dit : « Pauvre bête,
Tandis qu'à peine à tes pieds tu peux voir,
Penses-tu lire au-dessus de ta tête ? »

Cette aventure en soi, sans aller plus avant,
Peut servir de leçon à la plupart des hommes.
Parmi ce que de gens sur la terre nous sommes,
    Il en est peu qui fort souvent
    Ne se plaisent d'entendre dire
Qu'au livre du Destin les mortels peuvent lire.
Mais ce livre, qu'Homère et les siens ont chanté,
Qu'est-ce, que le Hasard parmi l'antiquité,
    Et parmi nous, la Providence ?
    Or, du hasard il n'est point de science :
    S'il en étoit, on auroit tort
De l'appeler hasard, ni fortune, ni sort;
    Toutes choses très-incertaines.
    Quant aux volontés souveraines
De Celui qui fait tout, et rien qu'avec dessein,
Qui les sait, que lui seul ? Comment lire en son sein ?
Auroit-il imprimé sur le front des étoiles
Ce que la nuit des temps enferme dans ses voiles ?
A quelle utilité ? Pour exercer l'esprit
De ceux qui de la sphère et du globe ont écrit ?

THE ASTROLOGER WHO STUMBLED INTO A WELL.

To an astrologer who fell
Plump to the bottom of a well,
'Poor blockhead!' cried a passer-by,
'Not see your feet, and read the sky?'

This upshot of a story will suffice
    To give a useful hint to most;
For few there are in this our world so wise
    As not to trust in star or ghost,
    Or cherish secretly the creed
That men the book of destiny may read.
This book, by Homer and his pupils sung,
What is it, in plain common sense,
But what was chance those ancient folks among,
    And with ourselves, God's providence?
    Now chance doth bid defiance
    To every thing like science;
        'Twere wrong, if not,
    To call it hazard, fortune, lot —
        Things palpably uncertain.
        But from the purposes divine,
        The deep of infinite design,
Who boasts to lift the curtain?
Whom but himself doth God allow
To read his bosom thoughts? and how
Would he imprint upon the stars sublime
The shrouded secrets of the night of time?
And all for what? To exercise the wit
Of those who on astrology have writ?
To help us shun inevitable ills?
To poison for us even pleasure's rills?
    The choicest blessings to destroy,
    Exhausting, ere they come, their joy?
Such faith is worse than error — 'tis a crime.
The sky-host moves and marks the course of time;

The sun sheds on our nicely-measured days
The glory of his night-dispelling rays;
    And all from this we can divine
    Is, that they need to rise and shine, —
    To roll the seasons, ripen fruits,
    And cheer the hearts of men and brutes.
    How tallies this revolving universe
    With human things, eternally diverse?
  Ye horoscopers, waning quacks,
  Please turn on Europe's courts your backs,
    And, taking on your travelling lists
    The bellows-blowing alchemists,
    Budge off together to the land of mists.
But I've digress'd. Return we now, bethinking
Of our poor star-man, whom we left a drinking.
  Besides the folly of his lying trade,
  This man the type may well be made
    Of those who at chimeras stare
    When they should mind the things that are.

Pour nous faire éviter des maux inévitables?
Nous rendre, dans les biens, de plaisirs incapables?
Et, causant du dégoût pour ces biens prévenus,
Les convertir en maux devant qu'ils soient venus?
C'est erreur, ou plutôt c'est crime de le croire.
Le firmament se meut, les astres font leur cours,
    Le soleil nous luit tous les jours,
Tous les jours sa clarté succède à l'ombre noire,
Sans que nous en puissions autre chose inférer
Que la nécessité de luire et d'éclairer,
D'amener les saisons, de mûrir les semences,
De verser sur les corps certaines influences.
Du reste, en quoi répond au sort toujours divers
Ce train toujours égal dont marche l'Univers?
    Charlatans, faiseurs d'horoscope,
  Quittez les cours des princes de l'Europe:
Emmenez avec vous les souffleurs tout d'un temps;
Vous ne méritez pas plus de foi que ces gens.

Je m'emporte un peu trop: revenons à l'histoire
De ce spéculateur qui fut contraint de boire.
Outre la vanité de son art mensonger,
C'est l'image de ceux qui bâillent aux chimères,
    Cependant qu'ils sont en danger,
    Soit pour eux, soit pour leurs affaires.

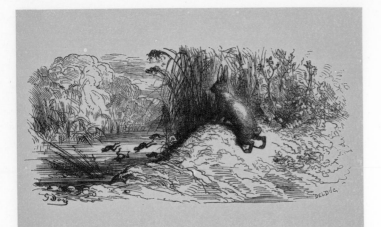

LE LIÈVRE ET LES GRENOUILLES.

Un Lièvre en son gîte songeoit,
(Car que faire en un gîte, à moins que l'on ne songe?)
Dans un profond ennui ce Lièvre se plongeoit:
Cet animal est triste, et la crainte le ronge.
  « Les gens de naturel peureux
  Sont, disoit-il, bien malheureux!
Ils ne sauroient manger morceau qui leur profite:
Jamais un plaisir pur; toujours assauts divers.
Voilà comme je vis: cette crainte maudite
M'empêche de dormir sinon les yeux ouverts.
— Corrigez-vous, dira quelque sage cervelle.
   — Eh! la peur se corrige-t-elle?
  Je crois même qu'en bonne foi
  Les hommes ont peur comme moi. »
  Ainsi raisonnoit notre Lièvre,
  Et cependant faisoit le guet.
  Il étoit douteux, inquiet:
Un souffle, une ombre, un rien, tout lui donnoit la fièvre.
  Le mélancolique animal,
  En rêvant à cette matière,
Entend un léger bruit: ce lui fut un signal
  Pour s'enfuir devers sa tanière.
Il s'en alla passer sur le bord d'un étang:
Grenouilles aussitôt de sauter dans les ondes;
Grenouilles de rentrer en leurs grottes profondes.
  « Oh! dit-il, j'en fais faire autant
  Qu'on m'en fait faire! Ma présence
Effraye aussi les gens! je mets l'alarme au camp!
  Et d'où me vient cette vaillance?
Comment! des animaux qui tremblent devant moi!
  Je suis donc un foudre de guerre!
Il n'est, je le vois bien, si poltron sur la terre
Qui ne puisse trouver un plus poltron que soi. »

THE HARE AND THE FROGS.

Once in his bed deep mused the hare,
(What else but muse could he do there?)
And soon by gloom was much afflicted; —
To gloom the creature's much addicted.
 'Alas! these constitutions nervous,'
 He cried, 'how wretchedly they serve us!
 We timid people, by their action,
 Can't eat nor sleep with satisfaction;
 We can't enjoy a pleasure single,
 But with some misery it must mingle.
 Myself, for one, am forced by cursed fear
  To sleep with open eye as well as ear.
  "Correct yourself," says some adviser.
 Grows fear, by such advise, the wiser?
  Indeed, I well enough descry
  That men have fear, as well as I.'
With such revolving thoughts our hare
 Kept watch in soul-consuming care.
 A passing shade, or leaflet's quiver
 Would give his blood a boiling fever.
  Full soon, his melancholy soul
   Aroused from dreaming doze
   By noise too slight for foes,
  He scuds in haste to reach his hole.
He pass'd a pond; and from its border bogs,
Plunge after plunge, in leap'd the timid frogs,
  'Aha! I do to them, I see,'
  He cried, 'what others do to me.
  The sight of even me, a hare,
  Sufficeth some, I find, to scare.
  And here, the terror of my tramp
  Hath put to rout, it seems, a camp.
 The trembling fools! they take me for
 The very thunderbolt of war!
I see, the coward never skulk'd a foe
That might not scare a coward still below.'

THE COCK AND THE FOX.

Upon a tree there mounted guard
    A veteran cock, adroit and cunning;
    When to the roots a fox up running,
Spoke thus, in tones of kind regard:—
    'Our quarrel, brother, 's at an end;
    Henceforth I hope to live your friend;
        For peace now reigns
        Throughout the animal domains.
    I bear the news: — come down, I pray,
      And give me the embrace fraternal;
    And please, my brother, don't delay.
    So much the tidings do concern all,
    That I must spread them far to-day.
    Now you and yours can take your walks
    Without a fear or thought of hawks.
And should you clash with them or others,
In us you'll find the best of brothers;—
For which you may, this joyful night,
    Your merry bonfires light.
      But, first, let's seal the bliss
      With one fraternal kiss.'
    'Good friend,' the cock replied, 'upon my word,
A better thing I never heard;
      And doubly I rejoice
      To hear it from your voice;
    And, really there must be something in it,
For yonder come two greyhounds, which I flatter
Myself are couriers on this very matter.
    They come so fast, they'll be here in a minute.
I'll down, and all of us will seal the blessing
    With general kissing and caressing.'
    'Adieu,' said fox; 'my errand's pressing;
      I'll hurry on my way,
    And we'll rejoice some other day.'
So off the fellow scamper'd, quick and light,
To gain the fox-holes of a neighbouring height,
Less happy in his stratagem than flight.
    The cock laugh'd sweetly in his sleeve;—
    'Tis doubly sweet deceiver to deceive.

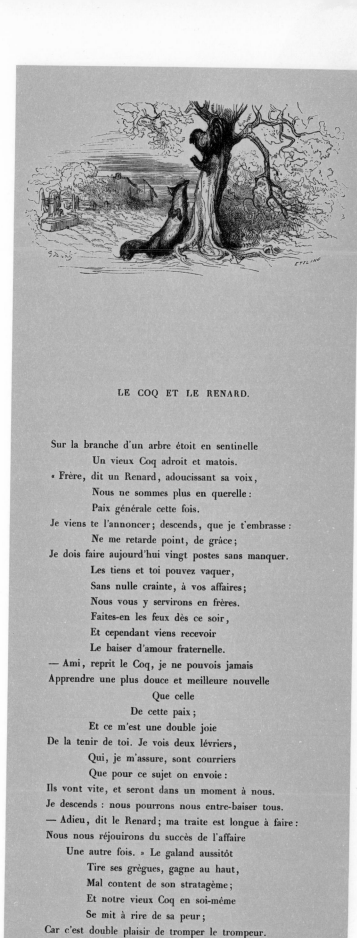

LE COQ ET LE RENARD.

Sur la branche d'un arbre étoit en sentinelle
    Un vieux Coq adroit et matois.
« Frère, dit un Renard, adoucissant sa voix,
    Nous ne sommes plus en querelle :
    Paix générale cette fois.
Je viens te l'annoncer ; descends, que je t'embrasse :
    Ne me retarde point, de grâce ;
Je dois faire aujourd'hui vingt postes sans manquer.
    Les tiens et toi pouvez vaquer,
    Sans nulle crainte, à vos affaires ;
    Nous vous y servirons en frères.
    Faites-en les feux dès ce soir,
    Et cependant viens recevoir
    Le baiser d'amour fraternelle.
— Ami, reprit le Coq, je ne pouvois jamais
Apprendre une plus douce et meilleure nouvelle
        Que celle
      De cette paix ;
    Et ce m'est une double joie
De la tenir de toi. Je vois deux lévriers,
    Qui, je m'assure, sont courriers
    Que pour ce sujet on envoie :
Ils vont vite, et seront dans un moment à nous.
Je descends : nous pourrons nous entre-baiser tous.
— Adieu, dit le Renard ; ma traite est longue à faire :
Nous nous réjouirons du succès de l'affaire
    Une autre fois. » Le galand aussitôt
      Tire ses grègues, gagne au haut,
      Mal content de son stratagème ;
      Et notre vieux Coq en soi-même
      Se mit à rire de sa peur ;
Car c'est double plaisir de tromper le trompeur.

LE PAON SE PLAIGNANT A JUNON.

Le Paon se plaignoit à Junon.
« Déesse, disoit-il, ce n'est pas sans raison
 Que je me plains, que je murmure :
 Le chant dont vous m'avez fait don
 Déplait à toute la nature ;
Au lieu qu'un rossignol, chétive créature,
 Forme des sons aussi doux qu'éclatants,
 Est lui seul l'honneur du printemps. »
 Junon répondit en colère :
 « Oiseau jaloux, et qui devrois te taire,
Est-ce à toi d'envier la voix du rossignol,
Toi que l'on voit porter à l'entour de ton col
Un arc-en-ciel nué de cent sortes de soies ;
 Qui te panades, qui déploies
Une si riche queue et qui semble à nos yeux
 La boutique d'un lapidaire ?
 Est-il quelque oiseau sous les cieux
 Plus que toi capable de plaire ?
Tout animal n'a pas toutes propriétés.
Nous vous avons donné diverses qualités :
Les uns ont la grandeur et la force en partage ;
Le faucon est léger, l'aigle plein de courage ;
 Le corbeau sert pour le présage ;
La corneille avertit des malheurs à venir ;
 Tous sont contents de leur ramage.
Cesse donc de te plaindre ; ou bien, pour te punir,
 Je t'ôterai ton plumage. »

THE PEACOCK COMPLAINING
TO JUNO.

The peacock to the queen of heaven
 Complain'd in some such words:—
'Great goddess, you have given
 To me, the laughing-stock of birds,
 A voice which fills, by taste quite just,
 All nature with disgust;
 Whereas that little paltry thing,
 The nightingale, pours from her throat
 So sweet and ravishing a note,
She bears alone the honours of the spring.'
 In anger Juno heard,
 And cried, 'Shame on you, jealous bird!
 Grudge you in the nightingale her voice,
 Who in the rainbow neck rejoice,
 Than costliest silks more richly tinted,
 In charms of grace and form unstinted,—
 Who strut in kingly pride.
 Your glorious tail spread wide
 With brilliants which in sheen do
 Outshine the jeweller's bow window?
 Is there a bird beneath the blue
 That has more charms than you?
 No animal in everything can shine.
 By just partition of our gifts divine,
 Each has its full and proper share;
 Among the birds that cleave the air,
 The hawk's a swift, the eagle is a brave one,
 For omens serves the hoarse old raven,
 The rook's of coming ills the prophet;
 And if there's any discontent,
 I've heard not of it.

'Cease, then, your envious complaint;
 Or I, instead of making up your back,
Will take your boasted plumage from your back.'

LE LOUP DEVENU BERGER.

Un Loup, qui commençoit d'avoir petite part
    Aux brebis de son voisinage,
Crut qu'il falloit s'aider de la peau du renard,
    Et faire un nouveau personnage.
Il s'habille en berger, endosse un hoqueton,
    Fait sa houlette d'un bâton,
    Sans oublier la cornemuse.
    Pour pousser jusqu'au bout la ruse,
Il auroit volontiers écrit sur son chapeau :
« C'est moi qui suis Guillot, berger de ce troupeau. »
    Sa personne étant ainsi faite,
Et ses pieds de devant posés sur sa houlette,
Guillot le sycophante approche doucement.
Guillot, le vrai Guillot, étendu sur l'herbette,
    Dormoit alors profondément :
Son chien dormoit aussi, comme aussi sa musette;
La plupart des brebis dormoient pareillement.
    L'hypocrite les laissa faire;
Et pour pouvoir mener vers son fort les brebis,
Il voulut ajouter la parole aux habits,
    Chose qu'il croyoit nécessaire.
    Mais cela gâta son affaire :
Il ne put du pasteur contrefaire la voix.
Le ton dont il parla fit retentir les bois,
    Et découvrit tout le mystère.
    Chacun se réveille à ce son,
    Les brebis, le chien, le garçon.
    Le pauvre Loup, dans cet esclandre,
    Empêché par son hoqueton,
    Ne put ni fuir ni se défendre.

Toujours par quelque endroit fourbes se laissent prendre.
    Quiconque est loup agisse en loup;
    C'est le plus certain de beaucoup.

THE WOLF TURNED
SHEPHERD.

A wolf, whose gettings from the flocks
    Began to be but few,
Bethought himself to play the fox
    In character quite new.
A shepherd's hat and coat he took,
    A cudgel for a crook,
    Nor e'en the pipe forgot:
And more to seem what he was not,
Himself upon his hat he wrote,
'I'm Willie, shepherd of these sheep.'
    His person thus complete,
    His crook in upraised feet,
The impostor Willie stole upon the keep.
The real Willie, on the grass asleep,
    Slept there, indeed, profoundly,
His dog and pipe slept, also soundly;
    His drowsy sheep around lay.
    As for the greatest number,
Much bless'd the hypocrite their slumber,
And hoped to drive away the flock,
Could he the shepherd's voice but mock.
    He thought undoubtedly he could.
He tried: the tone in which he spoke,
    Loud echoing from the wood,
    The plot and slumber broke;
Sheep, dog, and man awoke.
    The wolf, in sorry plight,
    In hampering coat bedight,
    Could neither run nor fight.

There's always leakage of deceit
Which makes it never safe to cheat.
    Whoever is a wolf had better
    Keep clear of hypocritic fetter.

LE RENARD ET LE BOUC.

Capitaine Renard alloit de compagnie
Avec son ami Bouc des plus haut encornés :
Celui-ci ne voyoit pas plus loin que son nez;
L'autre étoit passé maître en fait de tromperie.
La soif les obligea de descendre en un puits :
   Là chacun d'eux se désaltère.
Après qu'abondamment tous deux en eurent pris,
Le Renard dit au Bouc : « Que ferons-nous, compère?
Ce n'est pas tout de boire, il faut sortir d'ici.
Lève tes pieds en haut, et tes cornes aussi;
Mets-les contre le mur : le long de ton échine
   Je grimperai premièrement;
   Puis sur tes cornes m'élevant,
   A l'aide de cette machine,
   De ce lieu-ci je sortirai,
   Après quoi je t'en tirerai.
— Par ma barbe, dit l'autre, il est bon; et je loue
   Les gens bien sensés comme toi.
   Je n'aurois jamais, quant à moi,
   Trouvé ce secret, je l'avoue. »
Le Renard sort du puits, laisse son compagnon,
   Et vous lui fait un beau sermon
   Pour l'exhorter à patience.
« Si le ciel t'eût, dit-il, donné par excellence
Autant de jugement que de barbe au menton,
   Tu n'aurois pas, à la légère,
Descendu dans ce puits. Or, adieu; j'en suis hors :
Tâche de t'en tirer, et fais tous tes efforts;
   Car, pour moi, j'ai certaine affaire
Qui ne me permet pas d'arrêter en chemin. »

En toute chose il faut considérer la fin.

THE FOX AND THE GOAT.

A Fox once journey'd and for company
A certain bearded, horned goat had he;
Which goat no further than his nose could see.
The fox was deeply versed in trickery.
 These travellers did thirst compel
 To seek the bottom of a well.
 There, having drunk enough for two,
 Says fox, 'My friend, what shall we do?
 'Tis time that we were thinking
 Of something else than drinking.
 Raise you your feet upon the wall,
 And stick your horns up straight and tall;
 Then up your back I'll climb with ease,
 And draw you after, if you please.'
 'Yes, by my beard,' the other said,
 ''Tis just the thing. I like a head
 Well stock'd with sense, like thine.
   Had it been left to mine,
    I do confess,
 I never should have thought of this.'
  So Renard clamber'd out,
  And leaving there the goat,
 Discharged his obligations
  By preaching thus on patience:—
 'Had Heaven put sense thy head within,
 To match the beard upon thy chin,
 Thou wouldst have thought a bit,
 Before descending such a pit.
   I'm out of it; good bye:
   With prudent effort try
   Yourself to extricate.
   For me, affairs of state
   Permit me not to wait.'

   Whatever way you wend,
   Consider well the end.

THE EAGLE, THE WILD SOW, AND THE CAT.

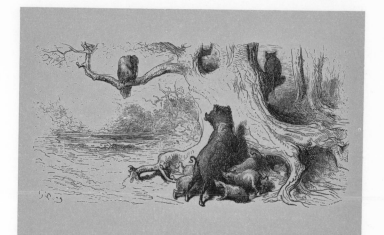

A certain hollow tree
  Was tenanted by three.
An eagle held a lofty bough,
  The hollow root a wild wood sow,
A female cat between the two.
All busy with maternal labours,
They lived awhile obliging neighbours.
  At last the cat's deceitful tongue
  Broke up the peace of old and young.
  Up climbing to the eagle's nest,
  She said, with whisker'd lips compress'd,
'Our death, or, what as much we mothers fear,
  That of our helpless offspring dear,
    Is surely drawing near.
  Beneath our feet, see you not how
  Destruction's plotted by the sow?
  Her constant digging, soon or late,
  Our proud old castle will uproot.
And then—O, sad and shocking fate!—
She'll eat our young ones, as the fruit!
Were there but hope of saving one,
'Twould soothe somewhat my bitter moan.'
Thus leaving apprehensions hideous,
Down went the puss perfidious
To where the sow, no longer digging,
Was in the very act of pigging.
  'Good friend and neighbour,' whisper'd she,
  'I warn you on your guard to be.
  Your pigs should you but leave a minute,
  This eagle here will seize them in it.
    Speak not of this, I beg, at all,
    Lest on my head her wrath should fall.'
  Another breast with fear inspired,
  With fiendish joy the cat retired.
  The eagle ventured no egress

L'AIGLE, LA LAIE ET LA CHATTE.

L'Aigle avoit ses petits au haut d'un arbre creux,
  La Laie au pied, la Chatte entre les deux,
Et sans s'incommoder, moyennant ce partage,
Mères et nourrissons faisoient leur tripotage.
La Chatte détruisit par sa fourbe l'accord;
Elle grimpa chez l'Aigle, et lui dit : « Notre mort
(Au moins de nos enfants, car c'est tout un aux mères)
    Ne tardera possible guères.
Voyez-vous à nos pieds fouir incessamment
Cette maudite Laie, et creuser une mine?
C'est pour déraciner le chêne assurément,
Et de nos nourrissons attirer la ruine :
    L'arbre tombant, ils seront dévorés;
    Qu'ils s'en tiennent pour assurés.
S'il m'en restoit un seul, j'adoucirois ma plainte. »
Au partir de ce lieu, qu'elle remplit de crainte,
    La perfide descend tout droit
        A l'endroit
    Où la Laie étoit en gésine.
    « Ma bonne amie et ma voisine,
Lui dit-elle tout bas, je vous donne un avis :
L'Aigle, si vous sortez, fondra sur vos petits.
    Obligez-moi de n'en rien dire;
    Son courroux tomberoit sur moi. »
Dans cette autre famille ayant semé l'effroi,
    La Chatte en son trou se retire.

L'Aigle n'ose sortir, ni pourvoir aux besoins
    De ses petits; la Laie encore moins :
Sottes de ne pas voir que le plus grand des soins
Ce doit être celui d'éviter la famine.
A demeurer chez soi l'une et l'autre s'obstine,
Pour secourir les siens dedans l'occasion :
      L'oiseau royal, en cas de mine;
      La Laie, en cas d'irruption.
La faim détruisit tout; il ne resta personne
De la gent marcassine et de la gent aiglonne
      Qui n'allât de vie à trépas :
      Grand renfort pour messieurs les Chats.

Que ne sait point ourdir une langue ′traitresse
      Par sa pernicieuse adresse!
      Des malheurs qui sont sortis
      De la boite de Pandore,
Celui qu'à meilleur droit tout l'Univers abhorre,
      C'est la fourbe, à mon avis.

To feed her young, the sow still less.
Fools they, to think that any curse
Then ghastly famine could be worse!
Both staid at home, resolved and obstinate,
To save their young ones from impending fate,—
    The royal bird for fear of mine,
    For fear of royal claws the swine.
    All died, at length, with hunger,
    The older and the younger;
    There staid, of eagle race or boar,
Not one this side of death's dread door;—
    A sad misfortune, which
      The wicked cats made rich.
    O, what is there of hellish plot
    The treacherous tongue dares not!
    Of all the ills Pandora's box outpour'd,
Deceit, I think, is most to be abhorr'd.

THE DRUNKARD AND HIS WIFE.

Each has his fault, to which he clings
    In spite of shame or fear.
This apophthegm a story brings,
    To make its truth more clear.
A sot had lost health, mind, and purse;
    And, truly, for that matter,
    Sots mostly lose the latter
Ere running half their course.
When wine, one day, of wit had fill'd the room,
His wife inclosed him in a spacious tomb.
    There did the fumes evaporate
    At leisure from his drowsy pate.
      When he awoke, he found
      His body wrapp'd around
With grave-clothes, chill and damp,
Beneath a dim sepulchral lamp.
'How's this? My wife a widow sad?'
He cried, 'and I a ghost? Dead? dead?'
    Thereat his spouse, with snaky hair,
    And robes like those the Furies wear,
    With voice to fit the realms below,
      Brought boiling caudle to his bier—
      For Lucifer the proper cheer;
By which her husband came to know—
    For he had heard of those three ladies—
Himself a citizen of Hades.
     'What may your office be?'
     The phantom question'd he.
'I'm server up of Pluto's meat,
    And bring his guests the same to eat.'
'Well,' says the sot, not taking time to think,
'And don't you bring us anything to drink?'

L'IVROGNE ET SA FEMME.

Chacun a son défaut, où toujours il revient :
    Honte ni peur n'y remédie.
  Sur ce propos, d'un conte il me souvient :
    Je ne dis rien que je n'appuie
De quelque exemple. Un suppôt de Bacchus
Altéroit sa santé, son esprit et sa bourse :
Telles gens n'ont pas fait la moitié de leur course
    Qu'ils sont au bout de leurs écus.
Un jour que celui-ci, plein du jus de la treille,
Avoit laissé ses sens au fond d'une bouteille,
Sa femme l'enferma dans un certain tombeau.
    Là, les vapeurs du vin nouveau
Cuvèrent à loisir. A son réveil il treuve
L'attirail de la mort à l'entour de son corps,
    Un luminaire, un drap des morts.
« Oh ! dit-il, qu'est ceci ? Ma femme est-elle veuve ? »
Là-dessus, son épouse, en habit d'Alecton,
Masquée, et de sa voix contrefaisant le ton,
Vient au prétendu mort, approche de sa bière,
Lui présente un chaudeau propre pour Lucifer.
L'époux alors ne doute en aucune manière
    Qu'il ne soit citoyen d'enfer.
« Quelle personne es-tu ? dit-il à ce fantôme.
    — La cellerière du royaume
De Satan, reprit-elle ; et je porte à manger
    A ceux qu'enclôt la tombe noire. »
    Le mari repart, sans songer :
    « Tu ne leur portes point à boire ? »

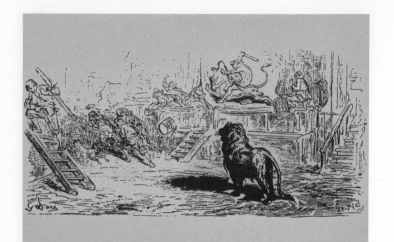

LE LION ABATTU PAR L'HOMME.

On exposoit une peinture
Où l'artisan àvoit tracé
Un lion d'immense stature
Par un seul homme terrassé.
Les regardants en tiroient gloire.
Un Lion en passant rabattit leur caquet :
« Je vois bien, dit-il, qu'en effet
On vous donne ici la victoire :
Mais l'ouvrier vous a déçus ;
Il avoit liberté de feindre.
Avec plus de raison nous aurions le dessus,
Si mes confrères savoient peindre. »

THE LION BEATEN BY THE MAN.

A picture once was shown,
In which one man, alone,
Upon the ground had thrown
A lion fully grown.
Much gloried at the sight the rabble,
A lion thus rebuked their babble:—
'That you have got the victory there,
There is no contradiction.
But, gentles, possibly you are
The dupes of easy fiction:
Had we the art of making pictures,
Perhaps our champion had beat yours!'

THE FOX AND THE GRAPES.

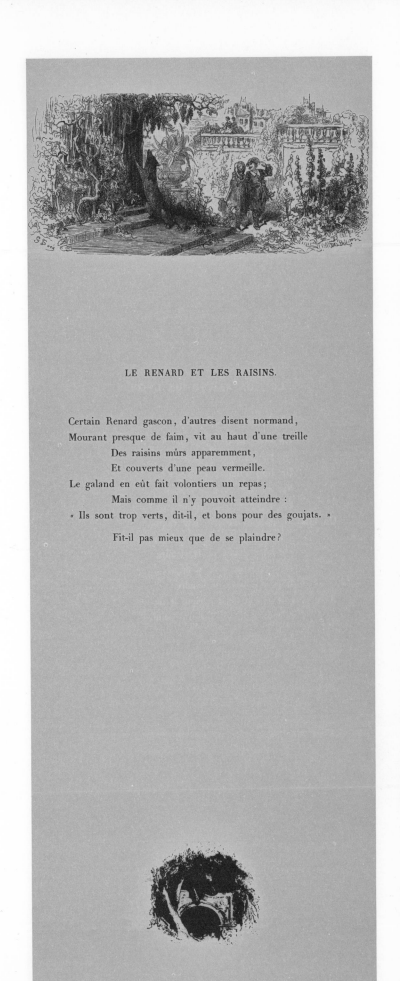

A fox, almost with hunger dying,
Some grapes upon a trellis spying,
To all appearance ripe, clad in
　　Their tempting russet skin,
Most gladly would have eat them;
But since he could not get them,
　So far above, his reach the vine—
'They're sour,' he said; 'such grapes as these,
The dogs may eat them if they please!'

　　Did he not better than to whine?

LE RENARD ET LES RAISINS.

Certain Renard gascon, d'autres disent normand,
Mourant presque de faim, vit au haut d'une treille
　　Des raisins mûrs apparemment,
　　Et couverts d'une peau vermeille.
Le galand en eût fait volontiers un repas;
　　Mais comme il n'y pouvoit atteindre :
« Ils sont trop verts, dit-il, et bons pour des goujats. »

　　Fit-il pas mieux que de se plaindre?

LE CYGNE ET LE CUISINIER.

Dans une ménagerie
De volatiles remplie
Vivoient le Cygne et l'Oison :
Celui-là destiné pour les regards du maitre ;
Celui-ci, pour son goût : l'un qui se piquoit d'être
Commensal du jardin ; l'autre, de la maison.
Des fossés du château faisant leurs galeries,
Tantôt on les eût vus côte à côte nager,
Tantôt courir sur l'onde, et tantôt se plonger,
Sans pouvoir satisfaire à leurs vaines envies.
Un jour le Cuisinier, ayant trop bu d'un coup,
Prit pour oison le Cygne ; et le tenant au cou,
Il alloit l'égorger, puis le mettre en potage.
L'oiseau, prêt à mourir, se plaint en son ramage.
Le Cuisinier fut fort surpris,
Et vit bien qu'il s'étoit mépris.
« Quoi ! je mettrois, dit-il, un tel chanteur en soupe !
Non, non, ne plaise aux Dieux que jamais ma main coupe
La gorge à qui s'en sert si bien ! »

Ainsi dans les dangers qui nous suivent en croupe
Le doux parler ne nuit de rien.

THE SWAN AND THE COOK.

The pleasures of a poultry yard
Were by a swan and gosling shared.
The swan was kept there for his looks,
The thrifty gosling for the cooks;
The first the garden's pride, the latter
A greater favourite on the platter.
They swam the ditches, side by side,
And oft in sports aquatic vied,
Plunging, splashing far and wide,
With rivalry ne'er satisfied.
 One day the cook, named Thirsty John,
 Sent for the gosling, took the swan,
  In haste his throat to cut,
  And put him in the pot.
 The bird's complaint resounded
  In glorious melody;
 Whereat the cook, astounded
  His sad mistake to see,
 Cried, 'What! make soup of a musician!
 Please God, I'll never set such dish on.
 No, no; I'll never cut a throat
 That sings so sweet a note.'

'Tis thus, whatever peril may alarm us,
 Sweet words will never harm us.

THE WOLVES AND THE SHEEP.

By-gone a thousand years of war,
  The wearers of the fleece
  And wolves at last made peace;
Which both appear'd the better for;
For if the wolves had now and then
  Eat up a straggling ewe or wether,
As often had the shepherd men
  Turn'd wolf-skins into leather.
Fear always spoil'd the verdant herbage,
  And so it did the bloody carnage.
Hence peace was sweet; and, lest it should be riven,
  On both sides hostages were given.
The sheep, as by the terms arranged,
For pups of wolves their dogs exchanged;
  Which being done above suspicion,
  Confirm'd and seal'd by high commission,
What time the pups were fully grown,
And felt an appetite for prey,
And saw the sheepfold left alone,
  The shepherds all away,
They seized the fattest lambs they could,
And, choking, dragg'd them to the wood;
Of which, by secret means apprised,
  Their sires, as is surmised,
Fell on the hostage guardians of the sheep,
And slew them all asleep.
So quick the dead of perfidy was done,
  There fled to tell the tale not one!

From which we may conclude
That peace with villains will be rued.
Peace in itself, 'tis true,
May be a good for you;
But 'tis an evil, nathless,
When enemies are faithless.

LES LOUPS ET LES BREBIS.

Après mille ans et plus de guerre déclarée,
Les Loups firent la paix avecque les Brebis.
C'étoit apparemment le bien des deux partis :
Car, si les Loups mangeoient mainte bête égarée,
Les bergers de leur peau se faisoient maints habits.
Jamais de liberté, ni pour les pâturages,
    Ni d'autre part pour les carnages :
Ils ne pouvoient jouir qu'en tremblant de leurs biens.
La paix se conclut donc : on donne des otages ;
Les Loups, leurs louveteaux ; et les Brebis, leurs chiens.
L'échange en étant fait aux formes ordinaires,
    Et réglé par des commissaires,
Au bout de quelque temps que messieurs les louvats
Se virent Loups parfaits et friands de tuerie,
Ils vous prennent le temps que dans la bergerie
    Messieurs lès bergers n'étoient pas,
Étranglent la moitié des agneaux les plus gras,
Les emportent aux dents, dans les bois se retirent.
Ils avoient averti leurs gens secrètement.
Les chiens, qui, sur leur foi, reposoient sûrement,
    Furent étranglés en dormant :
Cela fut sitôt fait qu'à peine ils le sentirent.
Tout fut mis en morceaux ; un seul n'en échappa.

    Nous pouvons conclure de là
Qu'il faut faire aux méchants guerre continuelle.
    La paix est fort bonne de soi,
    J'en conviens : mais de quoi sert-elle
    Avec des ennemis sans foi ?

LE LION DEVENU VIEUX.

Le Lion, terreur des foréts,
Chargé d'ans et pleurant son antique prouesse,
Fut enfin attaqué par ses propres sujets,
    Devenus forts par sa foiblesse.
Le Cheval s'approchant lui donne un coup de pied;
Le Loup, un coup de dent; le Bœuf, un coup de corne.
Le malheureux Lion, languissant, triste, et morne,
Peut à peine rugir, par l'àge estropié.
Il attend son destin, sans faire aucunes plaintes;
Quand voyant l'Ane même à son antre accourir :
« Ah! c'est trop, lui dit-il; je voulois bien mourir;
Mais c'est mourir deux fois que souffrir tes atteintes. »

A lion, mourning, in his age, the wane
Of might once dreaded through his wild domain,
    Was mock'd, at last, upon his throne,
        By subjects of his own,
        Strong through his weakness grown.
    The horse his head saluted with a kick;
        The wolf snapp'd at his royal hide;
        The ox, too, gored him in the side;
    The unhappy lion, sad and sick.
    Could hardly growl, he was so weak.
        In uncomplaining, stoic pride,
    He waited for the hour of fate,
    Until the ass approach'd his gate;
    Whereat, 'This is too much,' he saith;
    'I willingly would yield my breath;
    But, ah! thy kick is double death!'

PHILOMEL AND PROGNE.

From home and city spires, one day,
The swallow Progne flew away,
 And sought the bosky dell
 Where sang poor Philomel.
'My sister,' Progne said, 'how do you do?
'Tis now a thousand years since you
Have been conceal'd from human view;
I'm sure I have not seen your face
 Once since the time of Thrace.
Pray, will you never quit this dull retreat?'
'Where could I find,' said Philomel, 'so sweet?'
 'What! sweet?' cried Progne–'sweet to waste
 Such tones on beasts devoid of taste,
Or on some rustic, at the most!
 Should you by deserts be engross'd?
 Come, be the city's pride and boast.
 Besides, the woods remind of harms
 That Tereus in them did your charms.'
'Alas!' replied the bird of song,
'The thought of that so cruel wrong
 Makes me, from age to age,
 Prefer this hermitage;
 For nothing like the sight of men
 Can call up what I suffer'd them.'

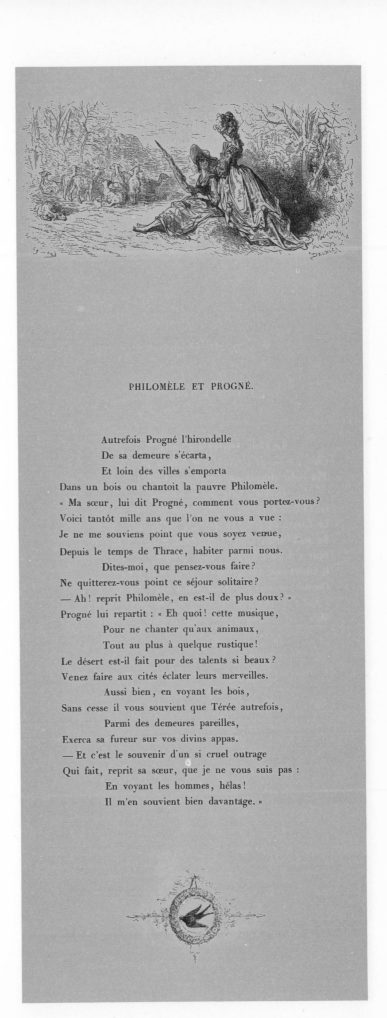

PHILOMÈLE ET PROGNÉ.

Autrefois Progné l'hirondelle
 De sa demeure s'écarta,
 Et loin des villes s'emporta
Dans un bois ou chantoit la pauvre Philomèle.
« Ma sœur, lui dit Progné, comment vous portez-vous ?
Voici tantôt mille ans que l'on ne vous a vue :
Je ne me souviens point que vous soyez venue,
Depuis le temps de Thrace, habiter parmi nous.
 Dites-moi, que pensez-vous faire ?
Ne quitterez-vous point ce séjour solitaire ?
— Ah ! reprit Philomèle, en est-il de plus doux ? »
Progné lui repartit : « Eh quoi ! cette musique,
 Pour ne chanter qu'aux animaux,
 Tout au plus à quelque rustique !
Le désert est-il fait pour des talents si beaux ?
Venez faire aux cités éclater leurs merveilles.
 Aussi bien, en voyant les bois,
Sans cesse il vous souvient que Térée autrefois,
 Parmi des demeures pareilles,
Exerça sa fureur sur vos divins appas.
— Et c'est le souvenir d'un si cruel outrage
Qui fait, reprit sa sœur, que je ne vous suis pas :
 En voyant les hommes, hélas !
 Il m'en souvient bien davantage. »

LA FEMME NOYÉE.

Je ne suis pas de ceux qui disent : Ce n'est rien,
    C'est une femme qui se noie.
Je dis que c'est beaucoup ; et ce sexe vaut bien
Que nous le regrettions, puisqu'il fait notre joie.
Ce que j'avance ici n'est point hors de propos,
    Puisqu'il s'agit, en cette fable,
    D'une femme qui dans les flots
Avoit fini ses jours par un sort déplorable.
    Son époux en cherchoit le corps
    Pour lui rendre, en cette aventure,
    Les honneurs de la sépulture.
    Il arriva que, sur les bords
    Du fleuve auteur de sa disgràce,
Des gens se promenoient ignorant l'accident.
    Ce mari donc leur demandant
S'ils n'avoient de sa femme aperçu nulle trace :
« Nulle, reprit l'un d'eux ; mais cherchez-la plus bas :
    Suivez le fil de la rivière. »
Un autre repartit : « Non, ne le suivez pas ;
    Rebroussez plutôt en arrière :
Quelle que soit la pente et l'inclination
    Dont l'eau par sa course l'emporte,
    L'esprit de contradiction
    L'aura fait flotter d'autre sorte. »

Cet homme se railloit assez hors de saison.
    Quant à l'humeur contredisante,
    Je ne sais s'il avoit raison ;
    Mais que cette humeur soit ou non
    Le défaut du sexe et sa pente,
    Quiconque avec elle naîtra
    Sans faute avec elle mourra,
    Et jusqu'au bout contredira,
    Et, s'il peut, encor par-delà.

THE WOMAN DROWNED.

I hate that saying, old and savage,
  "'Tis nothing but a woman drowning."
That's much, I say. What grief more keen should have edge
  Than loss of her, of all our joys the crowning?
  Thus much suggests the fable I am borrowing.
    A woman perish'd in the water,
      Where, anxiously, and sorrowing,
      Her husband sought her,
    To ease the grief he could not cure,
    By honour'd rites of sepulture.
    It chanced that near the fatal spot,
      Along the stream which had
      Produced a death so sad,
    There walk'd some men that knew it not.
    The husband ask'd if they had seen
    His wife, or aught that hers had been.
      One promptly answer'd, 'No!
      But search the stream below:
It must have borne her in its flow.'
'No,' said another; 'search above.
    In that direction
She would have floated, by the love
    Of contradiction.'
This joke was truly out of season;—
I don't propose to weigh its reason.
But whether such propensity
    The sex's fault may be,
Or not, one thing is very sure,
Its own propensities endure.
Up to the end they'll have their will,
    And, if it could be, further still.

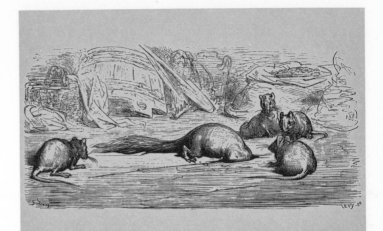

THE WEASEL IN THE GRANARY.

A weasel through a hole contrived to squeeze,
  (She was recovering from disease,)
    Which led her to a farmer's hoard.
There lodged, her wasted form she cherish'd;
  Heaven knows the lard and victuals stored
    That by her gnawing perish'd!
    Of which the consequence
    Was sudden corpulence.
    A week or so was past,
  When having fully broken fast,
    A noise she heard, and hurried
To find the hole by which she came,
And seem'd to find it not the same;
    So round she ran, most sadly flurried;
    And, coming, back thrust out her head,
  Which, sticking there, she said,
'This is the hole, there can't be blunder:
What makes it now so small, I wonder,
Where, but the other day, I pass'd with ease?'
    A rat her troubles sees,
  And cries, 'But with an emptier belly;
  You enter'd lean, and lean must sally.'
  What I have said to you
Has eke been said to not a few,
Who, in a vast variety of cases,
Have ventured into such-like places.

LA BELETTE ENTRÉE DANS UN GRENIER.

Damoiselle Belette, au corps long et flouet,
Entra dans un grenier par un trou fort étroit :
    Elle sortoit de maladie.
    Là, vivant à discrétion,
    La galande fit chère lie,
  Mangea, rongea : Dieu sait la vie,
Et le lard qui périt en cette occasion !
    La voilà, pour conclusion,
    Grasse, maflue, et rebondie.
Au bout de la semaine, ayant diné son sou,
Elle entend quelque bruit, veut sortir par le trou,
Ne peut plus repasser, et croit s'être méprise.
    Après avoir fait quelques tours,
« C'est, dit-elle, l'endroit : me voilà bien surprise ;
J'ai passé par ici depuis cinq ou six jours. »
    Un rat, qui la voyoit en peine,
Lui dit : « Vous aviez lors la panse un peu moins pleine.
Vous êtes maigre entrée, il faut maigre sortir.
Ce que je vous dis là, l'on le dit à bien d'autres ;
Mais ne confondons point, par trop approfondir,
    Leurs affaires avec les vôtres. »

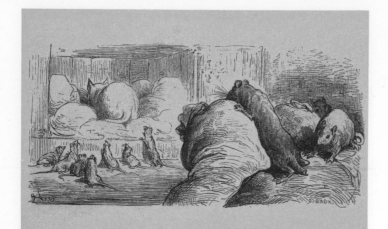

THE CAT AND THE OLD RAT

LE CHAT ET LE VIEUX RAT.

J'ai lu chez un conteur de fables,
Qu'un second Rodilard, l'Alexandre des Chats,
L'Attila, le fléau des Rats,
Rendoit ces derniers misérables;
J'ai lu, dis-je, en certain auteur,
Que ce Chat exterminateur,
Vrai Cerbère, étoit craint une lieue à la ronde :
Il vouloit de souris dépeupler tout le monde.
Les planches qu'on suspend sur un léger appui,
La mort-aux-rats, les souricières,
N'étoient que jeux au prix de lui.
Comme il voit que dans leurs tanières
Les souris étoient prisonnières,
Qu'elles n'osoient sortir, qu'il avoit beau chercher,
Le galand fait le mort, et du haut d'un plancher
Se pend la tête en bas : la bête scélérate,
A de certains cordons se tenoit par la patte.
Le peuple des souris croit que c'est châtiment,
Qu'il a fait un larcin de rôt ou de fromage,
Égratigné quelqu'un, causé quelque dommage,
Enfin, qu'on a pendu le mauvais garnement.
Toutes, dis-je, unanimement,
Se promettent de rire à son enterrement,
Mettent le nez à l'air, montrent un peu la téte,
Puis rentrent dans leurs nids à rats,
Puis ressortant font quatre pas,
Puis enfin se mettent en quête.
Mais voici bien une autre fête :
Le pendu ressuscite; et, sur ses pieds tombant,
Attrape les plus paresseuses.
« Nous en savons plus d'un, dit-il en les gobant :
C'est tour de vieille guerre, et vos cavernes creuses
Ne vous sauveront pas, je vous en avertis :

A story-writer of our sort
Historifies, in short,
Of one that may be recokon'd
A Rodilard the Second,—
The Alexander of the cats,
The Attila, the scourge of rats,
Whose fierce and whisker'd head
Among the latter spread,
A league around, its dread;
Who seem'd, indeed, determined
The world should be unvermined.
The planks with props more false than slim,
The tempting heaps of poison'd meal,
The traps of wire and traps of steel,
Were only play compared with him.
At length, so sadly were they scared,
The rats and mice no longer dared
To show their thievish faces
Outside their hiding-places,
Thus shunning all pursuit; whereat
Our crafty General Cat
Contrived to hang himself, as dead,
Beside the wall with downward head,
Resisting gravitation's laws
By clinging with his hinder claws
To some small bit of string.
The rats esteem'd the thing
A judgment for some naughty deed,
Some thievish snatch,
Or ugly scratch;
And thought their foe had got his meed
By being hung indeed.
With hope elated all
Of laughing at his funeral,
They thrust their noses out in air;
And now to show their heads they dare;
Now dodging back, now venturing more.

Vous viendrez toutes au logis. »
Il prophétisoit vrai : notre maitre Mitis,
Pour la seconde fois, les trompe et les affine,
    Blanchit sa robe et s'enfarine ;
    Et, de la sorte déguisé,
Se niche et se blottit dans une huche ouverte.
    Ce fut à lui bien avisé :
La gent trotte-menu s'en vient chercher sa perte.
Un Rat, sans plus, s'abstient d'aller flairer autour :
C'étoit un vieux routier, il savoit plus d'un tour ;
Même il avoit perdu sa queue à la bataille.
« Ce bloc enfariné ne me dit rien qui vaille,
S'écria-t-il de loin au général des chats :
Je soupçonne dessous encor quelque machine :
    Rien ne te sert d'être farine ;
Car, quand tu serois sac, je n'approcherois pas. »
C'étoit bien dit à lui ; j'approuve sa prudence :
    Il étoit expérimenté,
    Et savoit que la méfiance
    Est mère de la sûreté.

At last upon the larder's store
    They fall to filching, as of yore.
A scanty feast enjoy'd these shallows;
Down dropp'd the hung one from his gallows,
    And of the hindmost caught.
    'Some other tricks to me are known,'
    Said he, while tearing bone from bone,
    'By long experience taught;
    The point is settled, free from doubt,
    That from your holes you shall come out.'
    His threat as good as prophecy
    Was proved by Mr. Mildandsly;
    For, putting on a mealy robe,
    He squatted in an open tub,
    And held his purring and his breath;—
    Out came the vermin to their death.
    On this occasion, one old stager,
    A rat as grey as any badger,
    Who had in battle lost his tail,
    Abstained from smelling at the meal;
    And cried, far off, 'Ah! General Cat,
    I much suspect a heap like that;
    Your meal is not the thing, perhaps,
    For one who knows somewhat of traps;
    Should you a sack of meal become,
    I'd let you be, and stay at home.'

    Well said, I think, and prudently,
    By one who knew distrust to be
    The parent of security.

THE LION IN LOVE.

To Mademoiselle de Sévigné

Séigné, type of every grace
In female form and face,
In your regardlessness of men,
Can you show favour when
The sportive fable craves your ear,
And see, unmoved by fear,
A lion's haughty heart
Thrust through by Love's audacious dart?
Strange conqueror, Love! And happy he,
And strangely priviledged and free,
Who only knows by story
Him and his feats of glory!
If on this subject you are wont
To think the simple truth too blunt,
The fabulous may less affront;
Which now, inspried with gratitude,
Yea, kindled into zeal most fervent,
Doth venture to intrude
Within your maiden solitude,
And kneel, your humble servant.—
In times when animals were speakers,
Among the quadrupedal seekers
Of our alliance
There came the lions.
And wherefore not? for then
They yielded not to men
In point of courage or of sense,
Nor were in looks without pretence.
A high-born lion, on his way
Across a meadow, met one day
A shepherdess, who charm'd him so,
That, as such matters ought to go,
He sought the maiden for his bride.
Her sire, it cannot be denied,
Had much preferr'd a son-in-law

LE LION AMOUREUX.

A MADEMOISELLE DE SÉVIGNÉ.

Sévigné, de qui les attraits
Servent aux Grâces de modèle,
Et qui naquîtes toute belle,
A votre indifférence près,
Pourriez-vous être favorable
Aux jeux innocents d'une fable,
Et voir, sans vous épouvanter,
Un Lion qu'Amour sut dompter?
Amour est un étrange maître!
Heureux qui peut ne le connoître
Que par récit, lui ni ses coups!
Quand on en parle devant vous,
Si la vérité vous offense,
La fable au moins se peut souffrir :
Celle-ci prend bien l'assurance
De venir à vos pieds s'offrir,
Par zèle et par reconnoissance.

Du temps que les bêtes parloient,
Les lions entre autres vouloient
Être admis dans notre alliance.
Pourquoi non? puisque leur engeance
Valoit la nôtre en ce temps-là,
Ayant courage, intelligence,
Et belle hure outre cela.
Voici comment il en alla :
Un Lion de haut parentage,
En passant par un certain pré,
Rencontra bergère à son gré :
Il la demande en mariage.

Le père auroit fort souhaité
Quelque gendre un peu moins terrible.
La donner lui sembloit bien dur :
La refuser n'étoit pas sûr ;
Même un refus eût fait, possible,
Qu'on eût vu quelque beau matin
Un mariage clandestin :
Car, outre qu'en toute manière
La belle étoit pour les gens fiers,
Fille se coiffe volontiers
D'amoureux à longue crinière.
Le père donc ouvertement
N'osant renvoyer notre amant,
Lui dit : « Ma fille est délicate ;
Vos griffes la pourront blesser
Quand vous voudrez la caresser.
Permettez donc qu'à chaque patte
On vous les rogne ; et pour les dents,
Qu'on vous les lime en même temps :
Vos baisers en seront moins rudes,
Et pour vous plus délicieux ;
Car ma fille y répondra mieux,
Étant sans ces inquiétudes. »
Le Lion consent à cela,
Tant son âme étoit aveuglée !
Sans dents ni griffes le voilà,
Comme place démantelée.
On lâcha sur lui quelques chiens :
Il fit fort peu de résistance.

Amour ! Amour ! quand tu nous tiens,
On peut bien dire : Adieu prudence !

Of less terrific mouth and paw.
It was not easy to decide—
The lion might the gift abuse—
'Twas not quite prudent to refuse.
And if refusal there should be,
Perhaps a marriage one would see,
Some morning, made clandestinely.
   For, over and above
The fact that she could bear
With none but males of martial air,
   The lady was in love
With him of shaggy hair.
Her sire, much wanting cover
To send away the lover,
Thus spoke:—'My daughter, sir,
Is delicate. I fear to her
Your fond caressings
   Will prove rough blessings.
   To banish all alarm
   About such sort of harm,
Permit us to remove the cause,
By filing off your teeth and claws.
In such a case, your royal kiss
Will be to her a safer bliss,
   And to yourself a sweeter;
Since she will more respond
To those endearments fond
   With which you greet her.'
   The lion gave consent at once,
   By love so great a dunce!
Without a tooth or claw now view him—
   A fort with cannon spiked.
The dogs, let loose upon him, slew him,
   All biting safely where they liked.

O, tyrant Love! when held by you,
   We may to prudence bid adieu.

LE BERGER ET LA MER.

Du rapport d'un troupeau, dont il vivoit sans soins,
Se contenta longtemps un voisin d'Amphitrite :
    Si sa fortune étoit petite,
    Elle étoit sûre tout au moins.
A la fin, les trésors déchargés sur la plage
Le tentèrent si bien qu'il vendit son troupeau,
Trafiqua de l'argent, le mit entier sur l'eau.
    Cet argent périt par naufrage.
Son maitre fut réduit à garder les brebis,
Non plus berger en chef comme il étoit jadis,
Quand ses propres moutons paissoient sur le rivage :
Celui qui s'étoit vu Corydon ou Tircis
    Fut Pierrot, et rien davantage.
Au bout de quelque temps il fit quelques profits,
    Racheta des bêtes à laine ;
Et comme un jour les vents, retenant leur haleine,
Laissoient paisiblement aborder les vaisseaux :
« Vous voulez de l'argent, ô mesdames les Eaux !
Dit-il ; adressez-vous, je vous prie, à quelque autre :
    Ma foi ! vous n'aurez pas le nôtre. »

Ceci n'est pas un conte à plaisir inventé.
    Je me sers de la vérité
    Pour montrer, par expérience,
    Qu'un sou, quand il est assuré,
    Vaut mieux que cinq en espérance ;
Qu'il se faut contenter de sa condition ;
Qu'aux conseils de la mer et de l'ambition
    Nous devons fermer les oreilles.
Pour un qui s'en louera, dix mille s'en plaindront.
    La mer promet monts et merveilles :
Fiez-vous-y ; les vents et les voleurs viendront.

THE SHEPHERD AND THE SEA.

A shepherd, neighbour to the sea,
Lived with his flock contentedly.
    His fortune, though but small,
    Was safe within his call.
At last some stranded kegs of gold
Him tempted, and his flock he sold,
Turn'd merchant, and the ocean's waves
Bore all his treasure—to its caves.
Brought back to keeping sheep once more,
But not chief shepherd, as before,
When sheep were his that grazed the shore,
He who, as Corydon or Thyrsis,
Might once have shone in pastoral verses,
Bedeck'd with rhyme and metre,
Was nothing now but Peter.
But time and toil redeem'd in full
Those harmless creatures rich in wool;
    And as the lulling winds, one day,
The vessels wafted with a gentle motion,
'Want you,' he cried, 'more money, Madam Ocean?
    Address yourself to some one else, I pray;
        You shall not get it out of me!
        I know too well your treachery.'

    This tale's no fiction, but a fact,
    Which, by experience back'd,
    Proves that a single penny,
        At present held, and certain,
    Is worth five times as many,
        Of Hope's, beyond the curtain;
That one should be content with his condition,
And shut his ears to counsels of ambition,
More faithless than the wreck-strown sea, and which
Doth thousands beggar where it makes one rich,—
Inspires the hope of wealth, in glorious forms,
And blasts the same with piracy and storms.

LA MOUCHE ET LA FOURMI.

La Mouche et la Fourmi contestoient de leur prix.
　　« O Jupiter! dit la première,
Faut-il que l'amour-propre aveugle les esprits
　　　　D'une si terrible manière
　　　　Qu'un vil et rampant animal
A la fille de l'air ose se dire égal!
Je hante les palais, je m'assieds à ta table :
Si l'on t'immole un bœuf, j'en goûte devant toi;
Pendant que celle-ci, chétive et misérable,
Vit trois jours d'un fétu qu'elle a traîné chez soi.
　　　　Mais, ma mignonne, dites-moi,
Vous campez-vous jamais sur la tête d'un roi,
　　　　D'un empereur, ou d'une belle?
Je le fais; et je baise un beau sein quand je veux;
　　　　Je me joue entre des cheveux;
Je rehausse d'un teint la blancheur naturelle;
Et la dernière main que met à sa beauté
　　　　Une femme allant en conquête,
C'est un ajustement des mouches emprunté.
　　　　Puis allez-moi rompre la tête
　　　　De vos greniers! — Avez-vous dit?
　　　　Lui répliqua la ménagère.
Vous hantez les palais; mais on vous y maudit.
　　　　Et quant à goûter la première
　　　　De ce qu'on sert devant les Dieux,
　　　　Croyez-vous qu'il en vaille mieux?
Si vous entrez partout, aussi font les profanes.
Sur la tête des rois et sur celle des ânes
Vous allez vous planter, je n'en disconviens pas,
　　　　Et je sais que d'un prompt trépas
Cette importunité bien souvent est punie.
Certain ajustement, dites-vous, rend jolie;

THE FLY AND THE ANT.

A fly and ant, upon a sunny bank,
Discuss'd the question of their rank.
'O Jupiter!' the former said,
'Can love of self so turn the head,
　　That one so mean and crawling,
　　And of so low a calling,
To boast equality shall dare
With me, the daughter of the air?
In palaces I am a guest,
And even at thy glorious feast.
Whene'er the people that adore thee
　　May immolate for thee a bullock,
I'm sure to taste the meat before thee.
　　Meanwhile this starveling, in her hillock,
Is living on some bit of straw
Which she has labour'd home to draw.
But tell me now, my little thing,
Do you camp ever on a king,
An emperor, or lady?
I do, and have full many a play-day
On fairest bosom of the fair,
And sport myself upon her hair.
Come now, my hearty, rack your brain
To make a case about your grain.'
　'Well, have you done?' replied the ant.
　'You enter palaces, I grant,
And for it get right soundly cursed.
　　Of sacrifices, rich and fat,
Your taste, quite likely, is the first;—
　　Are they the better off for that?
You enter with the holy train;
So enters many a wretch profane.
On heads of kings and asses you may squat;
Deny your vaunting I will not;
But well such impudence, I know,
Provokes a sometimes fatal blow.
The name in which your vanity delights

Is own'd as well by parasites,
And spies that die by ropes – as you soon will
   By famine or by ague-chill,
      When Phœbus goes to cheer
      The other hemisphere,–
   The very time to me most dear.
      Not forced abroad to go
      Through wind, and rain, and snow,
   My summer's work I then enjoy,
   And happily my mind employ,
   From care by care exempted.
   By which this truth I leave to you,
That by two sorts of glory we are tempted,
      The false one and the true.
   Work waits, time flies; adieu:–
      This gabble does not fill
      My granary or till.'

J'en conviens : il est noir ainsi que vous et moi.
Je veux qu'il ait nom mouche : est-ce un sujet pourquoi
      Vous fassiez sonner vos mérites ?
Nomme-t-on pas aussi mouches les parasites ?
Cessez donc de tenir un langage si vain :
      N'ayez plus ces hautes pensées.
      Les mouches de cour sont chassées ;
Les mouchards sont pendus : et vous mourrez de faim,
      De froid, de langueur, de misère,
Quand Phébus régnera sur un autre hémisphère.
Alors je jouirai du fruit de mes travaux :
      Je n'irai, par monts ni par vaux,
      M'exposer au vent, à la pluie ;
      Je vivrai sans mélancolie :
Le soin que j'aurai pris de soin m'exemptera.
      Je vous enseignerai par là
Ce que c'est qu'une fausse ou véritable gloire.
Adieu ; je perds le temps : laissez-moi travailler ;
      Ni mon grenier, ni mon armoire,
      Ne se remplit à babiller. »

LE JARDINIER ET SON SEIGNEUR.

Un amateur du jardinage,
Demi-bourgeois, demi-manant,
Possédoit en certain village
Un jardin assez propre, et le clos attenant.
Il avoit de plant vif fermé cette étendue :
Là croissoit à plaisir l'oseille et la laitue,
De quoi faire à Margot pour sa fête un bouquet,
Peu de jasmin d'Espagne, et force serpolet.
Cette félicité par un lièvre troublée
Fit qu'au Seigneur du bourg notre homme se plaignit.
« Ce maudit animal vient prendre sa goulée
Soir et matin, dit-il, et des piéges se rit ;
Les pierres, les bâtons y perdent leur crédit :
Il est sorcier, je crois. — Sorcier ? je l'en défie,
Repartit le Seigneur : fût-il diable, Miraut,
En dépit de ses tours, l'attrapera bientôt.
Je vous en déferai, bonhomme, sur ma vie.
— Et quand ? — Et dès demain, sans tarder plus longtemps. »
La partie ainsi faite, il vient avec ses gens.
« Çà, déjeunons, dit-il : vos poulets sont-ils tendres ?
La fille du logis, qu'on vous voie, approchez :
Quand la marierons-nous ? quand aurons-nous des gendres ?
Bonhomme, c'est ce coup qu'il faut, vous m'entendez,
        Qu'il faut fouiller à l'escarcelle. »
Disant ces mots, il fait connoissance avec elle,
        Auprès de lui la fait asseoir,
Prend une main, un bras, lève un coin du mouchoir ;
        Toutes sottises dont la belle
        Se défend avec grand respect :
Tant qu'au père à la fin cela devient suspect.
Cependant on fricasse, on se rue en cuisine.
« De quand sont vos jambons ? ils ont fort bonne mine.
— Monsieur, ils sont à vous. — Vraiment, dit le Seigneur,
        Je les reçois, et de bon cœur. »
Il déjeune très-bien ; aussi fait sa famille,

THE GARDENER AND HIS LORD.

A lover of gardens, half cit and half clown,
Possess'd a nice garden beside a small town;
And with it a field by a live hedge inclosed,
Where sorrel and lettuce, at random disposed,
A little of jasmine, and much of wild thyme,
    Grew gaily, and all in their prime
    To make up Miss Peggy's bouquet,
    The grace of her bright wedding day.
For poaching in such a nice field—'twas a shame;
A foraging, cud-chewing hare was to blame.
    Whereof the good owner bore down
    This tale to the lord of the town:—
'Some mischievous animal, morning and night,
In spite of my caution, comes in for his bite.
He laughs at my cunning-set dead-falls and snares;
For clubbing and stoning as little he cares.
I think him a wizard. A wizard! the coot!
I'd catch him if he were a devil to boot!'
The lord said, in haste to have sport for his hounds,
'I'll clear him, I warrant you, out of your grounds;
To morrow I'll do it without any fail.'

The thing thus agreed on, all hearty and hale,
The lord and his party, at crack of the dawn,
With hounds at their heels canter'd over the lawn.
Arrived, said the lord in his jovial mood,
'We'll breakfast with you, if your chickens are good.
That lass, my good man, I suppose is your daughter:
No news of a son-in-law? Any one sought her?
No doubt, by the score. Keep an eye on the docket,
Eh? Dost understand me? I speak of the pocket.'
So saying, the daughter he graciously greeted,
And close by his lordship he bade her be seated;
Avow'd himself pleased with so handsome a maid,
And then with her kerchief familiarly play'd,—

Impertinent freedoms the virtuous fair
Respell'd with a modest and lady-like air,—
So much that her father a little suspected
The girl had already a lover elected.
Meanwhile in the kitchen what bustling and cooking!
'For what are your hams? They are very good looking.'
'They're kept for your lordship.' 'I take them,' said he;
'Such elegant flitches are welcome to me.'
He breakfasted finely his troop, with delight,—
Dogs, horses, and grooms of the best appetite.
Thus he govern'd his host in the shape of a guest,
Unbottled his wine, and his daughter caress'd.
To breakfast, the huddle of hunters succeeds,
The yelping of dogs and the neighing of steeds,
All cheering and fixing for wonderful deeds;
The horns and the bugles make thundering din;
Much wonders our gardener what it can mean.
The worst is, his garden most woefully fares;
Adieu to its arbours, and borders, and squares;
Adieu to its chicory, onions, and leeks;
Adieu to whatever good cookery seeks.

Beneath a great cabbage the hare was in bed,
Was started, and shot at, and hasily fled.
Off went the wild chase, with a terrible screech,
And not through a hole, but a horrible breach,
Which some one had made, at the beck of the lord.
Wide through the poor hedge! 'Twould have been quite absurd
Should lordship not freely from garden go out,
On horseback, attended by rabble and rout.
Scarce suffer'd the gard'ner his patience to wince,
Consoling himself—'Twas the sport of a prince;
While bipeds and quadrupeds served to devour,
And trample, and waste, in the space of an hour,
Far more than a nation of foraging hares
Could possibly do in a hundred of years.

Small princes, this story is true,
When told in relation to you.
In settling your quarrels with kings for your tools,
You prove yourselves losers and eminent fools.

Chiens, chevaux, et valets, tous gens bien endentés :
Il commande chez l'hôte, y prend des libertés,
        Boit son vin, caresse sa fille.
L'embarras des chasseurs succède au déjeuné.
        Chacun s'anime et se prépare :
Les trompes et les cors font un tel tintamarre
        Que le bonhomme est étonné.
Le pis fut que l'on mit en piteux équipage
Le pauvre potager : adieu planches, carreaux ;
        Adieu chicorée et porreaux ;
        Adieu de quoi mettre au potage.
Le lièvre étoit gîté dessous un maitre chou.
On le quête ; on le lance : il s'enfuit par un trou,
Non pas trou, mais trouée, horrible et large plaie
        Que l'on fit à la pauvre haie
Par ordre du Seigneur ; car il eût été mal
Qu'on n'eût pu du jardin sortir tout à cheval.
Le bonhomme disoit : « Ce sont là jeux de prince. »
Mais on le laissoit dire : et les chiens et les gens
Firent plus de dégât en une heure de temps
        Que n'en auroient fait en cent ans
        Tous les lièvres de la province.

Petits princes, videz vos débats entre vous :
De recourir aux rois vous seriez de grands fous.
Il ne les faut jamais engager dans vos guerres,
        Ni les faire entrer sur vos terres.

L'ANE ET LE PETIT CHIEN.

Ne forçons point notre talent ;
Nous ne ferions rien avec grâce :
Jamais un lourdaud, quoi qu'il fasse,
Ne sauroit passer pour galant.
Peu de gens, que le ciel chérit et gratifie,
Ont le don d'agréer infus avec la vie.
C'est un point qu'il leur faut laisser,
Et ne pas ressembler à l'Ane de la fable,
Qui, pour se rendre plus aimable
Et plus cher à son maitre, alla le caresser.
« Comment ! disoit-il en son âme,
Ce Chien, parce qu'il est mignon,
Vivra de pair à compagnon
Avec monsieur, avec madame ;
Et j'aurai des coups de bâton !
Que fait-il ? il donne la patte ;
Puis aussitôt il est baisé :
S'il en faut faire autant afin que l'on me flatte,
Cela n'est pas bien malaisé. »
Dans cette admirable pensée,
Voyant son maître en joie, il s'en vient lourdement,
Lève une corne tout usée,
La lui porte au menton fort amoureusement,
Non sans accompagner, pour plus grand ornement,
De son chant gracieux cette action hardie.
« Oh ! oh ! quelle caresse ! et quelle mélodie !
Dit le maître aussitôt. Holà, Martin-bâton ! »
Martin-bâton accourt : l'Ane change de ton.
Ainsi finit la comédie.

THE ASS AND THE LITTLE DOG.

One's native talent from its course
Cannot be turned aside by force;
But poorly apes the country clown
The polish'd manners of the town.
    Their Maker chooses but a few
    With power of pleasing to imbue;
    Where wisely leave it we, the mass,
    Unlike a certain fabled ass,
That thought to gain his master's blessing
By jumping on him and caressing.
    'What!' said the donkey in his heart;
    'Ought it to be that puppy's part
        To lead his useless life
            In full companionship
        With master and his wife,
            While I must bear the whip?
    What doth the cur a kiss to draw?
    Forsooth, he only gives his paw!
    If that is all there needs to please,
    I'll do the thing myself, with ease.'
        Possess'd with this bright notion,—
    His master sitting on his chair,
    At leisure in the open air,—
        He ambled up, with awkward motion,
    And put his talents to the proof;
    Upraised his bruised and batter'd hoof,
    And, with an amiable mien,
    His master patted on the chin,
    The action gracing with a word—
    The fondest bray that e'er was heard!
    O, such caressing was there ever?
    Or melody with such a quaver?
    'Ho! Martin! here! a club, a club bring!'
        Our cried the master, sore offended.
    So Martin gave the ass a drubbing,—
        And so the comedy was ended.

THE BATTLE OF THE RATS
AND THE WEASELS.

The weasels live, no more than cats,
On terms of friendship with the rats;
    And, were it not that these
    Through doors contrive to squeeze
        Too narrow for their foes,
    The animals long-snouted
    Would long ago have routed,
    And from the planet scouted
        Their race, as I suppose.

One year it did betide,
When they were multiplied,
    An army took the field
    Of rats, with spear and shield,
Whose crowded ranks led on
A king named Ratapon.
    The weasels, too, their banner
    Unfurl'd in warlike manner.
As Fame her trumpet sounds,
    The victory balanced well;
Enrich'd were fallow grounds
    Where slaughter'd legions fell;
But by said trollop's tattle,
The loss of life in battle
Thinn'd most the rattish race
In almost every place;
And finally their rout
Was total, spite of stout
Artarpax and Psicarpax,
And valiant Meridarpax,
Who, cover'd o'er with dust,
Long time sustain'd their host
Down sinking on the plain.
    Their efforts were in vain;
Fate ruled that final hour,

LE COMBAT DES RATS ET DES BELETTES.

La nation des Belettes,
Non plus que celle des Chats,
Ne veut aucun bien aux Rats,
Et, sans les portes étrètes
De leurs habitations,
L'animal à longue échine
En feroit, je m'imagine,
De grandes destructions.
Or, une certaine année
Qu'il en étoit à foison,
Leur roi, nommé Ratapon,
Mit en campagne une armée.
Les Belettes, de leur part,
Déployèrent l'étendard.
Si l'on croit la renommée,
La victoire balança :
Plus d'un guéret s'engraissa
Du sang de plus d'une bande.
Mais la perte la plus grande
Tomba presque en tous endroits
Sur le peuple souriquois.
Sa déroute fut entière,
Quoi que pût faire Artarpax,
Psicarpax, Méridarpax,
Qui, tout couverts de poussière,
Soutinrent assez longtemps
Les efforts des combattants.
Leur résistance fut vaine ;
Il fallut céder au sort :
Chacun s'enfuit au plus fort,
Tant soldat que capitaine.
Les princes périrent tous.
La racaille, dans des trous

Trouvant sa retraite prête,
Se sauva sans grand travail;
Mais les seigneurs sur leur tête
Ayant chacun un plumail,
Des cornes ou des aigrettes,
Soit comme marques d'honneur,
Soit afin que les Belettes
En conçussent plus de peur,
Cela causa leur malheur.
Trou, ni fente, ni crevasse,
Ne fut large assez pour eux;
Au lieu que la populace
Entroit dans les moindres creux.
La principale jonchée
Fut donc des principaux Rats.

Une tête empanachée
N'est pas petit embarras.
Le trop superbe équipage
Peut souvent en un passage
Causer du retardement.
Les petits, en toute affaire,
Esquivent fort aisément :
Les grands ne le peuvent faire.

(inexorable power!)
And so the captains fled
As well as those they led;
The princes perish'd all.
The undistinguish'd small
In certain holes found shelter,
In crowding, helter-skelter;
But the nobility
Could not go in so free,
Who proudly had assumed
Each one a helmet plumed;
We know not, truly, whether
For honour's sake the feather,
Or foes to strike with terror;
But truly, 'twas their error.
Nor hole, nor crack, nor crevice
    Will let their head-gear in;
While meaner rats in bevies
    An easy passage win;—
So that the shafts of fate
Do chiefly hit the great.

A feather in the cap
Is oft a great mishap.
An equipage too grand
Comes often to a stand
Within a narrow place.
The small, wate'er the case,
With ease slip through a strait,
Where larger folks must wait.

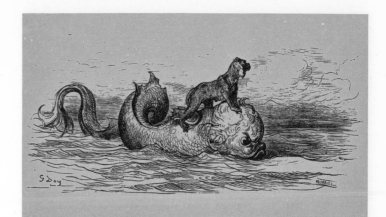

THE MONKEY AND THE
DOLPHIN.

It was the custom of the Greeks
For passengers o'er sea to carry
   Both monkeys full of tricks
And funny dogs to make them merry.
  A ship, that had such things on deck,
  Not far from Athens, went to wreck.
But for the dolphins, all had drown'd.
  They are a philanthropic fish,
  Which fact in Pliny may be found;—
   A better voucher who could wish?
They did their best on this occasion.
  A monkey even, on their plan
Well nigh attain'd his own salvation;
  A dolphin took him for a man,
And on his dorsal gave him place.
So grave the silly creature's face,
That one might well have set him down
That old musician of renown.
The fish had almost reach'd the land,
  When, as it happen'd,—what a pity!—
He ask'd, 'Are you from Athens grand?'
  'Yes; well they know me in that city.
If ever you have business there,
  I'll help you do it, for my kin
  The highest offices are in.
My cousin, sir, is now lord mayor.'
The dolphin thank'd him, with good grace,
Both for himself and all his race,
And ask'd, 'You doubtless know Piræus,
Where should we come to town, you'll see us.'
'Piræus? yes, indeed I know;
  He was my crony long ago.'
The dunce knew not the harbour's name,
And for a man's mistook the same.
  The people are by no means few,

C'étoit chez les Grecs un usage
Que sur la mer tous voyageurs
Menoient avec eux en voyage
Singes et chiens de bateleurs.
Un navire en cet équipage
Non loin d'Athènes fit naufrage.
Sans les dauphins tout eût péri.
Cet animal est fort ami
De notre espèce : en son histoire
Pline le dit ; il le faut croire.
Il sauva donc tout ce qu'il put.
Même un Singe, en cette occurrence,
Profitant de la ressemblance,
Lui pensa devoir son salut :
Un Dauphin le prit pour un homme,
Et sur son dos le fit asseoir
Si gravement qu'on eût cru voir
Ce chanteur que tant on renomme.
Le Dauphin l'alloit mettre à bord,
Quand, par hasard, il lui demande :
« Êtes-vous d'Athènes la grande?
— Oui, dit l'autre ; on m'y connoit fort :
S'il vous y survient quelque affaire,
Employez-moi ; car mes parents
Y tiennent tous les premiers rangs :
Un mien cousin est juge-maire. »
Le Dauphin dit : « Bien grand merci,
Et le Pirée a part aussi

A l'honneur de votre présence?
Vous le voyez souvent, je pense?
— Tous les jours : il est mon ami ;
C'est une vieille connoissance. .
Notre magot prit, pour ce coup,
Le nom d'un port pour un nom d'homme.

De telles gens il est beaucoup,
Qui prendroient Vaugirard pour Rome,
Et qui, caquetants au plus dru,
Parlent de tout, et n'ont rien vu.

Le Dauphin rit, tourne la tête,
Et, le magot considéré,
Il s'aperçoit qu'il n'a tiré
Du fond des eaux rien qu'une bête.
Il l'y replonge, et va trouver
Quelque homme afin de le sauver.

Who never went ten miles from home,
  Nor know their market-town from Rome,
  Yet, cackle just as if they knew.
The dolphin laugh'd, and then began
His rider's form and face to scan,
And found himself about to save
From fishy feasts, beneath the wave,
A mere resemblance of a man.
So, plunging down, he turn'd to find
Some drowning weight of human kind.

THE JAY IN THE FEATHERS
OF THE PEACOCK.

A peacock moulted: soon a jay was seen
  Bedeck'd with Argus tail of gold and green,
  High strutting, with elated crest,
As much a peacock as the rest.
    His trick was recognized and bruited.
    His person jeer'd at, hiss'd, and hooted.
    The peacock gentry flock'd together,
    And pluck'd the fool of every feather.
Nay more, when back he sneak'd to join his race,
  They shut their portals in his face.

    There is another sort of jay,
    The number of its legs the same,
  Which makes of borrow'd plumes display,
    And plagiary is its name,
    But hush! the tribe I'll not offend;
    'Tis not my work their ways to mend.

LE GEAI PARÉ DES PLUMES DU PAON.

Un Paon muoit : un Geai prit son plumage;
    Puis après se l'accommoda ;
Puis parmi d'autres Paons tout fier se panada,
    Croyant être un beau personnage.
Quelqu'un le reconnut : il se vit bafoué,
    Berné, sifflé, moqué, joué,
Et par messieurs les Paons plumé d'étrange sorte;
Même vers ses pareils s'étant réfugié,
    Il fut par eux mis à la porte.

Il est assez de geais à deux pieds comme lui,
Qui se parent souvent des dépouilles d'autrui,
    Et que l'on nomme plagiaires.
Je m'en tais, et ne veux leur causer nul ennui :
    Ce ne sont pas là mes affaires.

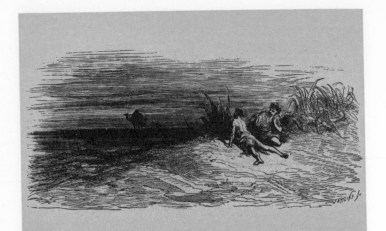

LE CHAMEAU ET LES BATONS FLOTTANTS.

Le premier qui vit un Chameau
S'enfuit à cet objet nouveau;
Le second approcha; le troisième osa faire
Un licou pour le Dromadaire.
L'accoutumance ainsi nous rend tout familier :
Ce qui nous paroissoit terrible et singulier
S'apprivoise avec notre vue
Quand ce vient à la continue.
Et puisque nous voici tombés sur ce sujet :
On avoit mis des gens au guet,
Qui, voyant sur les eaux de loin certain objet,
Ne purent s'empêcher de dire
Que c'étoit un puissant navire.
Quelques moments après, l'objet devint brûlot,
Et puis nacelle, et puis ballot,
Enfin bâtons flottants sur l'onde.

J'en sais beaucoup, de par le monde,
A qui ceci conviendroit bien :
De loin, c'est quelque chose; et de près, ce n'est rien.

THE CAMEL AND THE
FLOATING STICKS.

The first who saw the humpback'd camel
    Fled off for life; the next approach'd with care;
    The third with tyrant rope did boldly dare
The desert wanderer to trammel.
    Such is the power of use to change
    The face of objects new and strange;
    Which grow, by looking at, so tame,
    They do not even seem the same.
And since this theme is up for our attention,
    A certain watchman I will mention,
        Who, seeing something far
            Away upon the ocean,
            Could not but speak his notion
        That 'twas a ship of war.
    Some minutes more had past,–
        A bomb-ketch 'twas without a sail,
        And then a boat, and then a bale,
And floating sticks of wood at last!

    Full many things on earth, I wot,
    Will claim this tale,–and well they may;
    They're something dreadful far away,
        But near at hand–they're not.

THE FROG AND THE RAT.

They to bamboozle are inclined,
    Saith Merlin, who bamboozled are.
The word, though rather unrefined,
Has yet an energy we ill can spare;
So by its aid I introduce my tale.
    A well-fed rat, rotund and hale,
    Not knowing either Fast or Lent,
    Disporting round a frog-pond went.
A frog approach'd, and, with a friendly greeting,
    Invited him to see her at her home,
And pledged a dinner worth his eating,—
    To which the rat was nothing loath to come.
Of words persuasive there was little need:
    She spoke, however, of a grateful bath;
Of spots and curious wonders on their path;
Of rarities of flower, and rush, and reed:
    One day he would recount with glee
    To his assembled progeny
    The various beauties of these places,
    The customs of the various races,
    And laws that sway the realms aquatic,
    (She did not mean the hydrostatic!)
    One thing alone the rat perplex'd,—
    He was but moderate as a swimmer.
    The frog this matter nicely fix'd
    By kindly lending him her
    Long paw, which with a rush, she tied
To his; and off they started, side by side.
Arrived upon the lakelet's brink,
    There was but little time to think.
The frog leap'd in, and almost brought her
Bound guest to land beneath the water.
    Perfidious breach of law and right!
    She meant to have a supper warm
    Out of his sleek and dainty form.
    Already did her appetite

LA GRENOUILLE ET LE RAT.

Tel, comme dit Merlin, cuide engeigner autrui,
    Qui souvent s'engeigne soi-même.
J'ai regret que ce mot soit trop vieux aujourd'hui;
Il m'a toujours semblé d'une énergie extrême.
Mais afin d'en venir au dessein que j'ai pris :
Un Rat plein d'embonpoint, gras, et des mieux nourris,
Et qui ne connoissoit l'avent ni le carême,
Sur le bord d'un marais égayoit ses esprits.
Une Grenouille approche, et lui dit en sa langue :
« Venez me voir chez moi ; je vous ferai festin. »
    Messire Rat promit soudain :
Il n'étoit pas besoin de plus longue harangue.
Elle allégua pourtant les délices du bain,
La curiosité, le plaisir du voyage,
Cent raretés à voir le long du marécage :
Un jour il conteroit à ses petits-enfants
Les beautés de ces lieux, les mœurs des habitants,
Et le gouvernement de la chose publique
        Aquatique.
Un point sans plus tenoit le galand empêché :
Il nageoit quelque peu, mais il falloit de l'aide.
La Grenouille à cela trouve un très-bon remède :

Le Rat fut à son pied par la patte attaché ;
　　Un brin de jonc en fit l'affaire.
Dans le marais entrés, notre bonne commère
S'efforce de tirer son hôte au fond de l'eau,
Contre le droit des gens, contre la foi jurée ;
Prétend qu'elle en fera gorge chaude et curée ;
C'étoit, à son avis, un excellent morceau.
Déjà dans son esprit la galande le croque.
Il atteste les Dieux ; la perfide s'en moque :
Il résiste ; elle tire. En ce combat nouveau,
Un Milan, qui dans l'air planoit, faisoit la ronde,
Voit d'en haut le pauvret se débattant sur l'onde.
Il fond dessus, l'enlève, et, par même moyen,
　　　La Grenouille et le lien.
　　　Tout en fut ; tant et si bien,
　　　Que de cette double proie
　　　L'oiseau se donne au cœur joie,
　　　Ayant, de cette façon,
　　　A souper chair et poisson.

　　　La ruse la mieux ourdie
　　　Peut nuire à son inventeur ;
　　　Et souvent la perfidie
　　　Retourne sur son auteur.

Dwell on the morsel with delight.
The gods, in anguish, he invokes;
His faithless hostess rudely mocks;
He struggles up, she struggles down.
　A kite, that hovers in the air,
　Inspecting everything with care,
Now spies the rat belike to drown,
　　And, with a rapid wing,
　　Upbears the wretched thing,
The frog, too, dangling by the string!
The joy of such a double haul
Was to the hungry kite not small.
It gave him all that he could wish—
A double meal of flesh and fish.

　　The best contrived deceit
　　　Can hurt its own contriver,
　　And perfidy doth often cheat
　　　Its author's purse of every stiver.

88

THE WOLF, THE GOAT, AND
THE KID.

As went the goat her pendent dugs to fill,
And browse the herbage of a distant hill,
   She latch'd her door, and bid,
   With matron care, her kid; —
    'My daughter, as you live,
     This portal don't undo
     To any creature who
   This watchword does not give:
  "Deuce take the wolf and all his race!" '
The wolf was passing near the place
By chance, and heard the words with pleasure,
   And laid them up as useful treasure;
   And hardly need we mention,
   Escaped the goat's attention.
    No sooner did he see
    The matron off, than he,
  With hypocritic tone and face,
  Cried out before the place,
  'Deuce take the wolf and all his race!'
   Not doubting thus to gain admission.
   The kid, not void of all suspicion,
   Peer'd through a crack, and cried,
    'Show me white paw before
    You ask me to undo the door.'
   The wolf could not, if he had died,
    For wolves have no connexion
  With paws of that complexion.
So, much surprised, our gormandiser
Retired to fast till he was wiser.
How would the kid have been undone
  Had she but trusted to the word
  The wolf by chance had overheard!
Two sureties better are than one;
  And caution's worth its cost,
  Though sometimes seeming lost.

LE LOUP, LA CHÈVRE ET LE CHEVREAU.

La Bique, allant remplir sa traînante mamelle,
   Et paître l'herbe nouvelle,
   Ferma sa porte au loquet,
   Non sans dire à son Biquet :
   « Gardez-vous, sur votre vie,
   D'ouvrir que l'on ne vous die,
   Pour enseigne et mot du guet :
   Foin du Loup et de sa race ! »
   Comme elle disoit ces mots,
   Le Loup, de fortune, passe ;
   Il les recueille à propos,
   Et les garde en sa mémoire.
   La Bique, comme on peut croire,
   N'avoit pas vu le glouton.
Dès qu'il la voit partie, il contrefait son ton,
   Et, d'une voix papelarde,
Il demande qu'on ouvre, en disant : « Foin du Loup ! »
   Et croyant entrer tout d'un coup.
Le Biquet soupçonneux par la fente regarde :
« Montrez-moi patte blanche, ou je n'ouvrirai point, »
S'écria-t-il d'abord. Patte blanche est un point
Chez les loups, comme on sait, rarement en usage.
Celui-ci, fort surpris d'entendre ce langage,
Comme il étoit venu s'en retourna chez soi.
Où seroit le Biquet s'il eût ajouté foi
   Au mot du guet que, de fortune,
   Notre Loup avoit entendu ?

   Deux sûretés valent mieux qu'une,
Et le trop en cela ne fut jamais perdu.

PAROLE DE SOCRATE.

Socrate un jour faisant bâtir,
Chacun censuroit son ouvrage :
L'un trouvoit les dedans, pour ne lui point mentir,
Indignes d'un tel personnage ;
L'autre blâmoit la face, et tous étoient d'avis
Que les appartements en étoient trop petits.
Quelle maison pour lui ! l'on y tournoit à peine.
« Plût au ciel que de vrais amis,
Telle qu'elle est, dit-il, elle pût être pleine ! »

Le bon Socrate avoit raison
De trouver pour ceux-là trop grande sa maison.
Chacun se dit ami ; mais fou qui s'y repose :
Rien n'est plus commun que ce nom,
Rien n'est plus rare que la chose.

THE WORDS OF SOCRATES.

A house was built by Socrates
That failed the public taste to please.
Some blamed the inside; some, the out; and all
Agreed that the apartments were too small.
Such rooms for him, the greatest sage of Greece!
'I ask,' said he, 'no greater bliss
Than real friends to fill e'en this.'
And reason had good Socrates
To think his house too large for these.
A crowd to be your friends will claim,
Till some unhandsome test you bring.
There's nothing plentier than the name;
There's nothing rarer than the thing.

THE OLD MAN AND HIS SONS.

All power is feeble with dissension:
   For this I quote the Phrygian slave.
If aught I add to his invention,
   It is our manners to engrave,
And not from any envious wishes; —
I'm not so foolishly ambitious.
Phædrus enriches oft his story,
In quest — I doubt it not — of glory:
Such thoughts were idle in my breast.
An aged man, near going to his rest,
His gather'd sons thus solemnly address'd: —
'To break this bunch of arrows you may try;
And, first, the string that binds them I untie.'
The eldest, having tried with might and main,
   Exclaim'd, 'This bundle I resign
   To muscles sturdier than mine.'
The second tried, and bow'd himself in vain.
The youngest took them with the like success.
All were obliged their weakness to confess.
Unharm'd the arrows pass'd from son to son;
Of all they did not break a single one.
'Weak fellows!' said their sire, 'I now must show
What in the case my feeble strength can do.'
They laugh'd, and thought their father but in joke,
Till, one by one, they saw the arrows broke.
'See, concord's power!' replied the sire; 'as long
As you in love agree, you will be strong.
I go, my sons, to join our fathers good;
Now promise me to live as brothers should,
And soothe by this your dying father's fears.'
Each strictly promised with a flood of tears.
Their father took them by the hand, and died;
And soon the virtue of their vows was tried.
   Their sire had left a large estate

LE VIEILLARD ET SES ENFANTS.

Toute puissance est foible, à moins que d'être unie :
Écoutez là-dessus l'esclave de Phrygie.
Si j'ajoute du mien à son invention,
C'est pour peindre nos mœurs, et non point par envie ;
Je suis trop au-dessous de cette ambition.
Phèdre enchérit souvent par un motif de gloire ;
Pour moi, de tels pensers me seroient mal séants.
Mais venons à la fable, ou plutôt à l'histoire
De celui qui tâcha d'unir tous ses enfants.

Un Vieillard prêt d'aller où la mort l'appeloit :
« Mes chers enfants, dit-il (à ses fils il parloit),
Voyez si vous romprez ces dards liés ensemble ;
Je vous expliquerai le nœud qui les assemble. »
L'aîné les ayant pris, et fait tous ses efforts,
Les rendit, en disant : « Je le donne aux plus forts. »
Un second lui succède, et se met en posture,
Mais en vain. Un cadet tente aussi l'aventure.
Tous perdirent leur temps ; le faisceau résista :
De ces dards joints ensemble un seul ne s'éclata.
« Foibles gens ! dit le père, il faut que je vous montre
Ce que ma force peut en semblable rencontre. »
On crut qu'il se moquoit ; on sourit, mais à tort :
Il sépare les dards, et les rompt sans effort.
« Vous voyez, reprit-il, l'effet de la concorde :
Soyez joints, mes enfants, que l'amour vous accorde. »
Tant que dura son mal il n'eut autre discours.
Enfin se sentant prêt de terminer ses jours,
« Mes chers enfants, dit-il, je vais où sont nos peres ;
Adieu : promettez-moi de vivre comme frères ;
Que j'obtienne de vous cette grâce en mourant. »
Chacun de ses trois fils l'en assure en pleurant ;

Il prend à tous les mains ; il meurt ; et les trois frères
Trouvent un bien fort grand, mais fort mêlé d'affaires.
Un créancier saisit, un voisin fait procès :
D'abord notre trio s'en tire avec succès.
Leur amitié fut courte autant qu'elle étoit rare.
Le sang les avoit joints; l'intérêt les sépare :
L'ambition, l'envie, avec les consultants,
Dans la succession entrent en même temps.
On en vient au partage, on conteste, on chicane :
Le juge sur cent points tour à tour les condamne.
Créanciers et voisins reviennent aussitôt,
Ceux-là sur une erreur, ceux-ci sur un défaut.
Les frères désunis sont tous d'avis contraire :
L'un veut s'accommoder, l'autre n'en veut rien faire.
Tous perdirent leur bien, et voulurent trop tard
Profiter de ces dards unis et pris à part.

Involved in lawsuits intricate;
Here seized a creditor, and there
A neighbour levied for a share.
At first the trio nobly bore
The brunt of all this legal war.
But short their friendship as 'twas rare.
Whom blood had join'd — and small the wonder! —
The force of interest drove asunder;
And, as is wont in suc affairs,
Ambition, envy, were co-heirs.
In parcelling their sire's estate,
They quarrel, quibble, litigate,
Each aiming to supplant the other.
The judge, by turns, condemns each brother.
Their creditors make new assault,
Some pleading error, some default.
The sunder'd brothers disagree;
For counsel one, have counsels three.
All lose their wealth; and now their sorrows
Bring fresh to mind those broken arrows.

THE ORACLE AND THE ATHEIST.

That man his Maker can deceive,
Is monstrous folly to believe.
The labyrinthine mazes of the heart
Are open to His eyes in every part.
Whatever one may do, or think, or feel,
From Him no darkness can the thing conceal.
A pagan once, of graceless heart and hollow,
  Whose faith in gods, I'm apprehensive,
  Was quite as real as expensive,
Consulted, at his shrine, the god Apollo.
  'Is what I hold alive, or not?'
  Said he, — a sparrow having brought,
Prepared to wring its neck, or let it fly,
As need might be, to give the god the lie.
    Apollo saw the trick,
    And answer'd quick,
  'Dead or alive, show me your sparrow,
    And cease to set for me a trap
    Which can but cause yourself mishap.
  I see afar, and far I shoot my arrow.'

L'ORACLE ET L'IMPIE.

Vouloir tromper le ciel, c'est folie à la terre.
Le dédale des cœurs en ses détours n'enserre
Rien qui ne soit d'abord éclairé par les Dieux :
Tout ce que l'homme fait, il le fait à leurs yeux,
Même les actions que dans l'ombre il croit faire.

Un païen, qui sentoit quelque peu le fagot,
Et qui croyoit en Dieu, pour user de ce mot,
      Par bénéfice d'inventaire,
      Alla consulter Apollon.
      Dès qu'il fut en son sanctuaire :
« Ce que je tiens, dit-il, est-il en vie ou non? »
      Il tenoit un moineau, dit-on,
      Prêt d'étouffer la pauvre bête,
      Ou de la lâcher aussitôt,
      Pour mettre Apollon en défaut.
Apollon reconnut ce qu'il avoit en tête :
« Mort ou vif, lui dit-il, montre-moi ton moineau,
      Et ne me tends plus de panneau :
Tu te trouverois mal d'un pareil stratagème.
      Je vois de loin, j'atteins de même. »

LE POT DE TERRE ET LE POT DE FER.

Le Pot de fer proposa
Au Pot de terre un voyage.
Celui-ci s'en excusa,
Disant qu'il feroit que sage
De garder le coin du feu :
Car il lui falloit si peu,
Si peu, que la moindre chose
De son débris seroit cause :
Il n'en reviendroit morceau.
« Pour vous, dit-il, dont la peau
Est plus dure que la mienne,
Je ne vois rien qui vous tienne.
— Nous vous mettrons à couvert,
Repartit le Pot de fer :
Si quelque matière dure
Vous menace, d'aventure,
Entre deux je passerai,
Et du coup vous sauverai. »
Cette offre le persuade.
Pot de fer son camarade
Se met droit à ses côtés.
Mes gens s'en vont à trois pieds,
Clopin clopant, comme ils peuvent,
L'un contre l'autre jetés
Au moindre hoquet qu'ils treuvent.
Le Pot de terre en souffre ; il n'eut pas fait cent pas,
Que par son compagnon il fut mis en éclats,
Sans qu'il eût lieu de se plaindre.

Ne nous associons qu'avecque nos égaux ;
Ou bien il nous faudra craindre
Le destin d'un de ces pots.

THE EARTHEN POT AND TH
IRON POT.

An iron pot proposed
    To an earthen pot a journey.
The latter was opposed,
    Expressing the concern he
Had felt about the danger
Of going out a ranger.
    He thought the kitchen hearth
    The safest place on earth
    For one so very brittle.
    'For thee, who art a kettle,
    And hast a tougher skin,
    There's nought to keep thee in.'
    'I'll be thy body-guard,'
        Replied the iron pot;
    'If anything that's hard
        Should threaten thee a jot,
    Between you I will go,
    And save thee from the blow.'
    This offer him persuaded.
    The iron pot paraded
    Himself as guard and guide
    Close at his cousin's side.
    Now, in their tripod way,
    They hobble as they may;
    And eke together bolt
    At every little jolt, –
    Which gives the crockery pain;
        But presently his comrade hits
        So hard, he dashes him to bits,
    Before he can complain.

Take care that you associate
With equals only, lest your fate
Between these pots should find its mate.

THE LITTLE FISH AND THE FISHER.

A little fish will grow,
  If life be spared, a great;
But yet to let him go,
  And for his growing wait,
May not be very wise,
  As 'tis not sure your bait
Will catch him when of size.
Upon a river bank, a fisher took
A tiny troutling from his hook.
Said he, 'Twill serve to count, at least,
As the beginning of my feast;
And so I'll put it with the rest.'
      This little fish, thus caught,
      His clemency besought.
'What will your honour do with me?
I'm not a mouthful, as you see.
Pray let me grow to be a trout,
And then come here and fish me out.
Some alderman, who likes things nice,
Will buy me then at any price.
But now, a hundred such you'll have to fiish,
To make a single good-for-nothing dish.'
  'Well, well, be it so,' replied the fisher,
  'My little fish, who play the preacher,
  The frying-pan must be your lot,
  Although, no doubt, you like it not:
  I fry the fry that can be got.'

  In some things, men of sense
  Prefer the present to the future tense.

LE PETIT POISSON ET LE PÊCHEUR.

      Petit poisson deviendra grand,
      Pourvu que Dieu lui prête vie;
      Mais le lâcher en attendant,
      Je tiens pour moi que c'est folie :
Car de le rattraper il n'est pas trop certain.

Un Carpeau, qui n'étoit encore que fretin,
Fut pris par un Pêcheur au bord d'une rivière.
« Tout fait nombre, dit l'homme en voyant son butin;
Voilà commencement de chère et de festin :
      Mettons-le en notre gibecière. »
Le pauvre Carpillon lui dit en sa manière :
« Que ferez-vous de moi ? je ne saurois fournir
      Au plus qu'une demi-bouchée.
      Laissez-moi carpe devenir :
      Je serai par vous repêchée;
Quelque gros partisan m'achètera bien cher :
      Au lieu qu'il vous en faut chercher
      Peut-être encor cent de ma taille
Pour faire un plat : quel plat ? croyez-moi, rien qui vaille.
— Rien qui vaille ? eh bien ! soit, repartit le Pêcheur :
Poisson, mon bel ami, qui faites le prêcheur,
Vous irez dans la poêle, et, vous avez beau dire,
      Dès ce soir on vous fera frire. »

Un Tiens vaut, ce dit-on, mieux que deux Tu l'auras :
      L'un est sûr; l'autre ne l'est pas.

LA FORTUNE ET LE JEUNE ENFANT

Sur le bord d'un puits très-profond
Dormoit, étendu de son long,
Un Enfant alors dans ses classes.
Tout est aux écoliers couchette et matelas.
Un honnête homme, en pareil cas,
Auroit fait un saut de vingt brasses.
Près de là tout heureusement
La Fortune passa, l'éveilla doucement,
Lui disant : « Mon mignon, je vous sauve la vie;
Soyez une autre fois plus sage, je vous prie.
Si vous fussiez tombé, l'on s'en fût pris à moi,
Cependant c'étoit votre faute.
Je vous demande, en bonne foi,
Si cette imprudence si haute
Provient de mon caprice. » Elle part à ces mots.

Pour moi, j'approuve son propos.
Il n'arrive rien dans le monde
Qu'il ne faille qu'elle en réponde :
Nous la faisons de tous écots;
Elle est prise à garant de toutes aventures.
Est-on sot, étourdi, prend-on mal ses mesures;
On pense en être quitte en accusant son sort :
Bref, la Fortune a toujours tort.

FORTUNE AND THE BOY.

Beside a well, uncurb'd and deep,
A schoolboy laid him down to sleep:
(Such rogues can do so anywhere.)
If some kind man had seen him there,
    He would have leap'd as if distracted;
    But Fortune much more wisely acted;
For, passing by, she softly waked the child,
Thus whispering in accents mild:
    'I save your life, my little dear,
    And beg you not to venture here
    Again, for had you fallen in,
    I should have had to bear the sin;
    But I demand, in reason's name,
    If for your rashness I'm to blame?'
With this the goddess went her way.
I like her logic, I must say.
There takes place nothing on this planet,
But Fortune ends, whoe'er began it.
In all adventures good or ill,
We look to her to foot the bill.
Has one a stupid, empty pate,
That serves him never till too late,
He clears himself by blaming Fate!

LES MÉDECINS.

Le médecin Tant-pis alloit voir un malade
Que viſitoit aussi son confrère Tant-mieux.
Ce dernier espéroit, quoique son camarade
Soutint que le gisant iroit voir ses aïeux.
Tous deux s'étant trouvés différents pour la cure,
Leur malade paya le tribut à nature,
Après qu'en ses conseils Tant-pis eut été cru.
Ils triomphoient encor sur cette maladie.
L'un disoit : « Il est mort; je l'avois bien prévu.
— S'il m'eût cru, disoit l'autre, il seroit plein de vie. »

THE DOCTORS.

The selfsame patient put to test
Two doctors, Fear-the-worst and Hope-the-best.
The latter hoped; the former did maintain
The man would take all medicine in vain.
By different cures the patient was beset,
But erelong cancell'd nature's debt,
While nursed
As was prescribed by Fear-the-worst.
But over the disease both triumph'd still.
Said one, 'I well foresaw his death.'
'Yes,' said the other, 'but my pill
Would certainly have saved his breath.'

LA POULE AUX ŒUFS D'OR.

L'avarice perd tout en voulant tout gagner.
  Je ne veux, pour le témoigner,
Que celui dont la poule, à ce que dit la fable,
  Pondoit tous les jours un œuf d'or,
Il crut que dans son corps elle avoit un trésor :
Il la tua, l'ouvrit, et la trouva semblable
A celles dont les œufs ne lui rapportoient rien,
S'étant lui-même ôté le plus beau de son bien.

  Belle leçon pour les gens chiches !
Pendant ces derniers temps, combien en a-t-on vus
Qui du soir au matin sont pauvres devenus,
  Pour vouloir trop tôt être riches !

THE HEN WITH THE GOLDEN EGGS.

How avarice loseth all,
 By striving all to gain,
I need no witness call
 But him whose thrifty hen,
As by the fable we are told,
Laid every day an egg of gold.
'She hath a treasure in her body,'
Bethinks the avaricious noddy.
He kills and opens — vexed to find
All things like hens of common kind.
Thus spoil'd the source of all his riches,
To misers he a lesson teaches.
 In these last changes of the moon,
  How often doth one see
  Men made as poor as he
 By force of getting rich too soon!

101

L'ANE PORTANT DES RELIQUES.

Un Baudet chargé de reliques
S'imagina qu'on l'adoroit :
Dans ce penser il se carroit,
Recevant comme siens l'éncens et les cantiques.
Quelqu'un vit l'erreur, et lui dit :
« Maître Baudet, ôtez-vous de l'esprit
Une vanité si folle.
Ce n'est pas vous, c'est l'Idole
A qui cet honneur se rend,
Et que la gloire en est due. »

D'un magistrat ignorant
C'est la robe qu'on salue.

THE ASS CARRYING RELICS

An ass, with relics for his load,
Supposed the worship on the road
  Meant for himself alone,
    And took on lofty airs,
  Recieving as his own
    The incense and the prayers.
Some one, who saw his great mistake,
Cried, 'Master Donkey, do not make
  Yourself so big a fool.
Not you they worship, but your pack;
They praise the idols on your back,
  And count yourself a paltry tool.'

  'Tis thus a brainless magistrate
  Is honour'd for his robe of state.

THE STAG AND THE VINE.

A stag, by favour of a vine,
Which grew where suns most genial shine,
And form'd a thick and matted bower
Which might have turn'd a summer shower,
Was saved from ruinous assault.
The hunters thought their dogs at fault,
And call'd them off. In danger now no more
  The stag, a thankless wretch and vile,
Began to browse his benefactress o'er.
    The hunters, listening the while,
      The rustling heard, came back,
      With all their yelping pack,
    And seized him in that very place.
    'This is,' said he, 'but justice, in my case.
      Let every black ingrate
      Henceforward profit by my fate.'
    The dogs fell to—'twere wasting breath
To pray those hunters at the death.
They left, and we will not revile 'em,
A warning for profaners of asylum.

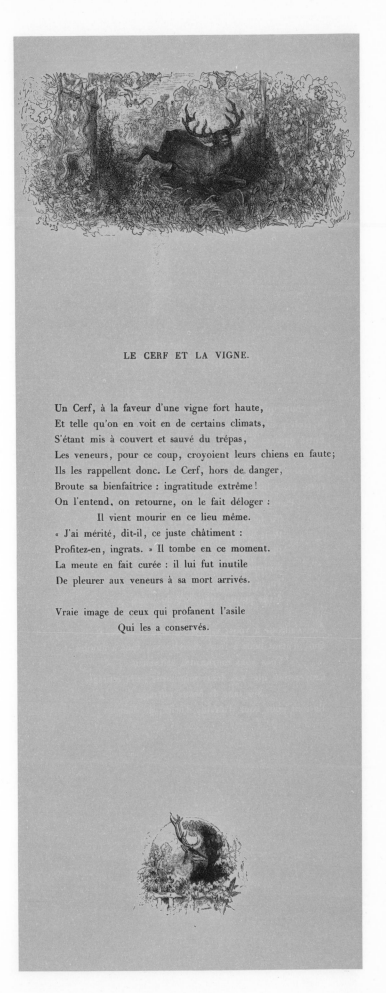

LE CERF ET LA VIGNE.

Un Cerf, à la faveur d'une vigne fort haute,
Et telle qu'on en voit en de certains climats,
S'étant mis à couvert et sauvé du trépas,
Les veneurs, pour ce coup, croyoient leurs chiens en faute;
Ils les rappellent donc. Le Cerf, hors de danger,
Broute sa bienfaitrice : ingratitude extrême !
On l'entend, on retourne, on le fait déloger :
    Il vient mourir en ce lieu même.
« J'ai mérité, dit-il, ce juste châtiment :
Profitez-en, ingrats. » Il tombe en ce moment.
La meute en fait curée : il lui fut inutile
De pleurer aux veneurs à sa mort arrivés.

Vraie image de ceux qui profanent l'asile
    Qui les a conservés.

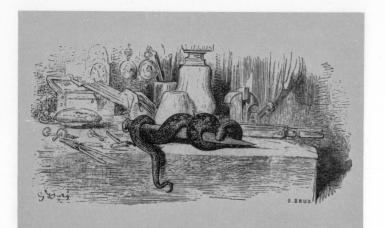

LE SERPENT ET LA LIME.

On conte qu'un Serpent, voisin d'un horloger
(C'étoit pour l'horloger un mauvais voisinage),
Entra dans sa boutique, et, cherchant à manger,
    N'y rencontra pour tout potage
Qu'une Lime d'acier qu'il se mit à ronger.
Cette Lime lui dit, sans se mettre en colère :
   « Pauvre ignorant! eh! que prétends-tu faire?
    Tu te prends à plus dur que toi,
    Petit Serpent à tête folle :
    Plutôt que d'emporter de moi
    Seulement le quart d'une obole,
    Tu te romprois toutes les dents.
    Je ne crains que celles du temps. »

Ceci s'adresse à vous, esprits du dernier ordre,
Qui, n'étant bons à rien, cherchez sur tout à mordre.
    Vous vous tourmentez vainement.
Croyez-vous que vos dents impriment leurs outrages
    Sur tant de beaux ouvrages?
Ils sont pour vous d'airain, d'acier, de diamant.

THE SERPENT AND THE FILE

A serpent, neighbour to a smith,
(A neighbour bad to meddle with,)
Went through his shop, in search of food,
But nothing found, 'tis understood,
To eat, except a file of steel,
Of which he tried to make a meal.
The file, without a spark of passion,
Address'd him in the following fashion:—
'Poor simpleton! you surely bite
With less of sense than appetite;
    For ere from me you gain
    One quarter of a grain,
  You'll break your teeth from ear to ear.
Time's are the only teeth I fear.'

This tale concerns those men of letters,
Who, good for nothing, bite their betters.
Their biting so is quite unwise.
    Think 'you, ye literary sharks,
    Your teeth will leave their marks
Upon the deathless works you criticise?
    Fie! fie! fie! men!
To you they're brass—they're steel—they're diamond!

THE HARE AND THE
PARTRIDGE.

Beware how you deride
The exiles from life's sunny side:
  To you is little known
How soon their case may be your own.
On this, sage Æsop gives a tale or two,
As in my verses I propose to do.
    A field in common share
    A partridge and a hare,
    And live in peaceful state,
    Till, woeful to relate!
    The hunters' mingled cry
    Compels the hare to fly.
    He hurries to his fort,
    And spoils almost the sport
    By faulting every hound
    That yelps upon the ground.
    At last his reeking heat
    Betrays his snug retreat.
  Old Tray, with philosophic nose,
  Snuffs carefully, and grows
    So certain, that he cries,
      'The hare is here; bow wow!'
      The veteran Ranger now,—
    The dog that never lies,—
    'The hare is gone,' replies.
Alas! poor, wretched hare,
Back comes he to his lair,
To meet destruction there!
The partridge, void of fear,
  Begins her friend to jeer:—
'You bragg'd of being fleet;
How serve you, now, your feet?'
Scarce has she ceased to speak,—
The laugh yet in her beak,—
When comes her turn to die,
From which she could not fly.
She thought her wings, indeed,
Enough for every need;
But in her laugh and talk,
Forgot the cruel hawk!

LE LIÈVRE ET LA PERDRIX.

Il ne se faut jamais moquer des misérables :
Car qui peut s'assurer d'être toujours heureux ?
      Le sage Ésope dans ses fables
      Nous en donne un exemple ou deux.
      Celui qu'en ces vers je propose,
      Et les siens, ce sont même chose.
Le Lièvre et la Perdrix, concitoyens d'un champ,
Vivoient dans un état, ce semble, assez tranquille,
      Quand une meute s'approchant
Oblige le premier à chercher un asile :
Il s'enfuit dans son fort, met les chiens en défaut,
      Sans même en excepter Brifaut.
      Enfin il se trahit lui-même
Par les esprits sortants de son corps échauffé.
Miraut, sur leur odeur ayant philosophé,
Conclut que c'est son Lièvre, et d'une ardeur extrême
Il le pousse; et Rustaut, qui n'a jamais menti,
      Dit que le Lièvre est reparti.
Le pauvre malheureux vient mourir à son gîte.
      La Perdrix le raille, et lui dit :
      « Tu te vantois d'être si vite !
Qu'as-tu fait de tes pieds? » Au moment qu'elle rit,
Son tour vient; on la trouve. Elle croit que ses ailes
La sauront garantir à toute extrémité;
      Mais la pauvrette avoit compté
      Sans l'autour aux serres cruelles.

LE LION S'EN ALLANT EN GUERRE.

Le Lion dans sa tête avoit une entreprise :
Il tint conseil de guerre, envoya ses prévôts,
    Fit avertir les animaux.
Tous furent du dessein, chacun selon sa guise :
    L'Éléphant devoit sur son dos
    Porter l'attirail nécessaire,
    Et combattre à son ordinaire;
    L'Ours, s'apprêter pour les assauts;
Le Renard, ménager de secrètes pratiques;
Et le Singe, amuser l'ennemi par ses tours.
« Renvoyez, dit quelqu'un, les Anes, qui sont lourds,
Et les Lièvres, sujets à des terreurs paniques.
— Point du tout, dit le Roi; je les veux employer :
Notre troupe sans eux ne seroit pas complète.
L'Ane effraiera les gens, nous servant de trompette;
Et le Lièvre pourra nous servir de courrier. »

    Le monarque prudent et sage
De ses moindres sujets sait tirer quelque usage
    Et connoit les divers talents.
Il n'est rien d'inutile aux personnes de sens.

THE LION GOING TO WAR.

The lion had an enterprise in hand;
    Held a war-council, sent his provost-marshal,
    And gave the animals a call impartial—
Each in his way, to serve his high command.
The elephant should carry on his back
The tools of war, the mighty public pack,
And fight in elephantine way and form;
The bear should hold himself prepared to storm;
The fox all secret stratagems should fix;
The monkey should amuse the foe by tricks.
'Dismiss,' said one, 'the blockhead asses,
    And hares, too cowardly and fleet.'
'No,' said the king; 'I use all classes;
    Without their aid my force were incomplete.
The ass shall be our trumpeter, to scare
Our ememy. And then the nimble hare
Our royal bulletins shall homeward bear.'

    A monarch provident and wise
Will hold his subjects all of consequence,
    And know in each what talent lies.
There's nothing useless to a man of sense.

THE ASS DRESSED IN THE LION'S SKIN.

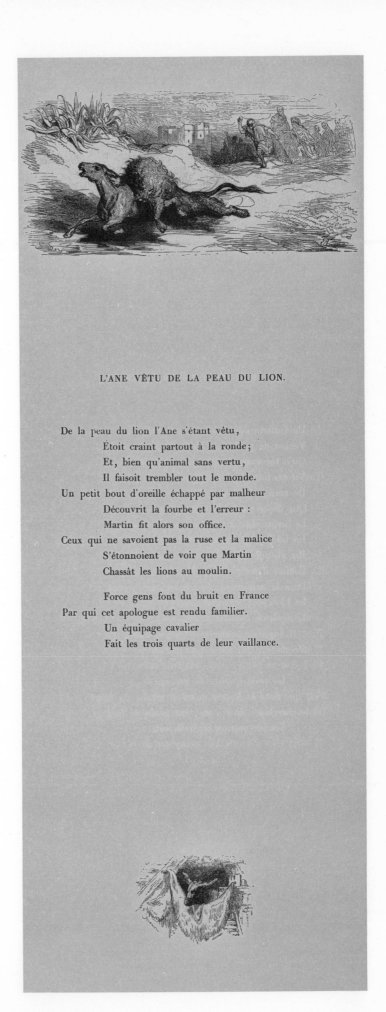

Clad in a lion's shaggy hide,
An ass spread terror far and wide,
And, though himself a coward brute,
Put all the world to scampering rout:
　But, by a piece of evil luck,
　A portion of an ear outstuck,
　Which soon reveal'd the error
　Of all the panic-terror.
Old Martin did his office quick.
Surprised were all who did not know the trick,
　To see that Martin, at his will,
　Was driving lions to the mill!

　In France, the men are not a few
　Of whom this fable proves too true;
　Whose valour chiefly doth reside
　In coat they wear and horse they ride.

L'ANE VÊTU DE LA PEAU DU LION.

De la peau du lion l'Ane s'étant vêtu,
　Étoit craint partout à la ronde;
　Et, bien qu'animal sans vertu,
　Il faisoit trembler tout le monde.
Un petit bout d'oreille échappé par malheur
　Découvrit la fourbe et l'erreur:
　Martin fit alors son office.
Ceux qui ne savoient pas la ruse et la malice
　S'étonnoient de voir que Martin
　Chassât les lions au moulin.

　Force gens font du bruit en France
Par qui cet apologue est rendu familier.
　Un équipage cavalier
　Fait les trois quarts de leur vaillance.

LE LION ET LE CHASSEUR.

Un fanfaron, amateur de la chasse,
Venant de perdre un chien de bonne race
Qu'il soupçonnoit dans le corps d'un Lion,
Vit un berger : « Enseigne-moi, de grâce,
De mon voleur, lui dit-il, la maison,
Que de ce pas je me fasse raison. »
Le berger dit : « C'est vers cette montagne.
En lui payant de tribut un mouton
Par chaque mois, j'erre dans la campagne
Comme il me plait; et je suis en repos. »
Dans le moment qu'ils tenoient ces propos
Le Lion sort, et vient d'un pas agile.
Le fanfaron aussitôt d'esquiver :
« O Jupiter, montre-moi quelque asile,
S'écria-t-il, qui me puisse sauver! »

La vraie épreuve de courage
N'est que dans le danger que l'on touche du doigt :
Tel le cherchoit, dit-il, qui, changeant de langage,
S'enfuit aussitôt qu'il le voit.

THE LION AND THE HUNTER.

A braggart, lover of the chase,
Had lost a dog of valued race,
And thought him in a lion's maw.
He ask'd a shepherd whom he saw,
'Pray show me, man, the robber's place,
And I'll have justice in the case.'
    ''Tis on this mountain side,'
    The shepherd man replied.
'The tribute of a sheep I pay,
Each month, and where I please I stray.'
    Out leap'd the lion as he spake,
    And came that way, with agile feet.
The braggart, prompt his flight to take,
    Cried, 'Jove, O grant a safe retreat!'

    A danger close at hand
      Of courage is the test.
    It shows us who will stand—
      Whose legs will run their best.

JUPITER AND THE FARMER.

Of yore, a farm had Jupiter to rent;
To advertise it, Mercury was sent.
   The farmers, far and near,
   Flock'd round, the terms to hear;
   And, calling to their aid
   The various tricks of trade,
One said 'twas rash a farm to hire
Which would so much expense require;
Another, that, do what you would,
The farm would still be far from good.
While thus, in market style, its faults were told,
One of the crowd, less wise than bold,
   Would give so much, on this condition,
That Jove would yield him altogether
The choice and making of his weather,—
   That, instantly on his decision,
   His various crops should feel the power
   Of heat or cold, of sun or shower.

Jove yields. The bargain closed, our man
   Rains, blows, and takes the care
   Of all the changes of the air,
On his peculiar, private plan.
   His nearest neighbours felt it not,
   And all the better was their lot.
   Their year was good, by grace divine;
   The grain was rich, and full the vine.
   The renter, failing altogether,
The next year made quite different weather;
   And yet the fruit of all his labours
   Was far inferior to his neighbours'.
What better could he do? To Heaven
   He owns at last his want of sense,
And so is graciously forgiven.
   Hence we conclude that Providence
     Knows better what we need
     Than we ourselves, indeed.

JUPITER ET LE MÉTAYER.

Jupiter eut jadis une ferme à donner.
Mercure en fit l'annonce, et gens se présentèrent,
   Firent des offres, écoutèrent :
   Ce ne fut pas sans bien tourner;
   L'un alléguoit que l'héritage
Etoit frayant et rude, et l'autre un autre si.
   Pendant qu'ils marchandoient ainsi,
Un d'eux, le plus hardi, mais non pas le plus sage,
Promit d'en rendre tant, pourvu que Jupiter
   Le laissât disposer de l'air,
   Lui donnât saison à sa guise,
Qu'il eût du chaud, du froid, du beau temps, de la bise,
   Enfin du sec et du mouillé,
   Aussitôt qu'il auroit bâillé.
Jupiter y consent. Contrat passé, notre homme
Tranche du roi des airs, pleut, vente, et fait en somme
Un climat pour lui seul : ses plus proches voisins
Ne s'en sentoient non plus que les Américains.
Ce fut leur avantage : ils eurent bonne année,
   Pleine moisson, pleine vinée.
Monsieur le receveur fut très-mal partagé.
   L'an suivant, voilà tout changé :
   Il ajuste d'une autre sorte
   La température des cieux.
   Son champ ne s'en trouve pas mieux;
Celui de ses voisins fructifie et rapporte.
Que fait-il? Il recourt au monarque des Dieux.
   Il confesse son imprudence.
Jupiter en usa comme un maitre fort doux.

   Concluons que la Providence
   Sait ce qu'il nous faut mieux que nous.

LE RENARD, LE SINGE ET LES ANIMAUX.

Les Animaux, au décès d'un Lion,
En son vivant prince de la contrée,
Pour faire un roi s'assemblèrent, dit-on.
De son étui la couronne est tirée :
Dans une chartre un dragon la gardoit.
Il se trouva que, sur tous essayée,
A pas un d'eux elle ne convenoit :
Plusieurs avoient la tête trop menue,
Aucuns trop grosse, aucuns même cornue.
Le Singe aussi fit l'épreuve en riant,
Et, par plaisir la tiare essayant,
Il fit autour force grimaceries,
Tours de souplesse, et mille singeries,
Passa dedans ainsi qu'en un cerceau.
Aux animaux cela sembla si beau,
Qu'il fut élu : chacun lui fit hommage.
Le Renard seul regretta son suffrage,
Sans toutefois montrer son sentiment.
Quand il eut fait son petit compliment,
Il dit au roi : « Je sais, Sire, une cache,
Et ne crois pas qu'autre que moi la sache.
Or tout trésor, par droit de royauté,
Appartient, Sire, à Votre Majesté. »
Le nouveau roi bâille après la finance ;
Lui-même y court pour n'être pas trompé.
C'étoit un piége : il y fut attrapé.
Le Renard dit, au nom de l'assistance :
« Prétendrois-tu nous gouverner encor,
Ne sachant pas te conduire toi-même ? »
Il fut démis ; et l'on tomba d'accord
Qu'à peu de gens convient le diadème.

THE FOX, THE MONKEY, AND
THE ANIMALS.

Left kingless by the lion's death,
The beasts once met, our story saith,
Some fit successor to install.
Forth from a dragon-guarded, moated place,
The crown was brought, and, taken from its case,
And being tried by turns on all,
The heads of most were found too small;
Some hornèd were, and some too big;
Not one would fit the regal gear.
For ever ripe for such a rig,
The monkey, looking very queer,
Approach'd with antics and grimaces,
And, after scores of monkey faces,
With what would seem a gracious stoop,
Pass'd through the crown as through a hoop.
The beasts, diverted with the thing,
Did homage to him as their king.
The fox alone the vote regretted,
But yet in public never fretted.
When he his compliments had paid
To royalty, thus newly made,
'Great sire, I know a place,' said he,
'Where lies conceal'd a treasure,
Which, by the right of royalty,
Should bide your royal pleasure.'
The king lack'd not an appetite
For such financial pelf,
And, not to lose his royal right,
Ran straight to see it for himself.
It was a trap, and he was caught.
Said Renard, 'Would you have it thought,
You ape, that you can fill a throne,
And guard the rights of all, alone,
Not knowing how to guard your own?'

The beasts all gather'd from the farce,
That stuff for kings is very scarce.

THE MULE BOASTING OF HIS GENEALOGY.

prelate's mule of noble birth was proud,
  And talk'd, incessantly and loud,
  Of nothing but his dam, the mare,
Whose mighty deeds by him recounted were,—
This had she done, and had been present there,—
  By which her son made out his claim
  To notice on the scroll of Fame.
Too proud, when young, to bear a doctor's pill;
  When old, he had to turn a mill.
  As there they used his limbs to bind,
  His sire, the ass, was brought to mind.
    Misfortune, were its only use
    The claims of folly to reduce,
  And bring men down to sober reason,
  Would be a blessing in its season.

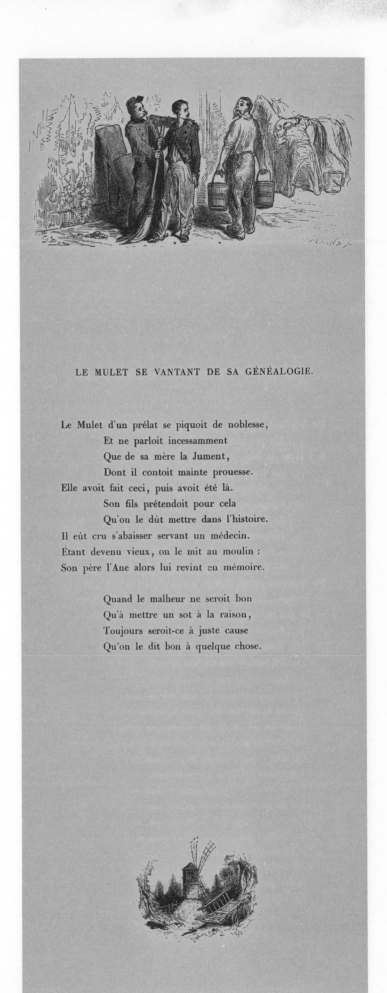

LE MULET SE VANTANT DE SA GÉNÉALOGIE.

Le Mulet d'un prélat se piquoit de noblesse,
    Et ne parloit incessamment
    Que de sa mère la Jument,
    Dont il contoit mainte prouesse.
Elle avoit fait ceci, puis avoit été là.
    Son fils prétendoit pour cela
    Qu'on le dût mettre dans l'histoire.
Il eût cru s'abaisser servant un médecin.
Étant devenu vieux, on le mit au moulin :
Son père l'Ane alors lui revint en mémoire.

    Quand le malheur ne seroit bon
    Qu'à mettre un sot à la raison,
    Toujours seroit-ce à juste cause
    Qu'on le dit bon à quelque chose.

THE OLD MAN AND THE ASS

LE VIEILLARD ET L'ANE.

Un Vieillard sur son Ane aperçut en passant
        Un pré plein d'herbe et fleurissant :
Il y lâche sa bête, et le grison se rue
        Au travers de l'herbe menue,
        Se vautrant, grattant, et frottant,
        Gambadant, chantant, et broutant,
        Et faisant mainte place nette.
        L'ennemi vient sur l'entrefaite.
        « Fuyons, dit alors le Vieillard.
        — Pourquoi ? répondit le paillard ;
Me fera-t-on porter double bât, double charge ?
— Non pas, dit le Vieillard, qui prit d'abord le large.
— Et que m'importe donc, dit l'Ane, à qui je sois ?
        Sauvez-vous, et me laissez paître.
        Notre ennemi, c'est notre maître :
        Je vous le dis en bon françois. »

An old man, riding on his ass,
Had found a spot of thrifty grass,
And there turn'd loose his weary beast.
Old Grizzle, pleased with such a feast,
Flung up his heels, and caper'd round,
Then roll'd and rubb'd upon the ground,
And frisk'd and browsed and bray'd,
And many a clean spot made.
Arm'd men came on them as he fed:
'Let's fly,' in haste the old man said.
'And wherefore so?' the ass replied;
'With heavier burdens will they ride?'
    'No,' said the man, already started.
    'Then,' cried the ass, as he departed,
    'I'll stay, and be – no matter whose;
    Save you yourself, and leave me loose.
    But let me tell you, ere you go,
    (I speak plain French, you know,)
My master is my only foe.'

THE STAG SEEING HIMSELF
IN THE WATER.

Beside a placid, crystal flood,
A stag admired the branching wood
That high upon his forehead stood,
But gave his Maker little thanks
For what he call'd his spindle shanks.
'What limbs are these for such a head!—
So mean and slim!' with grief he said.

   'My glorious heads o'ertops
   The branches of the copse;
   My legs are my disgrace.'

s thus he talk'd, a bloodhound gave him chase.

   To save his life he flew
   Where forest thickest grew.
His horns, — pernicious ornament!—
Arresting him where'er he went,
  Did unavailing render
   What else, in such a strife,
   Had saved his precious life—
His legs, as fleet as slender.
Obliged to yield, he cursed the gear
Which nature gave him every year.

  Too much the beautiful we prize;
  The useful, often, we despise:
  Yet oft, as happen'd to the stag,
  The former doth to ruin drag.

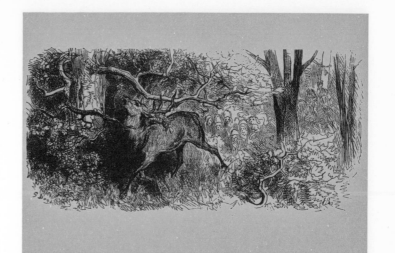

LE CERF SE VOYANT DANS L'EAU.

Dans le cristal d'une fontaine
Un Cerf se mirant autrefois
Louoit la beauté de son bois,
Et ne pouvoit qu'avecque peine
Souffrir ses jambes de fuseaux,
Dont il voyoit l'objet se perdre dans les eaux.
« Quelle proportion de mes pieds à ma tête!
Disoit-il en voyant leur ombre avec douleur :
Des taillis les plus hauts mon front atteint le faite;
   Mes pieds ne me font point d'honneur. »
    Tout en parlant de la sorte,
    Un limier le fait partir.
    Il tâche à se garantir;
    Dans les forêts il s'emporte :
Son bois, dommageable ornement,
L'arrêtant à chaque moment,
Nuit à l'office que lui rendent
Ses pieds, de qui ses jours dépendent.
Il se dédit alors, et maudit les présents
   Que le ciel lui fait tous les ans.

Nous faisons cas du beau, nous méprisons l'utile;
   Et le beau souvent nous détruit.
Ce Cerf blâme ses pieds qui le rendent agile;
   Il estime un bois qui lui nuit.

L'ANE ET SES MAITRES.

L'Ane d'un jardinier se plaignoit au Destin
De ce qu'on le faisoit lever devant l'aurore.
« Les coqs, lui disoit-il, ont beau chanter matin,
    Je suis plus matineux encore.
Et pourquoi? pour porter des herbes au marché.
Belle nécessité d'interrompre mon somme! »
        Le Sort, de sa plainte touché,
Lui donne un autre maitre; et l'animal de somme
Passe du jardinier aux mains d'un corroyeur.
La pesanteur des peaux et leur mauvaise odeur
Eurent bientôt choqué l'impertinente bête.
« J'ai regret, disoit-il, à mon premier seigneur.
        Encor, quand il tournoit la tête,
        J'attrapois, s'il m'en souvient bien,
Quelque morceau de chou qui ne me coûtoit rien :
Mais ici point d'aubaine, ou, si j'en ai quelqu'une,
C'est de coups. » Il obtint changement de fortune;
        Et sur l'état d'un charbonnier
        Il fut couché tout le dernier.
Autre plainte. « Quoi donc! dit le Sort en colère,
        Ce baudet-ci m'occupe autant
        Que cent monarques pourroient faire!
Croit-il être le seul qui ne soit pas content?
        N'ai-je en l'esprit que son affaire? »

Le Sort avoit raison. Tous gens sont ainsi faits :
Notre condition jamais ne nous contente;
        La pire est toujours la présente.
Nous fatiguons le ciel à force de placets.
Qu'à chacun Jupiter accorde sa requête,
        Nous lui romprons encor la tête.

THE ASS AND HIS MASTERS

A gardener's ass complain'd to Destiny
    Of being made to rise before the dawn.
'The cocks their matins have not sung,' said he,
        'Ere I am up and gone.
And all for what? To market herbs, it seems.
Fine cause, indeed, to interrupt my dreams!'
    Fate, moved by such a prayer,
    Sent him a currier's load to bear,
Whose hides so heavy and ill-scented were,
    They almost choked the foolish beast.
'I wish me with my former lord,' he said;
'For then, whene'er he turn'd his head,
        If on the watch, I caught
        A cabbage-leaf, which cost me nought.
But in this horrid place, I find
No chance or windfall of the kind;–
        Or if, indeed, I do,
        The cruel blows I rue.'
        Anon it came to pass
        He was a collier's ass.
Still more complaint. 'What now?' said Fate,
        Quite out of patience.
    'If on this jackass I must wait,
What will become of kings and nations?
Has none but he aught here to tease him?
Have I no business but to please him?'
    And Fate had cause; – for all are so.
    Unsatisfied while here below
Our present lot is aye the worst.
    Our foolish prayers the skies infest.
    Were Jove to grant all we request,
The din renew'd, his head would burst.

THE FOWLER, THE HAWK,
AND THE LARK.

From wrongs of wicked men we draw
  Excuses for our own:–
Such is the universal law.
  Would you have mercy shown,
  Let yours be clearly known.

A fowler's mirror served to snare
The little tenants of the air.
A lark there saw her pretty face,
And was approaching to the place.
  A hawk, that sailed on high
  Like vapour in the sky,
Came down, as still as infant's breath,
On her who sang so near her death.
She thus escaped the fowler's steel,
The hawk's malignant claws to feel.
  While in his cruel way,
  The pirate pluck'd his prey,
Upon himself the net was sprung.
'O fowler,' pray'd he in the hawkish tongue,
  'Release me in thy clemency!
  I never did a wrong to thee.'
  The man replied, ' 'Tis true;
  And did the lark to you?'

L'OISELEUR, L'AUTOUR ET L'ALOUETTE.

Les injustices des pervers
Servent souvent d'excuse aux nôtres.
Telle est la loi de l'Univers :
Si tu veux qu'on t'épargne, épargne aussi les autres.

Un manant au miroir prenoit des oisillons.
Le fantôme brillant attire une Alouette :
Aussitôt un Autour, planant sur les sillons,
  Descend des airs, fond et se jette
Sur celle qui chantoit, quoique près du tombeau.
Elle avoit évité la perfide machine,
Lorsque, se rencontrant sous la main de l'oiseau,
  Elle sent son ongle maline.
Pendant qu'à la plumer l'Autour est occupé,
Lui-même sous les rets demeure enveloppé :
« Oiseleur, laisse-moi, dit-il en son langage ;
  Je ne t'ai jamais fait de mal. »
L'Oiseleur repartit : « Ce petit animal
  T'en avoit-il fait davantage ? »

LE CHEVAL ET L'ANE.

En ce monde il se faut l'un l'autre secourir :
    Si ton voisin vient à mourir,
    C'est sur toi que le fardeau tombe.

Un Ane accompagnoit un Cheval peu courtois,
Celui-ci ne portant que son simple harnois,
Et le pauvre baudet si chargé qu'il succombe.
Il pria le Cheval de l'aider quelque peu ;
Autrement il mourroit devant qu'être à la ville.
« La prière, dit-il, n'en est pas incivile :
Moitié de ce fardeau ne vous sera que jeu. »
Le Cheval refusa, fit une pétarade ;
Tant qu'il vit sous le faix mourir son camarade,
    Et reconnut qu'il avoit tort.
    Du baudet en cette aventure
    On lui fit porter la voiture,
    Et la peau par-dessus encor.

THE HORSE AND THE ASS.

In such a world, all men, of every grade,
    Should each the other kindly aid;
    For, if beneath misfortune's goad
A neighbour falls, on you will fall his load.

There jogg'd in company an ass and horse;
Nought but his harness did the last endorse;
The other bore a load that crush'd him down,
    And begg'd the horse a little help to give,
Or otherwise he could not reach the town.
    'This prayer,' said he, 'is civil, I believe;
One half this burden you would scarcely feel.'
The horse refused, flung up a scornful heel,
And saw his comrade die beneath the weight:—
    And saw his wrong too late;
        For on his own proud back
        They put the ass's pack,
        And over that, beside,
        They put the ass's hide.

THE DOG THAT DROPPED THE SUBSTANCE FOR THE SHADOW.

This world is full of shadow-chasers,
 Most easily deceived.
Should I enumerate these racers,
 I should not be believed.
I send them all to Æsop's dog,
Which, crossing water on a log,
Espied the meat he bore, below;
To seize its image, let it go;
Plunged in; to reach the shore was glad,
With neither what he hoped, nor what he'd had.

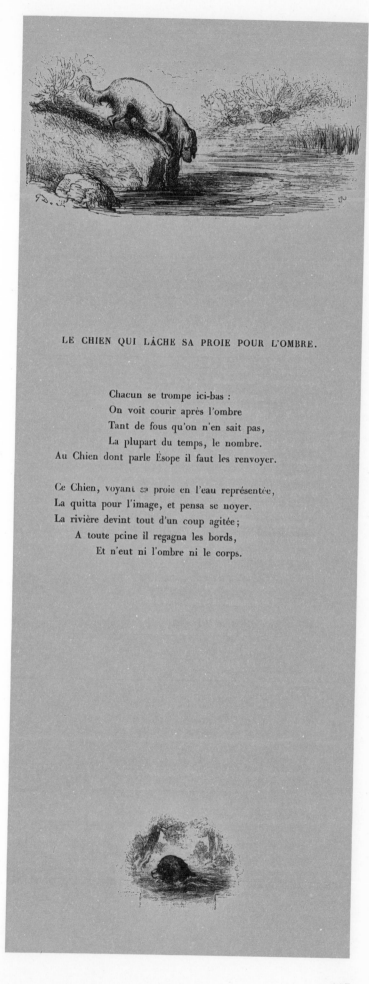

LE CHIEN QUI LÂCHE SA PROIE POUR L'OMBRE.

Chacun se trompe ici-bas :
On voit courir après l'ombre
Tant de fous qu'on n'en sait pas,
La plupart du temps, le nombre.
Au Chien dont parle Ésope il faut les renvoyer.

Ce Chien, voyant sa proie en l'eau représentée,
La quitta pour l'image, et pensa se noyer.
La rivière devint tout d'un coup agitée ;
A toute peine il regagna les bords,
Et n'eut ni l'ombre ni le corps.

LE CHARTIER EMBOURBÉ.

Le Phaéton d'une voiture à foin
Vit son char embourbé. Le pauvre homme étoit loin
De tout humain secours : c'étoit à la campagne,
Près d'un certain canton de la Basse-Bretagne,
    Appelé Quimper-Corentin.
    On sait assez que le Destin
Adresse là les gens quand il veut qu'on enrage.
    Dieu nous préserve du voyage !
Pour venir au Chartier embourbé dans ces lieux,
Le voilà qui déteste et jure de son mieux,
    Pestant, en sa fureur extrême,
Tantôt contre les trous, puis contre ses chevaux,
    Contre son char, contre lui-même.
Il invoque à la fin le dieu dont les travaux
    Sont si célèbres dans le monde :
« Hercule, lui dit-il, aide-moi ; si ton dos
    A porté la machine ronde,
    Ton bras peut me tirer d'ici. »
Sa prière étant faite, il entend dans la nue
    Une voix qui lui parle ainsi :
    « Hercule veut qu'on se remue,
Puis il aide les gens. Regarde d'où provient
    L'achoppement qui te retient ;
    Ote d'autour de chaque roue
Ce malheureux mortier, cette maudite boue
    Qui jusqu'à l'essieu les enduit ;
Prends ton pic, et me romps ce caillou qui te nuit ;
Comble-moi cette ornière. As-tu fait ? — Oui, dit l'homme.
— Or bien je vas t'aider, dit la voix ; prends ton fouet.
— Je l'ai pris.... Qu'est ceci ? mon char marche à souhait.
Hercule en soit loué ! » Lors la voix : « Tu vois comme
Tes chevaux aisément se sont tirés de là.
    Aide-toi, le ciel t'aidera. »

THE CARTER IN THE MIRE.

The Phaëton who drove a load of hay
    Once found his cart bemired.
Poor man! the spot was far away
    From human help – retired,
In some rude country place,
In Brittany, as near as I can trace,
    Near Quimper Corentan, –
    A town that poet never sang, –
Which Fate, they say, puts in the traveller's path,
When she would rouse the man to special wrath.
    May Heaven preserve us from that route!
    But to our carter, hale and stout:–
Fast stuck his cart; he swore his worst,
    And, fill'd with rage extreme,
The mud-holes now he cursed,
    And now he cursed his team,
    And now his cart and load,–
Anon, the like upon himself bestow'd.
Upon the god he call'd at length,
Most famous through the world for strength.
    'O, help me, Hercules!' cried he;
        'For if they back of yore
        This burly planet bore,
    Thy arm can set me free.'
This prayer gone up, from out a cloud there broke
A voice which thus in godlike accents spoke:–
    'The suppliant must himself bestir,
    Ere Hercules will aid confer.
    Look wisely in the proper quarter,
        To see what hindrance can be found;
    Remove the execrable mud and mortar,
Which, axle-deep, beset thy wheels around.
    Thy sledge and crowbar take,
    And pry me up that stone, or break;
    Now fill that rut upon the other side.
Hast done it?' 'Yes,' the man replied.
'Well,' said the voice, 'I'll aid thee now;
Take up thy whip.' 'I have…but, how?
    My cart glides on with ease!
    I thank thee, Hercules.'
'Thy team,' rejoin'd the voice, 'has light ado;
So help thyself, and Heaven will help thee too.'

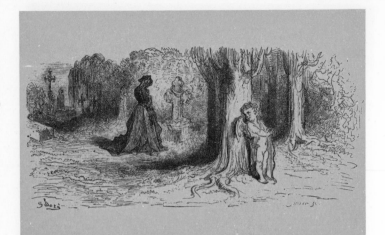

LA JEUNE VEUVE.

La perte d'un époux ne va point sans soupirs :
On fait beaucoup de bruit, et puis on se console.
Sur les ailes du Temps la tristesse s'envole :
    Le Temps ramène les plaisirs.
    Entre la Veuve d'une année
    Et la Veuve d'une journée
La différence est grande : on ne croiroit jamais
    Que ce fût la même personne ;
L'une fait fuir les gens, et l'autre a mille attraits :
Aux soupirs vrais ou faux celle-là s'abandonne ;
C'est toujours même note et pareil entretien.
    On dit qu'on est inconsolable :
    On le dit ; mais il n'en est rien,
    Comme on verra par cette fable,
    Ou plutôt par la vérité.

    L'époux d'une jeune beauté
Partoit pour l'autre monde. A ses côtés sa femme
Lui crioit : « Attends-moi, je te suis ; et mon âme,
Aussi bien que la tienne, est prête à s'envoler. »
    Le mari fait seul le voyage.
La belle avoit un père, homme prudent et sage ;
    Il laissa le torrent couler.
    A la fin, pour la consoler :
« Ma fille, lui dit-il, c'est trop verser de larmes :
Qu'a besoin le défunt que vous noyiez vos charmes ?
Puisqu'il est des vivants, ne songez plus aux morts.
    Je ne dis pas que tout à l'heure
    Une condition meilleure
    Change en des noces ces transports ;
Mais après certain temps souffrez qu'on vous propose
Un époux beau, bien fait, jeune, et tout autre chose
    Que le défunt. — Ah ! dit-elle aussitôt,

THE YOUNG WIDOW.

A husband's death brings always sighs;
The widow sobs, sheds tears – then dries.
  Of Time the sadness borrows wings;
  And Time returning pleasure brings.
Between the widow of a year
And of a day, the difference
    Is so immense,
That very few who see her
Would think the laughing dame
And weeping one the same.
The one puts on repulsive action,
The other shows a strong attraction.
The one gives up to sighs, or true or false;
  The same sad note is heard, whoever calls.
Her grief is inconsolable,
They say. Not so our fable,
Or, rather, not so says the truth.

  To other worlds a husband went
And left his wife in prime of youth.
  Above his dying couch she bent,
And cried, 'My love, O wait for me!
My soul would gladly go with thee!'
  (But yet it did not go.)
The fair one's sire, a prudent man,
Check'd not the current of her woe.
  At last he kindly thus began:—
'My child, your grief should have its bound.
What boots it him beneath the ground
That you should drown your charms?
  Live for the living, not the dead.
  I don't propose that you be led
At once to Hymen's arms;
But give me leave, in proper time,
To rearrange the broken chime
With one who is as good, at least,
In all respects, as the deceased.'

'Alas!' she sigh'd, 'the cloister vows
Befit me better than a spouse.'
The father left the matter there.
About one month thus mourn'd the fair;
Another month, her weeds arranged;
Each day some robe or lace she changed,
Till mourning dresses served to grace,
And took of ornament the place.
 The frolic band of loves
 Came flocking back like doves.
 Jokes, laughter, and the dance,
 The native growth of France,
 Had finally their turn;
 And thus, by night and morn,
 She plunged, to tell the truth,
 Deep in the fount of youth.
 Her sire no longer fear'd
 The dead so much endear'd;
  But, as he never spoke,
  Herself the silence broke:—
'Where is that youthful spouse,' said she,
'Whom, sir, you lately promised me?'

Epilogue

Here check we our career:
Long books I greatly fear.
I would not quite exhaust my stuff;
The flower of subjects is enough.
To me, the time is come, it seems,
To draw my breath for other themes.
Love, tyrant of my life, commands
That other work be on my hands.
 I dare not disobey.
Once more shall Psyche be my lay.
I'm call'd by Damon to portray
 Her sorrows and her joys.
I yield: perhaps, while she employs,
My muse will catch a richer glow;
 And well if this my labour'd strain
 Shall be the last and only pain
Her spouse shall cause me here below.

Un cloitre est l'époux qu'il me faut. »
Le père lui laissa digérer sa disgrâce.
 Un mois de la sorte se passe ;
L'autre mois, on l'emploie à changer tous les jours
Quelque chose à l'habit, au linge, à la coiffure :
 Le deuil enfin sert de parure,
 En attendant d'autres atours.
 Toute la bande des Amours
Revient au colombier ; les jeux, les ris, la danse
 Ont aussi leur tour à la fin :
 On se plonge soir et matin
 Dans la fontaine de Jouvence.
Le père ne craint plus ce défunt tant chéri ;
Mais comme il ne parloit de rien à notre belle :
 « Où donc est le jeune mari
 Que vous m'avez promis ? » dit-elle.

ÉPILOGUE.

Bornons ici cette carrière :
Les longs ouvrages me font peur.
Loin d'épuiser une matière,
On n'en doit prendre que la fleur.
Il s'en va temps que je reprenne
Un peu de forces et d'haleine
Pour fournir à d'autres projets.
Amour, ce tyran de ma vie,
Veut que je change de sujets :
Il faut contenter son envie.
Retournons à Psyché. Damon, vous m'exhortez
A peindre ses malheurs et ses félicités :
 J'y consens ; peut-être ma veine
 En sa faveur s'échauffera.
Heureux si ce travail est la dernière peine
 Que son époux me causera !

LE MAL MARIÉ.

Que le bon soit toujours camarade du beau,
　　Dès demain je chercherai femme;
Mais comme le divorce entre eux n'est pas nouveau,
Et que peu de beaux corps, hôtes d'une belle âme,
　　Assemblent l'un et l'autre point,
Ne trouvez pas mauvais que je ne cherche point.
J'ai vu beaucoup d'hymens; aucuns d'eux ne me tentent:
Cependant des humains presque les quatre parts
S'exposent hardiment au plus grand des hasards;
Les quatre parts aussi des humains se repentent.
J'en vais alléguer un qui, s'étant repenti,
　　Ne put trouver d'autre parti
　　Que de renvoyer son épouse,
　　Querelleuse, avare, et jalouse.
Rien ne la contentoit, rien n'étoit comme il faut:
On se levoit trop tard, on se couchoit trop tôt;
Puis du blanc, puis du noir, puis encore autre chose.
Les valets enrageoient; l'époux étoit à bout:
Monsieur ne songe à rien, monsieur dépense tout,
　　Monsieur court, monsieur se repose.
　　Elle en dit tant, que monsieur, à la fin,
　　Lassé d'entendre un tel lutin,
　　Vous la renvoie à la campagne
　　Chez ses parents. La voilà donc compagne
De certaines Philis qui gardent les dindons
　　Avec les gardeurs de cochons.
Au bout de quelque temps qu'on la crut adoucie,
Le mari la reprend. « Eh bien! qu'avez-vous fait?
　　Comment passiez-vous votre vie?
L'innocence des champs est-elle votre fait?
　　— Assez, dit-elle: mais ma peine
Étoit de voir les gens plus paresseux qu'ici;
　　Ils n'ont des troupeaux nul souci.

THE ILL-MARRIED.

If worth were not a thing more rare
Than beauty in this planet fair,
There would be then less need of care
　　About the contracts Hymen closes.
But beauty often is the bait
To love that only ends in hate;
And many hence repent too late
　　Of wedding thorns from wooing roses.
My tale makes one of these poor fellows,
　　Who sought relief from marriage vows,
　　Send back again his tedious spouse,
Contentious, covetous, and jealous,
　　With nothing pleased or satisfied,
　　This restless, comfort-killing bride
Some fault in every one descried.
　　Her good man went to bed too soon,
　　Or lay in bed till almost noon.
　　Too cold, too hot, — too black, too white,—
　　Were on her tongue from morn till night.
　　The servants mad and madder grew;
　　The husband knew not what to do.
　　'Twas, 'Dear, you never think or care;'
　　And, 'Dear, that price we cannot bear;'
　　And, 'Dear, you never stay at home;'
　　And, 'Dear, I wish you would just come;'
　　Till, finally, such ceaseless dearing
　　Upon her husband's patience wearing,
　　Back to her sire's he sent his wife,
　　To taste the sweets of county life,
　　To dance at will the country jigs,
　　And feed the turkeys, geese, and pigs.
In course of time, he hoped his bride
Might have her temper mollified;
Which hope he duly put to test.
　　His wife recall'd, said he,
　　'How went with you your rural rest,
　　From vexing cares and fashions free?

Its peace and quiet did you gain,–
Its innocence without a stain?'
    'Enough of all,' said she; 'but then
    To see those idle, worthless men
Neglect the flocks, it gave me pain.
I told them, plainly, what I thought,
And thus their hatred quickly bought;
For which I do not care – not I.'
'Ah, madam,' did her spouse reply,
'If still your temper's so morose,
And tongue so virulent, that those
Who only see you morn and night
Are quite grown weary of the sight,
What, then, must be your servants' case,
Who needs must see you face to face,
        Throughout the day?
And what must be the harder lot
        Of him, I pray,
    Whose days and nights
With you must be by marriage rights?
Return you to your father's cot.
    If I recall you in my life,
    Or even wish for such a wife,
Let Heaven, in my hereafter, send
Two such, to tease me without end!'

Je leur savois bien dire, et m'attirois la haine
        De tous ces gens si peu soigneux.
    — Eh! madame, reprit son époux tout à l'heure,
        Si votre esprit est si hargneux
        Que le monde qui ne demeure
Qu'un moment avec vous, et ne revient qu'au soir,
        Est déjà lassé de vous voir,
    Que feront des valets qui, toute la journée,
        Vous verront contre eux déchainée?
        Et que pourra faire un époux
Que vous voulez qui soit jour et nuit avec vous?
Retournez au village : adieu. Si de ma vie
    Je vous rappelle, et qu'il m'en prenne envie,
Puissé-je chez les morts avoir, pour mes péchés,
Deux femmes comme vous sans cesse à mes côtés! »

LES SOUHAITS.

Il est au Mogol des follets
Qui font office de valets,
Tiennent la maison propre, ont soin de l'équipage,
Et quelquefois du jardinage.
Si vous touchez à leur ouvrage,
Vous gâtez tout. Un d'eux près du Gange autrefois
Cultivoit le jardin d'un assez bon bourgeois.
Il travailloit sans bruit, avoit beaucoup d'adresse,
Aimoit le maître et la maîtresse,
Et le jardin surtout. Dieu sait si les Zéphyrs,
Peuple ami du démon, l'assistoient dans sa tâche!
Le follet, de sa part, travaillant sans relâche,
Combloit ses hôtes de plaisirs.
Pour plus de marques de son zèle,
Chez ces gens pour toujours il se fût arrêté,
Nonobstant la légèreté
A ses pareils si naturelle;
Mais ses confrères les esprits
Firent tant que le chef de cette république,
Par caprice ou par politique,
Le changea bientôt de logis.
Ordre lui vient d'aller au fond de la Norvége
Prendre le soin d'une maison
En tout temps couverte de neige;
Et d'Indou qu'il étoit on vous le fait Lapon.
Avant que de partir, l'esprit dit à ses hôtes :
« On m'oblige de vous quitter ;
Je ne sais pas pour quelles fautes :
Mais enfin il le faut. Je ne puis arrêter
Qu'un temps fort court, un mois, peut-être une semaine :
Employez-la ; formez trois souhaits : car je puis
Rendre trois souhaits accomplis ;
Trois, sans plus. » Souhaiter, ce n'est pas une peine

THE WISHES.

Within the Great Mogul's domains there are
Familiar sprites of much domestic use:
They sweep the house, and take a tidy care
Of equipage, nor garden work refuse;
But, if you meddle with their toil,
The whole, at once, you're sure to spoil.
One near the mighty Ganges flood,
The garden of a burgher good
Work'd noiselessly and well;
To master, mistress, garden, bore
A love that time and toil outwore,
And bound him like a spell.
Did friendly zephyrs blow,
The demon's pains to aid?
(For so they do, 'tis said.)
I own I do not know.
But for himself he rested not,
And richly bless'd his master's lot.
What mark'd his strength of love,
He lived a fixture on the place,
In spite of tendency to rove
So natural to his race.
But brother sprites conspiring
With importunity untiring,
So teased their goblin chief, that he,
Of his caprice, or policy,
Our sprite commanded to attend
A house in Norway's farther end,
Whose roof was snow-clad through the year,
And shelter'd human kind with deer.
Before departing to his hosts
Thus spake this best of busy ghosts:—
'To foreign parts I'm forced to go!
For what sad fault I do not know;—
But go I must; a month's delay,
Or week's perhaps, and I'm away.
Seize time; three wishes make at will;

For three I'm able to fulfil—
No more.' Quick at their easy task,
Abundance first these wishers ask—
Abundance, with her stores unlock'd—
Barns, coffers, cellars, larder, stock'd—
  Corn, cattle, wine, and money,—
  The overflow of milk and honey.
But what to do with all this wealth!
What inventories, cares, and worry!
What wear of temper and of health!
  Both lived in constant, slavish hurry.
Thieves took by plot, and lords by loan;
The king by tax, the poor by tone.
    Thus felt the curses which
    Arise from being rich,—
  'Remove this affluence!' they pray;
  The poor are happier than they
  Whose riches make them slaves.
  'Go treasures, to the winds and waves;
  Come, goddess of the quiet breast,
  Who sweet'nest toil with rest,
    Dear Mediocrity, return!'
The prayer was granted as we learn.
  Two wishes thus expended,
    Had simply ended
  In bringing them exactly where,
  When they set out they were.
    So, usually, it fares
With those who waste in such vain prayers
  The time required by their affairs.
  The goblin laugh'd, and so did they.
  However, ere he went away,
  To profit by his offer kind,
  They ask'd for wisdom, wealth of mind,—
  A treasure void of care and sorrow—
  A treasure fearless of the morrow,
  Let who will steal, or beg, or borrow.

Étrange et nouvelle aux humains.
Ceux-ci, pour premier vœu, demandent l'abondance;
    Et l'Abondance à pleines mains
    Verse en leurs coffres la finance,
En leurs greniers le blé, dans leurs caves les vins :
Tout en crève. Comment ranger cette chevance?
Quels registres, quels soins, quel temps il leur fallut!
Tous deux sont empêchés si jamais on le fut.
    Les voleurs contre eux complotèrent;
    Les grands seigneurs leur empruntèrent;
Le prince-les taxa. Voilà les pauvres gens
    Malheureux par trop de fortune.
« Otez-nous de ces biens l'affluence importune,
Dirent-ils l'un et l'autre : heureux les indigents!
La pauvreté vaut mieux qu'une telle richesse.
Retirez-vous, trésors; fuyez : et toi, déesse,
Mère du bon esprit, compagne du repos,
O Médiocrité, reviens vite! » A ces mots
La Médiocrité revient; on lui fait place :
    Avec elle ils rentrent en grâce,
Au bout de deux souhaits étant aussi chanceux
    Qu'ils étoient, et que sont tous ceux
Qui souhaitent toujours et perdent en chimères
Le temps qu'ils feroient mieux de mettre à leurs affaires.
    Le follet en rit avec eux.
    Pour profiter de sa largesse,
Quand il voulut partir et qu'il fut sur le point,
    Ils demandèrent la Sagesse :
C'est un trésor qui n'embarrasse point.

L'INGRATITUDE ET L'INJUSTICE DES HOMMES
ENVERS LA FORTUNE.

Un trafiquant sur mer, par bonheur, s'enrichit.
Il triompha des vents pendant plus d'un voyage :
Gouffre, banc, ni rocher, n'exigea de péage
D'aucun de ses ballots ; le Sort l'en affranchit.
Sur tous ses compagnons Atropos et Neptune
Recueillirent leur droit, tandis que la Fortune
Prenoit soin d'amener son marchand à bon port.
Facteurs, associés, chacun lui fut fidèle.
Il vendit son tabac, son sucre, sa cannelle,
   Ce qu'il voulut, sa porcelaine encor :
Le luxe et la folie enflèrent son trésor ;
     Bref, il plut dans son escarcelle.
On ne parloit chez lui que par doubles ducats ;
Et mon homme d'avoir chiens, chevaux, et carrosses :
     Ses jours de jeûne étoient des noces.
Un sien ami, voyant ces somptueux repas,
Lui dit : « Et ·d'où vient donc un si bon ordinaire ?
— Et d'où me viendroit-il que de mon savoir-faire ?
Je n'en dois rien qu'à moi, qu'à mes soins, qu'au talent
De risquer à propos, et bien placer l'argent. »
Le profit lui semblant une fort douce chose,
Il risqua de nouveau le gain qu'il avoit fait ;
Mais rien, pour cette fois, ne lui vint à souhait.
    Son imprudence en fut la cause :
Un vaisseau mal frété périt au premier vent ;
Un autre, mal pourvu des armes nécessaires,
    Fut enlevé par les corsaires ;
    Un troisième au port arrivant,
Rien n'eut cours ni débit : le luxe et la folie
    N'étoient plus tels qu'auparavant.
    Enfin ses facteurs le trompant,
Et lui-même ayant fait grand fracas, chère lie,

THE INGRATITUDE AND INJUSTICE OF MEN TOWARD FORTUNE.

A trader on the sea to riches grew;
Freight after freight the winds in favour blew;
  Fate steer'd him clear; gulf, rock, nor shoal
  Of all his bales exacted toll.
Of other men the powers of chance and storm
Their dues collected in substantial form;
While smiling Fortune, in her kindest sport,
Took care to waft his vessels to their port.
His partners, factors, agents, faithful proved;
  His goods — tobacco, sugar, spice —
  Were sure to fetch the highest price.
    By fashion and by folly loved,
     His rich brocades and laces,
     And splendid porcelain vases,
     Enkindling strong desires,
     Most readily found buyers.
  In short, gold rain'd where'er he went —
  Abundance, more than could be spent —
  Dogs, horses, coaches, downy bedding —
  His very fasts were like a wedding.
A bosom friend, a look his table giving,
Inquired whence came such sumptuous living.
'Whence should it come,' said he, superb of brow,
'But from the fountain of my knowing how?
  I owe it simply to my skill and care
  In risking only where the marts will bear.'
  And now, so sweet his swelling profits were,
    He risk'd anew his former gains:
    Success rewarded not his pains —
  His own imprudence was the cause.
    One ship, ill-freighted, went awreck;
    Another felt of arms the lack,
  When pirates, trampling on the laws,

O'ercame, and bore it off a prize.
　　A third, arriving at its port,
　　Had fail'd to sell its merchandize, –
　　The style and folly of the court
　　Not now requiring such a sort.
　　His agents, factors, fail'd; – in short,
The man himself, from pomp and princely cheer,
And palaces, and parks, and dogs, and deer,
Fell down to poverty most sad and drear.
His friend, now meeting him in shabby plight,
　　Exclaim'd, 'And whence comes this to pass?'
　　'From Fortune,' said the man, 'alas!'
'Console yourself,' replied the friendly wight:
'For, if to make you rich the dame denies.
　　She can't forbid you to be wise.'

　　What faith he gain'd, I do not wis;
　　I know, in every case like this,
Each claims the credit of his bliss,
　　And with a heart ingrate
Imputes his misery to Fate.

Mis beaucoup en plaisirs, en bâtiments beaucoup,
　　Il devint pauvre tout d'un coup.
Son ami, le voyant en mauvais équipage,
Lui dit : « D'où vient cela ? — De la Fortune, hélas !
— Consolez-vous, dit l'autre, et s'il ne lui plait pas
Que vous soyez heureux, tout au moins soyez sage. »

　　Je ne sais s'il crut ce conseil ;
Mais je sais que chacun impute, en cas pareil,
　　Son bonheur à son industrie ;
Et, si de quelque échec notre faute est suivie,
　　Nous disons injures au Sort.
　　Chose n'est ici plus commune.
Le bien, nous le faisons ; le mal, c'est la Fortune :
On a toujours raison, le Destin toujours tort.

LES DEVINERESSES.

C'est souvent du hasard que naît l'opinion,
Et c'est l'opinion qui fait toujours la vogue.
        Je pourrois fonder ce prologue
Sur gens de tous états : tout est prévention,
Cabale, entêtement ; point ou peu de justice :
C'est un torrent ; qu'y faire ? Il faut qu'il ait son cours :
        Cela fut et sera toujours.
Une femme, à Paris, faisoit la pythonisse :
On l'alloit consulter sur chaque événement ;
Perdoit-on un chiffon, avoit-on un amant,
Un mari vivant trop au gré de son épouse,
Une mère fàcheuse, une femme jalouse ;
        Chez la Devineuse on couroit
Pour se faire annoncer ce que l'on désiroit.
        Son fait consistoit en adresse :
Quelques termes de l'art, beaucoup de hardiesse,
Du hasard quelquefois, tout cela concouroit,
Tout cela bien souvent faisoit crier miracle.
Enfin, quoique ignorante à vingt et trois carats,
        Elle passoit pour un oracle.
L'oracle étoit logé dedans un galetas :
        Là, cette femme emplit sa bourse,
        Et, sans avoir d'autre ressource,
Gagne de quoi donner un rang à son mari ;
Elle achète un office, une maison aussi.

THE FORTUNE-TELLERS.

'Tis oft from chance opinion takes its rise,
And into reputation multiplies.
    This prologue finds pat applications
    In men of all this world's vocations;
For fashion, prejudice, and party strife,
Conspire to crowd poor justice out of life.
    What can you do to counteract
    This reckless, rushing cataract?
    'Twill have its course for good or bad,
    As it, indeed, has always had.

A dame in Paris play'd the Pythoness
With much of custom, and, of course, success.
        Was any trifle lost, or did
            Some maid a husband wish,
        Or wife of husband to be rid,
            Or either sex for fortune fish,
        Resort was had to her with gold,
        To get the hidden future told.
        Her art was made of various tricks,
        Wherein the dame contrived to mix,
    With much assurance, learned terms.
Now, chance, of course, sometimes confirms;
    And just as often as it did,
    The news was anything but hid.
In short, though, as to ninety-nine per cent.,
The lady knew not what her answers meant,
    Borne up by ever-babbling Fame,
    An oracle she soon became.
    A garret was this woman's home,
    Till she had gain'd of gold a sum
    That raised the station of her spouse —
    Bought him an office and a house.
    As she could then no longer bear it,
    Another tenanted the garret.
    To her came up the city crowd,—
    Wives, maidens, servants, gentry proud,—

To ask their fortunes, as before;
A Sibyl's cave was on her garret floor:
Such custom had its former mistress drawn
It lasted even when herself was gone.
It sorely tax'd the present mistress' wits
To satisfy the throngs of teasing cits.
  'I tell your fortunes! joke, indeed!
  Why, gentlemen, I cannot read!
  What can you, ladies, learn from me,
  Who never learn'd my A, B, C?'
  Avaunt with reasons! tell she must, —
    Predict as if she understood,
  And lay aside more precious dust
    Than two the ablest lawyers could.
  The stuff that garnish'd out her room —
  Four crippled chairs, a broken broom —
  Help'd mightily to raise her merits, —
  Full proof of intercourse with spirits!
  Had she predicted e'er so truly,
  On floor with carpet cover'd duly,
    Her word had been a mockery made.
  The fashion set upon the garret.
  Doubt that? — none bold enough to dare it!
    The other woman lost her trade.

All shopmen know the force of signs,
And so, indeed, do some divines.
In palaces, a robe awry
Has sometimes set the wearer high;
  And crowds his teaching will pursue
  Who draws the greatest listening crew.
Ask, if you please, the reason why.

Voilà le galetas rempli
D'une nouvelle hôtesse, à qui toute la ville,
Femmes, filles, valets, gros messieurs, tout enfin
Alloit, comme autrefois, demander son destin ;
Le galetas devint l'antre de la Sibylle.
L'autre femelle avoit achalandé ce lieu.
Cette dernière femme eut beau faire, eut beau dire :
« Moi Devine ! on se moque : eh ! messieurs, sais-je lire ?
Je n'ai jamais appris que ma croix de par Dieu. »
Point de raison : fallut deviner et prédire,
    Mettre à part force bons ducats,
Et gagner malgré soi plus que deux avocats.
Le meuble et l'équipage aidoient fort à la chose :
Quatre siéges boiteux, un manche de balai,
Tout sentoit son sabbat et sa métamorphose.
    Quand cette femme auroit dit vrai
    Dans une chambre tapissée,
On s'en seroit moqué : la vogue étoit passée
    Au galetas ; il avoit le crédit.
    L'autre femme se morfondit.

    L'enseigne fait la chalandise.
J'ai vu dans le palais une robe mal mise
    Gagner gros : les gens l'avoient prise
    Pour maître tel, qui trainoit après soi
    Force écoutants. Demandez-moi pourquoi.

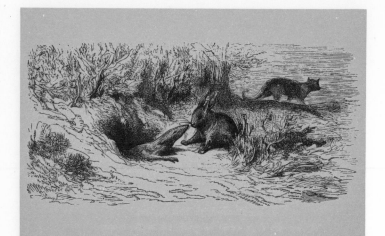

THE CAT, THE WEASEL, AND
THE YOUNG RABBIT.

LE CHAT, LA BELETTE ET LE PETIT LAPIN.

Du palais d'un jeune Lapin
Dame Belette, un beau matin,
S'empara : c'est une rusée.
Le maitre étant absent, ce lui fut chose aisée.
Elle porta chez lui ses pénates, un jour
Qu'il étoit allé faire à l'Aurore sa cour
Parmi le thym et la rosée.
Après qu'il eut brouté, trotté, fait tous ses tours,
Jeannot Lapin retourne aux souterrains séjours.
La Belette avoit mis le nez à la fenêtre.
« O Dieux hospitaliers ! que vois-je ici paroître ?
Dit l'animal chassé du paternel logis.
Holà ! madame la Belette,
Que l'on déloge sans trompette,
Ou je vais avertir tous les rats du pays. »
La dame au nez pointu répondit que la terre
Étoit au premier occupant.
C'étoit un beau sujet de guerre,
Qu'un logis où lui-même il n'entroit qu'en rampant !
« Et quand ce seroit un royaume,
Je voudrois bien savoir, dit-elle, quelle loi
En a pour toujours fait l'octroi
A Jean, fils ou neveu de Pierre ou de Guillaume,
Plutôt qu'à Paul, plutôt qu'à moi. »
Jean Lapin allégua la coutume et l'usage.
« Ce sont, dit-il, leurs lois qui m'ont de ce logis
Rendu maître et seigneur, et qui, de père en fils,
L'ont de Pierre à Simon, puis à moi Jean, transmis.
Le premier occupant, est-ce une loi plus sage ?
— Or bien, sans crier davantage,
Rapportons-nous, dit-elle, à Raminagrobis. »
C'étoit un Chat vivant comme un dévot ermite,
Un Chat faisant la chattemite,

John Rabbit's palace under ground
Was once by Goody Weasel found.
She, sly of heart, resolved to seize
The place, and did so at her ease.
She took possession while its lord
Was absent on the dewy sward,
Intent upon his usual sport,
A courtier at Aurora's court.
When he had browsed his fill of clover
And cut his pranks all nicely over,
Home Johnny came to take his drowse,
All snug within his cellar-house.
The weasel's nose he came to see,
    Outsticking through the open door.
'Ye gods of hospitality!'
    Exclaim'd the creature, vexed sore,
'Must I give up my father's lodge?
    Ho! Madam Weasel, please to budge,
Or, quicker than a weasel's dodge,
    I'll call the rats to pay their grudge!'
The sharp-nosed lady made reply,
    That she was first to occupy.
The cause of war was surely small —
A house where one could only crawl!
And though it were a vast domain,
Said she, 'I'd like to know what will
Could grant to John perpetual reign, —
    The son of Peter or of Bill, —
More than to Paul, or even me.'
John Rabbit spoke — great lawyer he —
Of custom, usage, as the law,
    Whereby the house, from sire to son,
As well as all its store of straw,
    From Peter came at length to John.
Who could present a claim so good

As he, the first possessor, could?
'Now,' said the dame, 'let's drop dispute,
    And go before Raminagrobis,
Who'll judge, not only in this suit,
    But tell us truly whose the globe is.'
This person was a hermit cat,
    A cat that play'd the hypocrite,
A saintly mouser, sleek and fat,
    An arbiter of keenest wit.
John Rabbit in the judge concurr'd,
    And off went both their case to broach
Before his majesty, the furr'd.
    Said Clapperclaw, 'My kits, approach,
And put your noses to my ears:
I'm deaf, almost, by weight of years.'
And so they did, not fearing aught.
    The good apostle, Clapperclaw,
    Then laid on each a well-arm'd paw,
And both to an agreement brought,
    By virtue of his tuskèd jaw.

This brings to mind the fate
Of little kings before the great.

Un saint homme de chat, bien fourré, gros et gras,
    Arbitre expert sur tous les cas.
    Jean Lapin pour juge l'agrée.
    Les voilà tous deux arrivés
    Devant Sa Majesté fourrée.
Grippeminaud leur dit : « Mes enfants, approchez,
Approchez, je suis sourd, les ans en sont la cause. »
L'un et l'autre approcha, ne craignant nulle chose.
Aussitôt qu'à portée il vit les contestants,
    Grippeminaud, le bon apôtre,
Jetant des deux côtés la griffe en même temps,
Mit les plaideurs d'accord en croquant l'un et l'autre.

Ceci ressemble fort aux débats qu'ont parfois
Les petits souverains se rapportants aux rois.

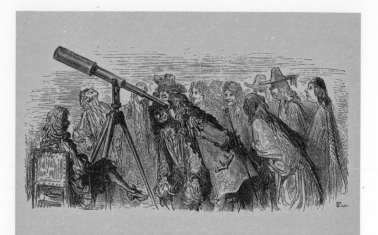

UN ANIMAL DANS LA LUNE.

Pendant qu'un philosophe assure
Que toujours par leurs sens les hommes sont dupés,
Un autre philosophe jure
Qu'ils ne nous ont jamais trompés.
Tous les deux ont raison; et la philosophie
Dit vrai, quand elle dit que les sens tromperont,
Tant que sur leur rapport les hommes jugeront;
Mais aussi, si l'on rectifie
L'image de l'objet sur son éloignement,
Sur le milieu qui l'environne,
Sur l'organe et sur l'instrument,
Les sens ne tromperont personne.
La nature ordonna ces choses sagement:
J'en dirai quelque jour les raisons amplement.
J'aperçois le soleil: quelle en est la figure?
Ici-bas ce grand corps n'a que trois pieds de tour:
Mais si je le voyois là-haut dans son séjour,
Que seroit-ce à mes yeux que l'œil de la nature?
Sa distance me fait juger de sa grandeur;
Sur l'angle et les côtés ma main la détermine.
L'ignorant le croit plat; j'épaissis sa rondeur:
Je le rends immobile; et la terre chemine.
Bref, je démens mes yeux en toute sa machine:
Ce sens ne me nuit point par son illusion.
Mon âme, en toute occasion,
Développe le vrai caché sous l'apparence;
Je ne suis point d'intelligence
Avecque mes regards, peut-être un peu trop prompts,
Ni mon oreille, lente à m'apporter les sons.
Quand l'eau courbe un bâton, ma raison le redresse:
La raison décide en maitresse.
Mes yeux, moyennant ce secours,
Ne me trompent jamais en me mentant toujours.

AN ANIMAL IN THE MOON.

While one philosopher affirms
    That by our senses we're deceived,
Another swears, in plainest terms,
    The senses are to be believed.
    The twain are right. Philosophy
    Correctly calls us dupes whene'er
Upon mere senses we rely.
But when we wisely rectify
    The raw report of eye or ear,
By distance, medium, circumstance,
In real knowledge we advance.
These things hath nature wisely plann'd —
Whereof the proof shall be at hand.
I see the sun: its dazzling glow
Seems but a hand-breadth here below;
But should I see it in its home,
That azure, star-besprinkled dome,
Of all the universe the eye,
Its blaze would fill one half the sky.
The powers of trigonometry
Have set my mind from blunder free.
The ignorant believe it flat;
I make it round, instead of that.
I fasten, fix, on nothing ground it,
And send the earth to travel round it.
In short, I contradict my eyes,
And sift the truth from constant lies.
The mind, not hasty at conclusion,
Resists the onset of illusion,
Forbids the sense to get the better,
And ne'er believes it to the letter.
Between my eyes, perhaps too ready,
    And ears as much or more too slow,
A judge with balance true and steady,
    I come, at last, some things to know.
Thus when the water crooks a stick,
My reason straightens it as quick —
Kind Mistress Reason — foe of error,
And best of shields from needless terror!
The creed is common with our race,
The moon contains a woman's face.
True? No. Whence, then, the notion,
From mountain top to ocean?
The roughness of that satellite,
    Its hills and dales, of every grade,
    Effect a change of light and shade
Deceptive to our feeble sight;

So that, besides the human face,
All sorts of creatures one might trace.
Indeed, a living beast, I ween,
Has lately been by England seen.
All duly placed the telescope,
And keen observers full of hope,
An animal entirely new,
In that fair planet, came to view.
Abroad and fast the wonder flew; —
Some change had taken place on high,
Presaging earthly changes nigh;
Perhaps, indeed, it might betoken
The wars that had already broken
Out wildly o'er the Continent.
   The king to see the wonder went:
    (As patron of the sciences,
    No right to go more plain than his.)
   To him, in turn, distinct and clear,
   This lunar monster did appear. —
   A mouse, between the lenses caged,
   Had caused these wars, so fiercely waged!
   No doubt the happy English folks
   Laugh'd at it as the best of jokes.
   How soon will Mars afford the chance
   For like amusements here in France!
   He makes us reap broad fields of glory.
    Our foes may fear the battle-ground;
    For us, it is no sooner found,
    Than Louis, with fresh laurels crown'd,
   Bears higher up our country's story.
    The daughters, too, of Memory, —
    The Pleasures and the Graces, —
    Still show their cheering faces:
   We wish for peace, but do not sigh.
    The English Charles the secret knows
    To make the most of his repose.
   And more than this, he'll know the way,
    By valour, working sword in hand,
    To bring his sea-encircled land
   To share the fight it only sees to-day.
   Yet, could he but this quarrel quell,
    What incense-clouds would grateful swell!
    What deed more worthy of his fame!
Augustus, Julius – pray, which Cæsar's name
Shines now on story's page with purest flame?
O people happy in your sturdy hearts!
Say, when shall Peace pack up these bloody darts,
And send us all, like you, to softer arts?

Si je crois leur rapport, erreur assez commune,
Une tête de femme est au corps de la lune.
Y peut-elle être ? Non. D'où vient donc cet objet ?
Quelques lieux inégaux font de loin cet effet.
La lune nulle part n'a sa surface unie :
Montueuse en des lieux, en d'autres aplanie,
L'ombre avec la lumière y peut tracer souvent
     Un homme, un bœuf, un éléphant.
Naguère l'Angleterre y vit chose pareille.
La lunette placée, un animal nouveau
     Parut dans cet astre si beau ;
     Et chacun de crier merveille.
Il étoit arrivé là-haut un changement
Qui présageoit sans doute un grand événement.
Savoit-on si la guerre entre tant de puissances
N'en étoit point l'effet ? Le Monarque accourut :
Il favorise en roi ces hautes connoissances.
Le monstre dans la lune à son tour lui parut.
C'étoit une souris cachée entre les verres ;
Dans la lunette étoit la source de ces guerres.
On en rit. Peuple heureux ! quand pourront les François
Se donner, comme vous, entiers à ces emplois ?
Mars nous fait recueillir d'amples moissons de gloire :
C'est à nos ennemis de craindre les combats,
A nous de les chercher, certains que la Victoire,
Amante de Louis, suivra partout ses pas.
Ses lauriers nous rendront célèbres dans l'histoire.
     Même les Filles de Mémoire
Ne nous ont point quittés ; nous goûtons des plaisirs :
La paix fait nos souhaits, et non point nos soupirs.
Charles en sait jouir : il sauroit dans la guerre
Signaler sa valeur, et mener l'Angleterre
A ces jeux qu'en repos elle voit aujourd'hui.
Cependant s'il pouvoit apaiser la querelle,
Que d'encens ! est-il rien de plus digne de lui ?
La carrière d'Auguste a-t-elle été moins belle
Que les fameux exploits du premier des Césars ?
O peuple trop heureux ! quand la paix viendra-t-elle
Nous rendre, comme vous, tout entiers aux beaux-arts ?

LA MORT ET LE MOURANT.

La Mort ne surprend point le sage :
Il est toujours prêt à partir,
S'étant su lui-même avertir
Du temps où l'on se doit résoudre à ce passage.
Ce temps, hélas, embrasse tous les temps :
Qu'on le partage en jours, en heures, en moments,
Il n'en est point qu'il ne comprenne
Dans le fatal tribut ; tous sont de son domaine ;
Et le premier instant où les enfants des rois
Ouvrent les yeux à la lumière
Est celui qui vient quelquefois
Fermer pour toujours leur paupière.
Défendez-vous par la grandeur ;
Alléguez la beauté, la vertu, la jeunesse ;
La Mort ravit tout sans pudeur :
Un jour le monde entier accroîtra sa richesse.
Il n'est rien de moins ignoré ;
Et, puisqu'il faut que je le die,
Rien où l'on soit moins préparé.

Un Mourant, qui comptoit plus de cent ans de vie,
Se plaignoit à la Mort que précipitamment
Elle le contraignoit de partir tout à l'heure,
Sans qu'il eût fait son testament,
Sans l'avertir au moins. « Est-il juste qu'on meure
Au pied levé ? dit-il : attendez quelque peu ;
Ma femme ne veut pas que je parte sans elle ;
Il me reste à pourvoir un arrière-neveu ;
Souffrez qu'à mon logis j'ajoute encore une aile.
Que vous êtes pressante, ô déesse cruelle !
— Vieillard, lui dit la Mort, je ne t'ai point surpris ;
Tu te plains sans raison de mon impatience :
Eh ! n'as-tu pas cent ans ? Trouve-moi dans Paris

DEATH AND THE DYING.

Death never taketh by surprise
The well-prepared, to wit, the wise —
    They knowing of themselves the time
    To meditate the final change of clime.
    That time, alas! embraces all
Which into hours and minutes we divide;
    There is no part, however small,
That from this tribute one can hide.
The very moment, oft, which bids
    The heirs of empire see the light
Is that which shuts their fringèd lids
        In everlasting night.
Defend yourself by rank and wealth,
Plead beauty, virtue, youth, and health, —
    Unblushing Death will ravish all;
The world itself shall pass beneath his pall.
No truth is better known; but, truth to say,
    No truth is oftener thrown away.

A man, well in his second century,
Complain'd that Death had call'd him suddenly;
    Had left no time his plans to fill,
    To balance books, or make his will.
    'O Death,' said he, 'd'ye call it fair,
Without a warning to prepare
To take a man on lifted leg?
O, wait a little while, I beg.
My wife cannot be left alone;
I must set out my nephew's son,
And let me build my house a wing,
Before you strike, O cruel king!'
'Old man,' said Death, 'one thing is sure, —
My visit here's not premature.
Hast thou not lived a century!
Darest thou engage to find for me?
In Paris' walls two older men
Has France, among her millions ten?

Thou say'st I should have sent thee word
Thy lamp to trim, thy loins to gird,
And then my coming had been meet –
      Thy will engross'd,
      Thy house complete!
Did not thy feelings notify?
Did not they tell thee thou must die?
Thy taste and hearing are no more;
Thy sight itself is gone before;
For thee the sun superfluous shines,
And all the wealth of Indian mines;
Thy mates I've shown thee dead or dying.
What's this, indeed, but notifying?
Come on, old man, without reply;
   For to the great and common weal
It doth but little signify
      Whether thy will shall ever feel
      The impress of thy hand and seal.'

And Death had reason, – ghastly sage!
For surely man, at such an age,
Should part from life as from a feast,
Returning decent thanks, at least,
To Him who spread the various cheer,
And unrepining take his bier;
For shun it long no creature can.
Repinest thou, grey-headed man?
See younger mortals rushing by
To meet their death without a sigh –
Death full of triumph and of fame,
But in its terrors still the same. –
But, ah! my words are thrown away!
Those most like Death most dread his sway.

Deux mortels aussi vieux; trouve-m'en dix en France.
Je devois, ce dis-tu, te donner quelque avis
      Qui te disposât à la chose :
      J'aurois trouvé ton testament tout fait,
Ton petit-fils pourvu, ton bâtiment parfait.
Ne te donna-t-on pas des avis, quand la cause
      Du marcher et du mouvement,
      Quand les esprits, le sentiment,
Quand tout faillit en toi? Plus de goût, plus d'ouïe ;
Toute chose pour toi semble être évanouie;
Pour toi l'astre du jour prend des soins superflus :
Tu regrettes des biens qui ne te touchent plus.
      Je t'ai fait voir tes camarades
      Ou morts, ou mourants, ou malades ;
Qu'est-ce que tout cela, qu'un avertissement ?
      Allons, vieillard, et sans réplique.
      Il n'importe à la république
      Que tu fasses ton testament. »

La Mort avoit raison : je voudrois qu'à cet âge
On sortit de la vie ainsi que d'un banquet,
Remerciant son hôte; et qu'on fît son paquet :
Car de combien peut-on retarder le voyage ?
Tu murmures, vieillard; vois ces jeunes mourir,
      Vois-les marcher, vois-les courir
A des morts, il est vrai, glorieuses et belles,
Mais sûres cependant, et quelquefois cruelles.
J'ai beau te le crier; mon zèle est indiscret :
Le plus semblable aux morts meurt le plus à regret.

LE SAVETIER ET LE FINANCIER.

Un Savetier chantoit du matin jusqu'au soir :
    C'étoit merveilles de le voir,
Merveilles de l'ouïr ; il faisoit des passages,
    Plus content qu'aucun des Sept Sages.
Son voisin, au contraire, étant tout cousu d'or,
    Chantoit peu, dormoit moins encor :
    C'étoit un homme de finance.
Si sur le point du jour parfois il sommeilloit,
Le Savetier alors en chantant l'éveilloit ;
    Et le Financier se plaignoit
    Que les soins de la Providence
N'eussent pas au marché fait vendre le dormir,
    Comme le manger et le boire.
    En son hôtel il fait venir
Le chanteur, et lui dit : « Or çà, sire Grégoire,
Que gagnez-vous par an ? — Par an ? ma foi, monsieur,
    Dit avec un ton de rieur
Le gaillard Savetier, ce n'est point ma manière
De compter de la sorte ; et je n'entasse guère
    Un jour sur l'autre : il suffit qu'à la fin
    J'attrape le bout de l'année ;
    Chaque jour amène son pain.
— Eh bien ! que gagnez-vous, dites-moi, par journée ?
— Tantôt plus, tantôt moins : le mal est que toujours
(Et sans cela nos gains seroient assez honnêtes),
Le mal est que dans l'an s'entremêlent des jours
    Qu'il faut chômer ; on nous ruine en fêtes :
L'une fait tort à l'autre ; et monsieur le curé
De quelque nouveau saint charge toujours son prône. »
Le Financier, riant de sa naïveté,
Lui dit : « Je vous veux mettre aujourd'hui sur le trône.
Prenez ces cent écus ; gardez-les avec soin,
    Pour vous en servir au besoin. »

THE COBBLER AND THE FINANCIER.

A cobbler sang from morn till night;
  'Twas sweet and marvellous to hear,
  His trills and quavers told the ear
Of more contentment and delight,
  Enjoy'd by that laborious wight
Than e'er enjoy'd the sages seven,
Or any mortals short of heaven.
His neighbour, on the other hand,
With gold in plenty at command,
But little sang, and slumber'd less —
A financier of great success.
If e'er he dozed, at break of day,
The cobbler's song drove sleep away;
And much he wish'd that Heaven had made
Sleep a commodity of trade,
In market sold, like food and drink,
So much an hour, so much a wink.
At last, our songster did he call
To meet him in his princely hall.
Said he, 'Now, honest Gregory,
What may your yearly earnings be?'
'My yearly earnings! faith, good sir,
I never go, at once, so far,'
The cheerful cobbler said,
And queerly scratch'd his head, —
  'I never reckon in that way,
  But cobble on from day to day,
Content with daily bread.
'Indeed! Well, Gregory, pray,
What may your earnings be per day?'
'Why, sometimes more and sometimes less.
The worst of all, I must confess,
(And but for which our gains would be
A pretty sight, indeed, to see,)
Is that the days are made so many

Le Savetier crut voir tout l'argent que la terre
  Avoit, depuis plus de cent ans,
  Produit pour l'usage des gens.
Il retourne chez lui : dans sa cave il enserre
  L'argent, et sa joie à la fois.
  Plus de chant : il perdit la voix
Du moment qu'il gagna ce qui cause nos peines.
  Le sommeil quitta son logis :
  Il eut pour hôtes les soucis,
  Les soupçons, les alarmes vaines.
Tout le jour il avoit l'œil au guet ; et la nuit,
  Si quelque chat faisoit du bruit,
Le chat prenoit l'argent. A la fin le pauvre homme
S'en courut chez celui qu'il ne réveilloit plus :
« Rendez-moi, lui dit-il, mes chansons et mon somme,
  Et reprenez vos cent écus. »

In which we cannot earn a penny –
The sorest ill the poor man feels:
They tread upon each other's heels,
Those idle days of holy saints!
  And though the year is shingled o'er,
  The parson keeps a-finding more!'
With smiles provoked by these complaints,
Replied the lordly financier,
 'I'll give you better cause to sing.
These hundred pounds I hand you here
  Will make you happy as a king.
Go, spend them with a frugal heed;
They'll long supply your every need.'
The cobbler thought the silver more
Than he had ever dream'd before,
The mines for ages could produce,
Or world, with all its people, use.
He took it home, and there did hide –
And with it laid his joy aside.
No more of song, no more of sleep,
  But cares, suspicions in their stead,
  And false alarms, by fancy fed.
His eyes and ears their vigils keep,
And not a cat can tread the floor
But seems a thief slipp'd through the door.
   At last, poor man!
  Up to the financier he ran, –
Then in his morning nap profound:
  'O, give me back my songs,' cried he,
  'And sleep, that used so sweet to be,
And take the money, every pound!'

THE MAN AND THE FLEA.

Impertinent, we tease and weary Heaven
With prayers which would insult mere mortals even.
'Twould seem that not a god in all the skies
From our affairs must ever turn his eyes,
And that the smallest of our race
Could hardly eat, or wash his face,
Without, like Greece and Troy for ten years' space,
Embroiling all Olympus in the case.

  A flea some blockhead's shoulder bit,
  And then his clothes refused to quit.
'O Hercules,' he cried, 'you ought to purge
The world of this far worse than hydra scourge!
O Jupiter, what are your bolts about,
They do not put these foes of mine to rout?'

To crush a flea, this fellow's fingers under,
The gods must lend the fool their club and thunder!

L'HOMME ET LA PUCE.

Par des vœux importuns nous fatiguons les Dieux,
Souvent pour des sujets même indignes des hommes :
Il semble que le ciel sur tous tant que nous sommes
Soit obligé d'avoir incessamment les yeux,
Et que le plus petit de la race mortelle,
A chaque pas qu'il fait, à chaque bagatelle,
Doive intriguer l'Olympe et tous ses citoyens,
Comme s'il s'agissoit des Grecs et des Troyens.

Un sot par une Puce eut l'épaule mordue.
Dans les plis de ses draps elle alla se loger.
« Hercule, ce dit-il, tu devois bien purger
La terre de cette hydre au printemps revenue !
Que fais-tu, Jupiter, que du haut de la nue
Tu n'en perdes la race afin de me venger ? »

Pour tuer une Puce, il vouloit obliger
Ces Dieux à lui prêter leur foudre et leur massue.

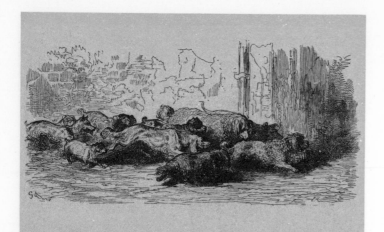

LE CHIEN QUI PORTE A SON COU LE DINÉ DE SON MAITRE.

Nous n'avons pas les yeux à l'épreuve des belles,
  Ni les mains à celle de l'or :
    Peu de gens gardent un trésor
    Avec des soins assez fidèles.

Certain Chien, qui portoit la pitance au logis,
S'étoit fait un collier du diné de son maitre.
Il étoit tempérant, plus qu'il n'eût voulu l'être
    Quand il voyoit un mets exquis ;
Mais enfin il l'étoit : et, tous tant que nous sommes,
Nous nous laissons tenter à l'approche des biens.
Chose étrange ! on apprend la tempérance aux chiens,
    Et l'on ne peut l'apprendre aux hommes !
Ce Chien-ci donc étant de la sorte atourné,
Un Màtin passe, et veut lui prendre le diné.
    Il n'en eut pas toute la joie
Qu'il espéroit d'abord : le Chien mit bas la proie
Pour la défendre mieux, n'en étant plus chargé.
    Grand combat. D'autres chiens arrivent :
    Ils étoient de ceux-là qui vivent
  Sur le public, et craignent peu les coups.
Notre Chien,. se voyant trop foible contre eux tous,
Et que la chair couroit un danger manifeste,
Voulut avoir sa part ; et, lui sage, il leur dit :
« Point de courroux, messieurs ; mon lopin me suffit :

THE DOG THAT CARRIED HI MASTER'S DINNER.

Our eyes are not made proof against the fair,
  Nor hands against the touch of gold.
    Fidelity is sadly rare,
  And has been from the days of old.
  Well taught his appetite to check,
    And do full many a handy trick,
    A dog was trotting, light and quick,
  His master's dinner on his neck.
A temperate, self-denying dog was he,
More than, with such a load, he liked to be.
But still he was, while many such as we
Would not have scrupled to make free.
Strange that to dogs a virtue you may teach,
Which, do your best, to men you vainly preach!
This dog of ours, thus richly fitted out,
A mastiff met, who wish'd the meat, no doubt.
To get it was less easy than he thought:
    The porter laid it down and fought.
    Meantime some other dogs arrive:
    Such dogs are always thick enough,
    And, fearing neither kick nor cuff,
        Upon the public thrive.
    Our hero, thus o'ermatch'd and press'd, –
    The meat in danger manifest, –
    Is fain to share it with the rest;
    And, looking very calm and wise,
    'No anger, gentlemen,' he cries:
    'My morsel will myself suffice;
    The rest shall be your welcome prize.'
With this, the first his charge to violate,
He snaps a mouthful from his freight.
Then follow mastiff, cur, and pup,
Till all is cleanly eaten up.
Not sparingly the party feasted,
And not a dog of all but tasted.

Faites votre profit du reste. »
A ces mots, le premier, il vous happe un morceau;
Et chacun de tirer, le Mâtin, la canaille,
   A qui mieux mieux : ils firent tous ripaille ;
      Chacun d'eux eut part au gâteau.

Je crois voir en ceci l'image d'une ville
Où l'on met les deniers à la merci des gens.
      Échevins, prévôt des marchands,
      Tout fait sa main : le plus habile
Donne aux autres l'exemple, et c'est un passe-temps
De leur voir nettoyer un monceau de pistoles.
Si quelque scrupuleux, par des raisons frivoles,
Veut défendre l'argent et dit le moindre mot,
      On lui fait voir qu'il est un sot.
      Il n'a pas de peine à se rendre :
      C'est bientôt le premier à prendre.

In some such manner men abuse
Of towns and states the revenues.
The sheriffs, aldermen, and mayor,
Come in for each a liberal share.
The strongest gives the rest example:
   'Tis sport to see with what a zest
   They sweep and lick the public chest
Of all its funds, however ample.
If any commonweal's defender
Should dare to say a single world,
He's shown his scruples are absurd,
And finds it easy to surrender —
Perhaps, to be the first offender.

THE BEAR AND THE AMATEUR GARDENER.

A certain mountain bear, unlick'd and rude,
By fate confined within a lonely wood,
A new Bellerophon, whose life,
Knew neither comrade, friend, nor wife, —
Became insane; for reason, as we term it,
Dwells never long with any hermit.
'Tis good to mix in good society,
Obeying rules of due propriety;
And better yet to be alone;
But both are ills when overdone.
No animal had business where
All grimly dwelt our hermit bear;
Hence, bearish as he was, he grew
Heart-sick, and long'd for something new.
While he to sadness was addicted,
   An aged man, not far from there,
Was by the same disease afflicted.
   A garden was his favourite care, —
   Sweet Flora's priesthood, light and fair,
And eke Pomona's — ripe and red
The presents that her fingers shed.
These two employments, true, are sweet
When made so by some friend discreet.
The gardens, gaily as they look,
Talk not, (except in this my book;)
So, tiring of the deaf and dumb,
Our man one morning left his home
   Some company to seek,
   That had the power to speak. —
   The bear, with thoughts the same,
   Down from his mountain came;
And in a solitary place,
They met each other, face to face.
It would have made the boldest tremble;
   What did our man? To play the Gascon

L'OURS ET L'AMATEUR DES JARDINS.

Certain Ours montagnard, ours à demi léché,
Confiné par le Sort dans un bois solitaire,
Nouveau Bellérophon, vivoit seul et caché.
Il fût devenu fou : la raison d'ordinaire
N'habite pas longtemps chez les gens séquestrés.
Il est bon de parler, et meilleur de se taire ;
Mais tous deux sont mauvais alors qu'ils sont outrés.
    Nul animal n'avoit affaire
    Dans les lieux que l'Ours habitoit ;
    Si bien que, tout ours qu'il étoit,
Il vint à s'ennuyer de cette triste vie.
Pendant qu'il se livroit à la mélancolie,
    Non loin de là certain Vieillard
    S'ennuyoit aussi de sa part.
Il aimoit les jardins, étoit prêtre de Flore,
    Il l'étoit de Pomone encore.
Ces deux emplois sont beaux ; mais je voudrois parmi
    Quelque doux et discret ami.
Les jardins parlent peu, si ce n'est dans mon livre :
    De façon que, lassé de vivre
Avec des gens muets, notre homme, un beau matin,
Va chercher compagnie, et se met en campagne.
    L'Ours, porté d'un même dessein,
    Venoit de quitter sa montagne.
    Tous deux, par un cas surprenant,
    Se rencontrent en un tournant.
L'Homme eut peur : mais comment esquiver ? et que faire ?
Se tirer en Gascon d'une semblable affaire
Est le mieux : il sut donc dissimuler sa peur.
    L'Ours, très-mauvais complimenteur,
Lui dit : « Viens-t'en me voir. » L'autre reprit : « Seigneur,
Vous voyez mon logis ; si vous me vouliez faire
Tant d'honneur que d'y prendre un champêtre repas,
J'ai des fruits, j'ai du lait : ce n'est peut-être pas

De nos seigneurs les Ours le manger ordinaire ;
Mais j'offre ce que j'ai. » L'Ours l'accepte, et d'aller.
Les voilà bons amis avant que d'arriver ;
Arrivés, les voilà se trouvant bien ensemble :
      Et bien qu'on soit, à ce qu'il semble,
      Beaucoup mieux seul qu'avec des sots,
Comme l'Ours en un jour ne disoit pas deux mots,
L'Homme pouvoit sans bruit vaquer à son ouvrage.
L'Ours alloit à la chasse, apportoit du gibier ;
      Faisoit son principal métier
D'être bon émoucheur ; écartoit du visage
De son ami dormant ce parasite ailé
      Que nous avons mouche appelé.
Un jour que le Vieillard dormoit d'un profond somme,
Sur le bout de son nez une allant se placer
Mit l'Ours au désespoir ; il eut beau la chasser.
« Je t'attraperai bien, dit-il ; et voici comme. »
Aussitôt fait que dit : le fidèle émoucheur
Vous empoigne un pavé, le lance avec roideur,
Casse la tête à l'Homme en écrasant la mouche ;
Et non moins bon archer que mauvais raisonneur,
Roide mort étendu sur la place il le couche.

Rien n'est si dangereux qu'un ignorant ami ;
      Mieux vaudroit un sage ennemi.

The safest seem'd. He put the mask on,
His fear contriving to dissemble.
The bear, unused to compliment,
Growl'd bluntly, but with good intent,
'Come home with me.' The man replied:
'Sir Bear, my lodgings, nearer by,
In yonder garden you may spy,
Where, if you'll honour me the while,
We'll break our fast in rural style.
I've fruits and milk, — unworthy fare,
It may be, for a wealthy bear ;
But then I offer what I have.'
The bear accepts, with visage grave,
But not unpleased ; and on their way,
They grow familiar, friendly, gay.
Arrived, you see them side by side,
   As if their friendship had been tried.
   To a companion so absurd,
   Blank solitude were well preferr'd,
Yet, as the bear scarce spoke a word,
The man was left quite at his leisure
To trim his garden at his pleasure.
Sir Bruin hunted — always brought
His friend whatever game he caught ;
   But chiefly aim'd at driving flies —
Those bold and shameless parasites,
That vex us with their ceaseless bites —
   From off our gardener's face and eyes.
   One day, while, stretch'd upon the ground
The old man lay, in sleep profound,
A fly that buzz'd around his nose, —
And bit it sometimes, I suppose, —
Put Bruin sadly to his trumps.
At last, determined, up he jumps ;
'I'll stop thy noisy buzzing now,'
Says he ; 'I know precisely how.'
   No sooner said than done.
   He seized a paving-stone ;
And by his *modus operandi*
Did both the fly and man die.

A foolish friend may cause more woe
Than could, indeed, the wisest foe.

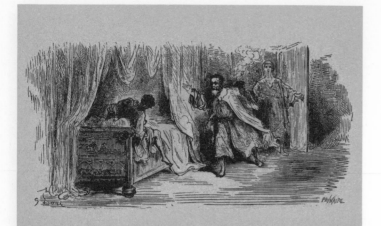

Deux vrais Amis vivoient au Monomotapa ;
L'un ne possédoit rien qui n'appartint à l'autre.
  Les amis de ce pays-là
  Valent bien, dit-on, ceux du nôtre.
Une nuit que chacun s'occupoit au sommeil,
Et mettoit à profit l'absence du soleil,
Un de nos deux Amis sort du lit en alarme ;
Il court chez son intime, éveille les valets :
Morphée avoit touché le seuil de ce palais.
L'Ami couché s'étonne ; il prend sa bourse, il s'arme,
Vient trouver l'autre, et dit : « Il vous arrive peu
De courir quand on dort ; vous me paroissiez homme
A mieux user du temps destiné pour le somme :
N'auriez-vous point perdu tout votre argent au jeu ?
En voici. S'il vous est venu quelque querelle,
J'ai mon épée ; allons. Vous ennuyez-vous point
De coucher toujours seul ? une esclave assez belle
Étoit à mes côtés ; voulez-vous qu'on l'appelle ?
— Non, dit l'Ami, ce n'est ni l'un ni l'autre point :
  Je vous rends grâce de ce zèle.
Vous m'êtes, en dormant, un peu triste apparu ;
J'ai craint qu'il ne fût vrai ; je suis vite accouru.
  Ce maudit songe en est la cause. »

Qui d'eux aimoit le mieux ? Que t'en semble, lecteur ?
Cette difficulté vaut bien qu'on la propose.
Qu'un ami véritable est une douce chose !
Il cherche vos besoins au fond de votre cœur ;
  Il vous épargne la pudeur
  De les lui découvrir vous-même :
  Un songe, un rien, tout lui fait peur
  Quand il s'agit de ce qu'il aime.

THE TWO FRIENDS.

Two friends, in Monomotapa,
 Had all their interests combined.
 Their friendship, faithful and refined,
Our county can't exceed, do what it may.
 One night, when potent Sleep had laid
 All still within our planet's shade,
 One of the two gets up alarm'd,
  Runs over to the other's palace,
  And hastily the servants rallies.
 His startled friend, quick arm'd,
With purse and sword his comrade meets,
  And thus right kindly greets :—
'Thou seldom com'st at such an hour ;
I take thee for a man of sounder mind
Than to abuse the time for sleep design'd.
 Hast lost thy purse, by Fortune's power ?
Here's mine. Hast suffer'd insult, or a blow,
I've here my sword — to avenge it let us go.'
 'No,' said his friend, 'no need I feel
 Of either silver, gold, or steel ;
 I thank thee for thy friendly zeal.
 In sleep I saw thee rather sad,
 And thought the truth might be as bad.
 Unable to endure the fear,
 That cursed dream has brought me here.'

Which think you, reader, loved the most !
If doubtful this, one truth may be proposed :
There's nothing sweeter than a real friend :
  Not only is he prompt to lend —
 An angler delicate, he fishes
 The very deepest of your wishes,
 And spares your modesty the task
 His friendly aid to ask.
 A dream, a shadow, wakes his fear,
 When pointing at the object dear.

THE HOG, THE GOAT, AND THE SHEEP.

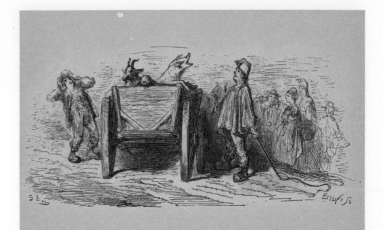

A goat, a sheep, and porker fat,
 All to the market rode together.
Their own amusement was not that
 Which caused their journey thither.
Their coachman did not mean to 'set them down'
To see the shows and wonders of the town.
  The porker cried, in piercing squeals,
  As if with butchers at his heels.
  The other beasts, of milder mood,
  The cause by no means understood.
  They saw no harm, and wonder'd why
  At such a rate the hog should cry.
  'Hush there, old piggy!' said the man,
  'And keep as quiet as you can.
  What wrong have you to squeal about,
  And raise the dev'lish, deaf'ning shout?
  These stiller persons at your side
  Have manners much more dignified.
    Pray, have you heard
    A single word
  Come from that gentleman in wool?
  That proves him wise.' 'That proves him fool!'
   The testy hog replied;
    'For did he know
    To what we go,
  He'd cry almost to split his throat;
  So would her ladyship the goat.
  They only think to lose with ease,
  The goat her milk, the sheep his fleece:
  They're, maybe, right; but as for me,
  This ride is quite another matter.
  Of service only on the platter,
  My death is quite a certainty.
  Adieu, my dear old piggery!'
  The porker's logic proved at once
  Himself a prophet and a dunce.

  Hope ever gives a present ease,
   But fear beforehand kills:
  The wisest he who least foresees
    Inevitable ills.

LE COCHON, LA CHÈVRE ET LE MOUTON.

Une Chèvre, un Mouton, avec un Cochon gras,
Montés sur même char, s'en alloient à la foire.
Leur divertissement ne les y portoit pas ;
On s'en alloit les vendre, à ce que dit l'histoire :
  Le charton n'avoit pas dessein
  De les mener voir Tabarin.
  Dom Pourceau crioit en chemin
Comme s'il avoit eu cent bouchers à ses trousses :
C'étoit une clameur à rendre les gens sourds.
Les autres animaux, créatures plus douces,
Bonnes gens, s'étonnoient qu'il criât au secours ;
  Ils ne voyoient nul mal à craindre.
Le charton dit au Porc : « Qu'as-tu tant à te plaindre ?
Tu nous étourdis tous : que ne te tiens-tu coi ?
Ces deux personnes-ci, plus honnêtes que toi,
Devroient t'apprendre à vivre, ou du moins à te taire :
Regarde ce Mouton ; a-t-il dit un seul mot ?
  Il est sage. — Il est un sot,
Repartit le Cochon : s'il savoit son affaire,
Il crieroit, comme moi, du haut de son gosier ;
  Et cette autre personne honnête
  Crieroit tout du haut de sa tête.
Ils pensent qu'on les veut seulement décharger,
La Chèvre de son lait, le Mouton de sa laine :
  Je ne sais pas s'ils ont raison ;
  Mais quant à moi, qui ne suis bon
  Qu'à manger, ma mort est certaine.
  Adieu mon toit et ma maison. »

Dom Pourceau raisonnoit en subtil personnage :
Mais que lui servoit-il ? Quand le mal est certain,
La plainte ni la peur ne changent le destin ;
Et le moins prévoyant est toujours le plus sage.

TIRCIS ET AMARANTE.

POUR MADEMOISELLE DE SILLERY.

J'avois Ésope quitté
Pour être tout à Boccace ;
Mais une divinité
Veut revoir sur le Parnasse
Des fables de ma façon.
Or, d'aller lui dire : Non,
Sans quelque valable excuse,
Ce n'est pas· comme on en use
Avec des Divinités,
Surtout quand ce sont de celles
Que la qualité de belles
Fait reines des volontés.
Car, afin que l'on le sache,
C'est Sillery qui s'attache
A vouloir que, de nouveau,
Sire Loup, sire Corbeau,
Chez moi se parlent en rime.
Qui dit Sillery dit tout :
Peu de gens en leur estime
Lui refusent le haut bout ;
Comment le pourroit-on faire ?

Pour venir à notre affaire,
Mes contes, à son avis,
Sont obscurs : les beaux esprits
N'entendent pas toute chose.
Faisons donc quelques récits
Qu'elle déchiffre sans glose :
Amenons des bergers ; et puis nous rimerons
Ce que disent entre eux les loups et les moutons.

THYRSIS AND AMARANTH.

For Mademoiselle de Sillery

I had the Phrygian quit,
Charm'd with Italian wit;
But a divinity
Would on Parnassus see
A fable more from me.
Such challenge to refuse,
Without a good excuse,
Is not the way to use
Divinity or muse.
　Especially to one
Of those who truly are,
By force of being fair,
Made queens of human will.
　A thing should not be done
In all respects so ill.
For, be it known to all,
From Sillery the call
Has come for bird, and beast,
And insects, to the least;
To clothe their thoughts sublime
In this my simple rhyme.
In saying Sillery,
All's said that need to be.
Her claim to it so good,
　Few fail to give her place
　Above the human race:
How could they, if they would?

Now come we to our end:—
　As she opines my tales
　　　Are hard to comprehend —
　　　　For even genius fails
　　　Some things to understand —
　　So let us take in hand
　　　To make unnecessary,
　　　For once, a commentary.
Come shepherds now, — and rhyme we afterwards
The talk between the wolves and fleecy herds.

Tircis disoit un jour à la jeune Amarante :
« Ah ! si vous connoissiez comme moi certain mal
    Qui nous plaît et qui nous enchante,
Il n'est bien sous le ciel qui vous parût égal !
    Souffrez qu'on vous le communique ;
    Croyez-moi, n'ayez point de peur :
Voudrois-je vous tromper, vous, pour qui je me pique
Des plus doux sentiments que puisse avoir un cœur ? »
    Amarante aussitôt réplique :
« Comment l'appelez-vous, ce mal ? quel est son nom ?
— L'amour. — Ce mot est beau : dites-moi quelques marques
A quoi je le pourrai connoître : que sent-on ?
  — Des peines près de qui le plaisir des monarques
Est ennuyeux et fade : on s'oublie, on se plaît
    Toute seule en une forêt.
    Se mire-t-on près d'un rivage,
Ce n'est pas soi qu'on voit ; on ne voit qu'une image
Qui sans cesse revient, et qui suit en tous lieux :
    Pour tout le reste on est sans yeux.
    Il est un berger du village
Dont l'abord, dont la voix, dont le nom fait rougir :
    On soupire à son souvenir ;
On ne sait pas pourquoi, cependant on soupire,
On a peur de le voir, éncor qu'on le désire. »
    Amarante dit à l'instant :
« Oh ! oh ! c'est là ce mal que vous me préchez tant ?
Il ne m'est pas nouveau : je pense le connoître. »
    Tircis à son but croyoit être,
Quand la belle ajouta : « Voilà tout justement
    Ce que je sens pour Clidamant. »
L'autre pensa mourir de dépit et de honte.

    Il est force gens comme lui,
Qui prétendent n'agir que pour leur propre compte,
    Et qui font le marché d'autrui.

To Amaranth, the young and fair,
    Said Thyrsis, once, with serious air, —
  'O, if you knew, like me, a certain ill,
    With which we men are harm'd,
    As well as strangely charm'd,
No boon from Heaven your heart could like it fill!
    Please let me name it in your ear, —
    A harmless word, — you need not fear.
Would I deceive you, you, for whom I bear
The tenderest sentiments that ever were?'
    Then Amaranth replied,
'What is its name? I beg you, do not hide.'
' 'Tis Love.' – 'The word is beautiful! reveal
Its signs and symptoms, how it makes one feel.' —
  'Its pains are ecstacies. So sweet its stings,
The nectar-cups and incense-pots of kings,
Compared, are flat, insipid things.
    One strays all lonely in the wood —
    Leans silent o'er the placid flood,
     And there with great complacency,
     A certain face can see —
'Tis not one's own — but image fair,
      Retreating,
      Fleeting,
      Meeting,
      Greeting,
    Following everywhere.
    For all the rest of human kind,
    One is as good, in short, as blind.
  There is a shepherd wight, I ween,
  Well known upon the village green,
Whose voice, whose name, whose turning of the hinge
Excites upon the cheek a richer tinge —
The thought of whom is signal for a sigh —
The breast that heaves it knows not why —
    Whose face the maiden fears to see,
    Yet none so welcome still as he.' —
    Here Amaranth cut short his speech:
'O! O! is that the evil which you preach?
To me I think it is no stranger;
I must have felt its power and danger.'
Here Thyrsis thought his end was gain'd,
When further thus the maid explain'd:
  ' 'Tis just the very sentiment
    Which I have felt for Clidamant!'
  The other, vex'd and mortified,
  Now bit his lips, and nearly died.

Like him are multitudes, who when
Their own advancement they have meant,
    Have play'd the game of other men.

THE FUNERAL OF THE
LIONESS.

The lion's consort died:
Crowds, gather'd at his side,
Must needs console the prince,
And thus their loyalty evince
By compliments of course;
Which make affliction worse.
Officially he cites
His realm to funeral rites,
At such a time and place;
His marshals of the mace
Would order the affair.
Judge you if all came here.
Meantime, the prince gave way
To sorrow night and day.
With cries of wild lament
   His cave he well-nigh rent.
   And from his courtiers far and near,
   Sounds imitative you might hear.

   The court a country seems to me,
   Whose people are, no matter what, —
   Sad, gay, indifferent, or not, —
     As suits the will of majesty;
     Or, if unable so to be,
     Their task it is to seem it all —
     Chameleons, monkeys, great and small.
'Twould seem one spirit serves a thousand bodies —
A paradise, indeed, for soulless noddies.

   But to our tale again:
   The stag graced not the funeral train;
   Of tears his cheeks bore not a stain;
   For how could such a thing have been,
   When death avenged him on the queen,
   Who, not content with taking one,

LES OBSÈQUES DE LA LIONNE.

   La femme du Lion mourut;
   Aussitôt chacun accourut
   Pour s'acquitter envers le Prince
De certains compliments de consolation,
   Qui sont surcroît d'affliction.
   Il fit avertir sa province
   Que les obsèques se feroient
Un tel jour, en tel lieu; ses prévôts y seroient
   Pour régler la cérémonie,
   Et pour placer la compagnie.
   Jugez si chacun s'y trouva.
   Le Prince aux cris s'abandonna,
   Et tout son antre en résonna:
   Les lions n'ont point d'autre temple.
   On entendit, à son exemple,
Rugir en leur patois messieurs les Courtisans.

Je définis la cour un pays où les gens,
Tristes, gais, prêts à tout, à tout indifférents,
Sont ce qu'il plaît au prince, ou, s'ils ne peuvent l'être,
   Tâchent au moins de le paroître.
Peuple caméléon, peuple singe du maître;
On diroit qu'un esprit anime mille corps:
C'est bien là que les gens sont de simples ressorts.

   Pour revenir à notre affaire,
Le Cerf ne pleura point. Comment eût-il pu faire?
Cette mort le vengeoit: la reine avoit jadis
   Étranglé sa femme et son fils.
Bref, il ne pleura point. Un flatteur l'alla dire,
   Et soutint qu'il l'avoit vu rire.
La colère du Roi, comme dit Salomon,
Est terrible, et surtout celle du Roi Lion;

Mais ce Cerf n'avoit pas accoutumé de lire.
Le Monarque lui dit : « Chétif hôte des bois,
Tu ris, tu ne suis pas ces gémissantes voix.
Nous n'appliquerons point sur tes membres profanes
     Nos sacrés ongles ; venez, Loups,
     Vengez la Reine ; immolez tous
     Ce traître à ses augustes manes. »
Le Cerf reprit alors : « Sire, le temps de pleurs
Est passé ; la douleur est ici superflue.
Votre digne moitié, couchée entre des fleurs,
     Tout près d'ici m'est apparue ;
     Et je l'ai d'abord reconnue.
« Ami, m'a-t-elle dit, garde que ce convoi,
« Quand je vais chez les Dieux, ne t'oblige à des larmes.
« Aux Champs Élysiens j'ai goûté mille charmes,
« Conversant avec ceux qui sont saints comme moi.
« Laisse agir quelque temps le désespoir du Roi :
« J'y prends plaisir. » A peine on eut ouï la chose,
Qu'on se mit à crier : Miracle ! Apothéose !
Le Cerf eut un présent, bien loin d'être puni.

     Amusez les rois par des songes,
Flattez-les, payez-les d'agréables mensonges :
Quelque indignation dont leur cœur soit rempli,
Ils goberont l'appât ; vous serez leur ami.

Had choked to death his wife and son?
The tears, in truth, refused to run.
A flatterer, who watch'd the while,
Affirm'd that he had seen him smile.
If, as the wise man somewhere saith,
A king's is like a lion's wrath,
What should King Lion's be but death?
The stag, however, could not read;
Hence paid this proverb little heed,
And walk'd, intrepid, to'ards the throne;
When thus the king, in fearful tone:
   'Thou caitiff of the wood!
Presum'st to laugh at such a time?
Joins not thy voice the mournful chime?
   We suffer not the blood
   Of such a wretch profane
   Our sacred claws to stain.
Wolves, let a sacrifice be made,
Avenge your mistress' awful shade.'
   'Sire,' did the stag reply,
The time for tears is quite gone by;
For in the flowers, not far from here,
Your worthy consort did appear;
Her form, in spite of my surprise,
I could not fail to recognise.
   "My friend," said she, "beware
Lest funeral pomp about my bier,
   When I shall go with gods to share,
Compel thine eye to drop a tear.
   With kindred saints I rove
   In the Elysian grove,
   And taste a sort of bliss
   Unknown in worlds like this.
Still, let the royal sorrow flow
Its proper season here below;
   'Tis not unpleasing, I confess." '
The king and court scarce hear him out.
Up goes the loud and welcome shout —
'A miracle! an apotheosis!'
And such at once the fashion is,
So far from dying in a ditch,
The stag retires with presents rich.

Amuse the ear of royalty
With pleasant dreams, and flattery, —
No matter what you may have done,
Nor yet how high its wrath may run, —
The bait is swallow'd — object won.

THE RAT AND THE ELEPHANT.

One's own importance to enhance,
  Inspirited by self-esteem,
Is quite a common thing in France;
  A French disease it well might seem.
The strutting cavaliers of Spain
Are in another manner vain.
Their pride has more insanity;
More silliness our vanity.
Let's shadow forth our own disease —
Well worth a hundred tales like these.
A rat, of quite the smallest size,
Fix'd on an elephant his eyes,
And jeer'd the beast of high descent
Because his feet so slowly went.
Upon his back, three stories high,
There sat, beneath a canopy,
A certain sultan of renown,
  His dog, and cat, and concubine,
  His parrot, servant, and his wine,
All pilgrims to a distant town.
The rat profess'd to be amazed
That all the people stood and gazed
With wonder, as he pass'd the road,
Both at the creature and his load.
'As if,' said he, 'to occupy
A little more of land or sky
Made one, in view of common sense,
Of greater worth and consequence!
What see ye, men, in this parade,
That food for wonder need be made?
The bulk which makes a child afraid?
In truth, I take myself to be
In all aspects, as good as he.'
And further might have gone his vaunt;
  But, darting down, the cat
  Convinced him that a rat
Is smaller than an elephant.

LE RAT ET L'ÉLÉPHANT.

Se croire un personnage est fort commun en France :
  On y fait l'homme d'importance,
  Et l'on n'est souvent qu'un bourgeois.
  C'est proprement le mal françois :
  La sotte vanité nous est particulière.
Les Espagnols sont vains, mais d'une autre manière :
  Leur orgueil me semble, en un mot,
  Beaucoup plus fou, mais pas si sot.
  Donnons quelque image du nôtre,
  Qui sans doute en vaut bien un autre.

Un Rat des plus petits voyoit un Éléphant
Des plus gros, et railloit le marcher un peu lent
  De la bête de haut parage,
  Qui marchoit à gros équipage.
  Sur l'animal à triple étage
  Une sultane de renom,
  Son Chien, son Chat et sa Guenon,
Son Perroquet, sa Vieille, et toute sa maison,
  S'en alloit en pèlerinage.
  Le Rat s'étonnoit que les gens
Fussent touchés de voir cette pesante masse :
« Comme si d'occuper ou plus ou moins de place
Nous rendoit, disoit-il, plus ou moins importants !
Mais qu'admirez-vous tant en lui, vous autres hommes ?
Seroit-ce ce grand corps qui fait peur aux enfants ?
Nous ne nous prisons pas, tout petits que nous sommes,
  D'un grain moins que les éléphants. »
  Il en auroit dit davantage ;
  Mais le Chat, sortant de sa cage,
  Lui fit voir en moins d'un instant
  Qu'un rat n'est pas un éléphant.

LE BASSA ET LE MARCHAND.

Un Marchand grec en certaine contrée
Faisoit trafic. Un Bassa l'appuyoit ;
De quoi le Grec en bassa le payoit,
Non en marchand : tant c'est chère denrée
Qu'un protecteur ! Celui-ci coûtoit tant,
Que notre Grec s'alloit partout plaignant.
Trois autres Turcs, d'un rang moindre en puissance,
Lui vont offrir leur support en commun.
Eux trois vouloient moins de reconnoissance
Qu'à ce Marchand il n'en coûtoit pour un.
Le Grec écoute ; avec eux il s'engage,
Et le Bassa du tout est averti :
Même on lui dit qu'il jouera, s'il est sage,
A ces gens-là quelque méchant parti,
Les prévenant, les chargeant d'un message
Pour Mahomet, droit en son paradis,
Et sans tarder ; sinon, ces gens unis
Le préviendront, bien certains qu'à la ronde
Il a des gens tout prêts pour le venger :
Quelque poison l'enverra protéger
Les trafiquants qui sont en l'autre monde.
Sur cet avis le Turc se comporta
Comme Alexandre ; et, plein de confiance,
Chez le Marchand tout droit il s'en alla,
Se mit à table. On vit tant d'assurance
En ses discours et dans tout son maintien,
Qu'on ne crut point qu'il se doutât de rien.
« Ami, dit-il, je sais que tu me quittes ;
Même l'on veut que j'en craigne les suites ;
Mais je te crois un trop homme de bien ;
Tu n'as point l'air d'un donneur de breuvage.
Je n'en dis pas là-dessus davantage.
Quant à ces gens qui pensent t'appuyer,

THE PASHAW AND THE MERCHANT.

A trading Greek, for want of law,
   Protection bought of a pashaw;
And like a nobleman he paid,
   Much rather than a man of trade –
Protection being, Turkish-wise,
   A costly sort of merchandise.
So costly was it, in this case,
The Greek complain'd, with tongue and face.
   Three other Turks, of lower rank,
   Would guard his substance as their own,
      And all draw less upon his bank,
   Than did the great pashaw alone.
The Greek their offer gladly heard,
And closed the bargain with a word.
The said pashaw was made aware,
And counsel'd, with a prudent care
These rivals to anticipate,
By sending them to heaven's gate,
As messengers to Mahomet –
Which measure should he much delay,
Himself might go the self-same way,
By poison offer'd secretly,
Sent on, before his time, to be
Protector to such arts and trades
As flourish in the world of shades.
   On this advice, the Turk – no gander –
   Behaved himself like Alexander.
   Straight to the merchant's, firm and stable,
   He went, and took a seat at table.
Such calm assurance there was seen,
   Both in his words and in his mien,
   That e'en that weasel-sighted Grecian
   Could not suspect him of suspicion.
'My friend,' said he, 'I know you've quit me,
And some think caution would befit me,

Ecoute-moi : sans tant de dialogue
Et de raisons qui pourroient t'ennuyer,
Je ne te veux conter qu'un apologue.

Il étoit un Berger, son chien, et son troupeau.
Quelqu'un lui demanda ce qu'il prétendoit faire
D'un dogue de qui l'ordinaire
Étoit un pain entier. Il falloit bien et beau
Donner cet animal au seigneur du village.
Lui, berger, pour plus de ménage,
Auroit deux ou trois mâtineaux,
Qui, lui dépensant moins, veilleroient aux troupeaux
Bien mieux que cette bête seule.
Il mangeoit plus que trois ; mais on ne disoit pas
Qu'il avoit aussi triple gueule
Quand les loups livroient des combats.
Le Berger s'en défait ; il prend trois chiens de taille
A lui dépenser moins, mais à fuir la bataille.
Le troupeau s'en sentit ; et tu te sentiras
Du choix de semblable canaille.
Si tu fais bien, tu reviendras à moi. »
Le Grec le crut.

Ceci montre aux provinces
Que, tout compté, mieux vaut en bonne foi
S'abandonner à quelque puissant roi,
Que s'appuyer de plusieurs petits princes.

Lest to despatch me be your plan:
But, deeming you too good a man
To injure either friends or foes
With poison'd cups or secret blows,
I drown the thought, and say no more.
But, as regards the three or four
Who take my place,
I crave your grace
To listen to an apologue.

'A shepherd, with a single dog,
Was ask'd the reason why
He kept a dog, whose least supply
Amounted to a loaf of bread
For every day. The people said
He'd better give the animal
To guard the village seignior's hall;
For him, a shepherd, it would be
A thriftier economy
To keep small curs, say two or three,
That would not cost him half the food,
And yet for watching be as good.
The fools, perhaps, forgot to tell
If they would fight the wolf as well.
The silly shepherd, giving heed,
Cast off his dog of mastiff breed,
And took three dogs to watch his cattle,
Which ate far less, but fled in battle.
His flock such counsel lived to rue,
As doubtlessly, my friend, will you.
If wise, my aid again you'll seek —'
And so, persuaded, did the Greek.

Not vain our tale, if it convinces
Small states that 'tis a wiser thing
To trust a single powerful king,
Than half a dozen petty princes.

156

JUPITER AND THE THUNDERBOLTS.

Said Jupiter, one day,
As on a cloud he lay,
'Observing all our crimes,
Come, let us change the times,
By leasing our anew
A world whose wicked crew
Have wearied out our grace,
And cursed us to our face.
Hie hellward, Mercury;
A Fury bring to me,
The direst of the three.
Race nursed too tenderly,
This day your doom shall be!'
E'en while he spoke their fate,
His wrath began to moderate.

O kings, with whom His will
Hath lodged our good and ill,
Your wrath and storm between
One night should intervene!

The god of rapid wing,
And lip unfaltering,
To sunless regions sped,
And met the sisters dread.
To grim Tisiphone,
And pale Megæra, he
Preferr'd, as murderess,
Alecto, pitiless.
This choice so roused the fiend,
By Pluto's beard she swore
The human race no more
Should be by handfuls glean'd,
But in one solid mass
Th' infernal gates should pass.

JUPITER ET LES TONNERRES.

Jupiter, voyant nos fautes,
Dit un jour, du haut des airs :
« Remplissons de nouveaux hôtes
Les cantons de l'Univers
Habités par cette race
Qui m'importune et me lasse.
Va-t'en, Mercure, aux Enfers,
Amène-moi la Furie
La plus cruelle des trois.
Race que j'ai trop chérie,
Tu périras cette fois ! »
Jupiter ne tarda guère
A modérer son transport.
O vous, rois, qu'il voulut faire
Arbitres de notre sort,
Laissez, entre la colère
Et l'orage qui la suit,
L'intervalle d'une nuit.

Le Dieu dont l'aile est légère,
Et la langue a des douceurs,
Alla voir les noires sœurs.
A Tisiphone et Mégère
Il préféra, ce dit-on,
L'impitoyable Alecton.
Ce choix la rendit si fière,
Qu'elle jura par Pluton
Que toute l'engeance humaine
Seroit bientôt du domaine
Des Déités de là-bas.
Jupiter n'approuva pas
Le serment de l'Euménide.

Il la renvoie ; et pourtant
Il lance un foudre à l'instant
Sur certain peuple perfide.
Le tonnerre, ayant pour guide
Le père même de ceux
Qu'il menaçoit de ses feux,
Se contenta de leur crainte ;
Il n'embrasa que l'enceinte
D'un désert inhabité :
Tout père frappe à côté.
Qu'arriva-t-il ? Notre engeance
Prit pied sur cette indulgence.
Tout l'Olympe s'en plaignit ;
Et l'assembleur de nuages
Jura le Styx, et promit
De former d'autres orages :
Ils seroient sûrs. On sourit ;
On lui dit qu'il étoit père,
Et qu'il laissât, pour le mieux,
A quelqu'un des autres Dieux
D'autres tonnerres à faire.
Vulcan entreprit l'affaire.
Ce Dieu remplit ses fourneaux
De deux sortes de carreaux :
L'un jamais ne se fourvoie ;
Et c'est celui que toujours
L'Olympe en corps nous envoie :
L'autre s'écarte en son cours ;
Ce n'est qu'aux monts qu'il en coûte ;
Bien souvent même il se perd ;
Et ce dernier en sa route
Nous vient du seul Jupiter.

But Jove, displeased with both
The Fury and her oath,
Despatch'd her back to hell.
    And then a bolt he hurl'd,
    Down on a faithless world,
Which in a desert fell.
    Aim'd by a father's arm,
    It caused more fear than harm.
    (All fathers strike aside.)
    What did from this betide?
    Our evil race grew bold,
        Resumed their wicked tricks,
    Increased them manifold,
    Till, all Olympus through,
    Indignant murmurs flew.
        When, swearing by the Styx,
    The sire that rules the air
    Storms promised to prepare
    More terrible and dark,
    Which should not miss their mark.
    'A father's wrath it is!'
    The other deities
    'All in one voice exclaim'd;
    And, might the thing be named,
    Some other god would make
    Bolts better for our sake.'
    This Vulcan undertook.
    His rumbling forges shook,
    And glow'd with fervent heat.
While Cyclops blew and beat.
Forth from the plastic flame
Two sorts of bolts there came.
Of these, one misses not:
'Tis by Olympus shot, —
That is, the gods at large.
    The other, bearing wide,
    Hits mountain-top or side,
Or makes a cloud its targe.
And this it is alone
Which leaves the father's throne.

THE CAT AND THE RAT.

Four creatures, wont to prowl, –
  Sly Grab-and-Snatch, the cat,
Grave Evil-bode, the owl,
  Thief Nibble-stitch, the rat,
And Mad...
Inhabited...
A man th...
And set, ...
  The ca...
   Wer...
   To l...
    N...
   For...
  The n...
   Wa...
   Gre...
   As...
   As...
   For...
   His...
'Dear fr...
'Do, pra...
  I've a...
  And ...
Now he...
In which...
  'Tis t...
   Yc...
  By special love and grace,
Have been my favourite –
  The darling of my eyes.
'Twas order'd by celestial cares,
No doubt; I thank the blessed skies,
  That, going out to say my prayers,
As cats devout each morning do,
This net has made me pray to you.
  Come, fall to work upon the cord.'

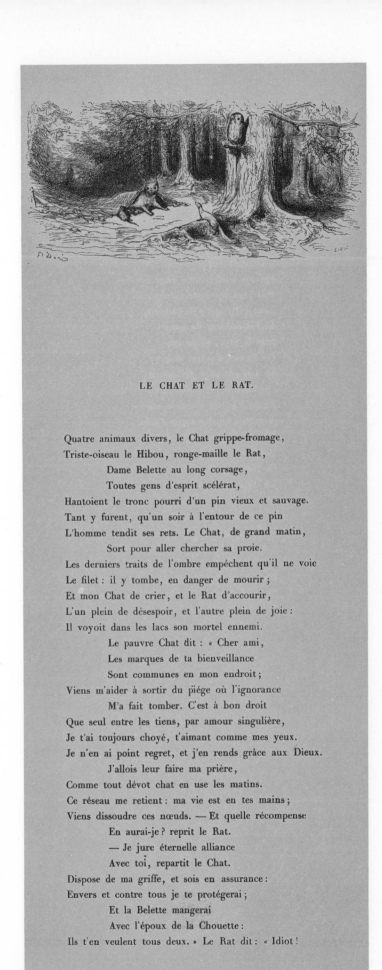

LE CHAT ET LE RAT.

Quatre animaux divers, le Chat grippe-fromage,
Triste-oiseau le Hibou, ronge-maille le Rat,
  Dame Belette au long corsage,
  Toutes gens d'esprit scélérat,
Hantoient le tronc pourri d'un pin vieux et sauvage.
Tant y furent, qu'un soir à l'entour de ce pin
L'homme tendit ses rets. Le Chat, de grand matin,
  Sort pour aller chercher sa proie.
Les derniers traits de l'ombre empêchent qu'il ne voie
Le filet : il y tombe, en danger de mourir ;
Et mon Chat de crier, et le Rat d'accourir,
L'un plein de désespoir, et l'autre plein de joie :
Il voyoit dans les lacs son mortel ennemi.
  Le pauvre Chat dit : « Cher ami,
  Les marques de ta bienveillance
  Sont communes en mon endroit ;
Viens m'aider à sortir du piége où l'ignorance
  M'a fait tomber. C'est à bon droit
Que seul entre les tiens, par amour singulière,
Je t'ai toujours choyé, t'aimant comme mes yeux.
Je n'en ai point regret, et j'en rends grâce aux Dieux.
  J'allois leur faire ma prière,
Comme tout dévot chat en use les matins.
Ce réseau me retient : ma vie est en tes mains ;
Viens dissoudre ces nœuds. — Et quelle récompense
  En aurai-je ? reprit le Rat.
  — Je jure éternelle alliance
  Avec toi, repartit le Chat.
Dispose de ma griffe, et sois en assurance :
Envers et contre tous je te protégerai ;
  Et la Belette mangerai
  Avec l'époux de la Chouette :
Ils t'en veulent tous deux. » Le Rat dit : « Idiot !

Moi ton libérateur ? je ne suis pas si sot. »
    Puis il s'en va vers sa retraite.
    La Belette étoit près du trou.
Le Rat grimpe plus haut ; il y voit le Hibou.
Dangers de toutes parts : le plus pressant l'emporte.
Ronge-maille retourne au Chat, et fait en sorte
Qu'il détache un chainon, puis un autre, et puis tant,
    Qu'il dégage enfin l'hypocrite.
    L'homme paroît en cet instant ;
Les nouveaux alliés prennent tous deux la fuite.
A quelque temps de là, notre Chat vit de loin
Son Rat qui se tenoit alerte et sur ses gardes :
« Ah ! mon frère, dit-il, viens m'embrasser ; ton soin
    Me fait injure ; tu regardes
    Comme ennemi ton allié.
    Penses-tu que j'aie oublié
    Qu'après Dieu je te dois la vie ?
— Et moi, reprit le Rat, penses-tu que j'oublie
    Ton naturel ? Aucun traité
Peut-il forcer un chat à la reconnoissance ?
    S'assure-t-on sur l'alliance
    Qu'a faite la nécessité ? »

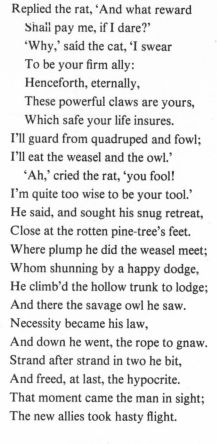

Replied the rat, 'And what reward
    Shall pay me, if I dare?'
    'Why,' said the cat, 'I swear
    To be your firm ally:
    Henceforth, eternally,
    These powerful claws are yours,
    Which safe your life insures.
I'll guard from quadruped and fowl;
I'll eat the weasel and the owl.'
    'Ah,' cried the rat, 'you fool!
I'm quite too wise to be your tool.'
He said, and sought his snug retreat,
Close at the rotten pine-tree's feet.
Where plump he did the weasel meet;
Whom shunning by a happy dodge,
He climb'd the hollow trunk to lodge;
And there the savage owl he saw.
Necessity became his law,
And down he went, the rope to gnaw.
Strand after strand in two he bit,
And freed, at last, the hypocrite.
That moment came the man in sight;
The new allies took hasty flight.

    A good while after that,
    Our liberated cat
    Espied her favourite rat,
Quite out of reach, and on his guard.
'My friend,' said she, 'I take your shyness hard;
    Your caution wrongs my gratitude;
    Approach, and greet your staunch ally.
    Do you suppose, dear rat, that I
Forget the solemn oath I mew'd?'
'Do I forget,' the rat replied,
'To what your nature is allied?
    To thankfulness, or even pity,
    Can cats be ever bound by treaty?'

    Alliance from necessity
    Is safe just while it has to be.

THE TORRENT AND THE RIVER.

With mighty rush and roar,
   Adown a mountain steep
A torrent tumbled, – swelling o'er
   Its rugged banks, – and bore
   Vast ruin in its sweep.
The traveller were surely rash
To brave its whirling, foaming dash,
But one, by robbers sorely press'd,
Its terrors haply put to test.
They were but threats of foam and sound,
The loudest where the least profound.
With courage from his safe success,
His foes continuing to press,
   He met a river in his course:
On stole its waters, calm and deep,
So silently they seem'd asleep,
All sweetly cradled, as I ween,
In sloping banks, and gravel clean, –
   They threaten'd neither man nor horse.
Both ventured; but the noble steed,
That saved from robbers by his speed,
From that deep water could not save;
Both went to drink the Stygian wave;
Both went to cross, (but not to swim,)
Where reigns a monarch stern and grim,
   Far other streams than ours.

Still men are men of dangerous powers;
Elsewhere, 'tis only ignorance that cowers.

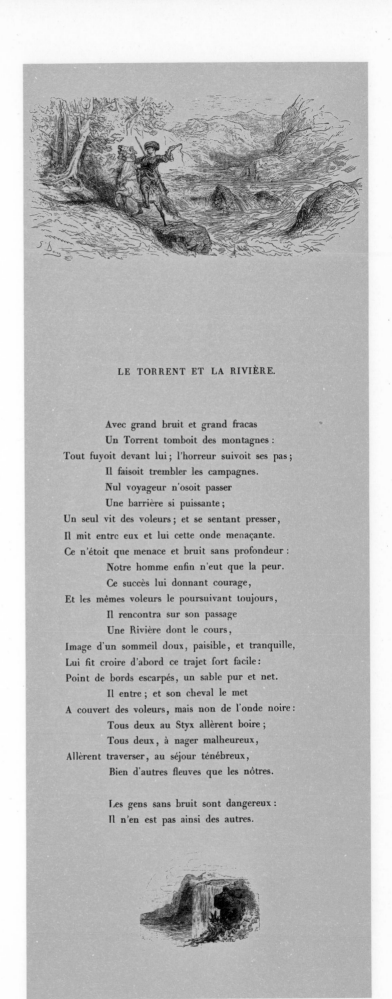

LE TORRENT ET LA RIVIÈRE.

Avec grand bruit et grand fracas
   Un Torrent tomboit des montagnes :
Tout fuyoit devant lui ; l'horreur suivoit ses pas ;
   Il faisoit trembler les campagnes.
   Nul voyageur n'osoit passer
   Une barrière si puissante ;
Un seul vit des voleurs ; et se sentant presser,
Il mit entre eux et lui cette onde menaçante.
Ce n'étoit que menace et bruit sans profondeur :
   Notre homme enfin n'eut que la peur.
   Ce succès lui donnant courage,
Et les mêmes voleurs le poursuivant toujours,
   Il rencontra sur son passage
   Une Rivière dont le cours,
Image d'un sommeil doux, paisible, et tranquille,
Lui fit croire d'abord ce trajet fort facile :
Point de bords escarpés, un sable pur et net.
   Il entre ; et son cheval le met
A couvert des voleurs, mais non de l'onde noire :
   Tous deux au Styx allèrent boire ;
   Tous deux, à nager malheureux,
Allèrent traverser, au séjour ténébreux,
   Bien d'autres fleuves que les nôtres.

   Les gens sans bruit sont dangereux :
   Il n'en est pas ainsi des autres.

EDUCATION.

Lapluck and Cæsar brothers were, descended
From dogs by Fame the most commended,
Who falling, in their puppyhood,
To different masters anciently,
One dwelt and hunted in the boundless wood;
From thieves the other kept a kitchen free.
At first, each had another name;
But, by their bringing up, it came,
While one improved upon his nature,
The other grew a sordid creature,
Till, by some scullion called Lapluck,
The name ungracious ever stuck.
To high exploits his brother grew,
Put many a stag at bay, and tore
Full many a trophy from the boar;
In short, him first, of all his crew,
The world as Cæsar knew;
And care was had, lest, by a baser mate,
His noble blood should e'er degenerate.
Not so with his neglected brother;
He made whatever came a mother;
And, by the laws of population,
His race became a countless nation –
The common turnspits throughout France –
Where danger is, they don't advance –
Precisely the antipodes
Of what we call the Cæsars, these!

Oft falls the son below his sire's estate:
Through want of care all things degenerate.
For lack of nursing Nature and her gifts.
What crowds from gods become mere kitchen-thrifts!

L'ÉDUCATION.

Laridon et César, frères dont l'origine
Venoit de chiens fameux, beaux, bien faits, et hardis,
A deux maitres divers échus au temps jadis,
Hantoient, l'un les forêts, et l'autre la cuisine.
Ils avoient eu d'abord chacun un autre nom ;
　　　Mais la diverse nourriture
Fortifiant en l'un cette heureuse nature,
En l'autre l'altérant, un certain marmiton
　　　Nomma celui-ci Laridon.
Son frère, ayant couru mainte haute aventure,
Mis maint cerf aux abois, maint sanglier abattu,
Fut le premier César que la gent chienne ait eu.
On eut soin d'empêcher qu'une indigne maitresse
Ne fit en ses enfants dégénérer son sang.
Laridon négligé témoignoit sa tendresse
　　　A l'objet le premier passant.
　　　Il peupla tout de son engeance :
Tourne-broches par lui rendus communs en France
Y font un corps à part, gens fuyants les hasards,
　　　Peuple antipode des Césars.

On ne suit pas toujours ses aïeux ni son père :
Le peu de soin, le temps, tout fait qu'on dégénère.
Faute de cultiver la nature et ses dons,
Oh ! combien de Césars deviendront Laridons !

LES DEUX CHIENS ET L'ANE MORT.

Les vertus devroient être sœurs,
  Ainsi que les vices sont frères.
Dès que l'un de ceux-ci s'empare de nos cœurs,
Tous viennent à la file; il ne s'en manque guères :
    J'entends de ceux qui, n'étant pas contraires,
      Peuvent loger sous même toit.
A l'égard des vertus, rarement on les voit
Toutes en un sujet éminemment placées
Se tenir par la main sans être dispersées.
L'un est vaillant, mais prompt; l'autre est prudent, mais froid.
Parmi les animaux, le Chien se pique d'être
      Soigneux, et fidèle à son maître;
      Mais il est sot, il est gourmand :
Témoin ces deux mâtins qui, dans l'éloignement,
Virent un Ane mort qui flottoit sur les ondes.
Le vent de plus en plus l'éloignoit de nos Chiens.
« Ami, dit l'un, tes yeux sont meilleurs que les miens :
Porte un peu tes regards sur ces plaines profondes;
J'y crois voir quelque chose. Est-ce un bœuf, un cheval?
      — Eh! qu'importe quel animal?
Dit l'un de ces mâtins; voilà toujours curée.
Le point est de l'avoir : car le trajet est grand;
Et de plus, il nous faut nager contre le vent.
Buvons toute cette eau; notre gorge altérée
En viendra bien à bout : ce corps demeurera
      Bientôt à sec, et ce sera
      Provision pour la semaine. »
Voilà mes Chiens à boire : ils perdirent l'haleine,
      Et puis la vie; ils firent tant
      Qu'on les vit crever à l'instant.

L'homme est ainsi bâti : quand un sujet l'enflamme,
L'impossibilité disparoit à son âme.

THE TWO DOGS AND THE
DEAD ASS.

The Virtues should be sisters, hand in hand,
Since banded brothers all the Vices stand:
    When one of these our hearts attacks,
      All come in file; there only lacks,
    From out the cluster, here and there,
A mate of some antagonizing pair,
That can't agree the common roof to share.
But all the Virtues, as a sisterhood,
Have scarcely ever in one subject stood.
    We find one brave, but passionate;
    Another prudent, but ingrate.
    Of beasts, the dog may claim to be
    The pattern of fidelity;
      But, for our teaching little wiser,
      He's both a fool and gormandiser.
For proof, I cite two mastiffs, that espied
A dead ass floating on a water wide.
    The distance growing more and more,
    Because the wind the carcass bore, —
    'My friend,' said one, 'your eyes are best;
    Pray let them on the water rest:
    What thing is that I seem to see?
    An ox, or horse? what can it be?'
    'Hey!' cried his mate; 'what matter which,
    Provided we could get a flitch?
    It doubtless is our lawful prey:
    The puzzle is to find some way
    To get the prize; for wide the space
    To swim, with wind against your face.
    Let's drink the flood; our thirsty throats
    Will gain the end as well as boats.
    The water swallow'd, by and bye
    We'll have the carcass, high and dry —
    Enough to last a week, at least.'
Both drank as some do at a feast;

Combien fait-il de vœux, combien perd-il de pas,
S'outrant pour acquérir des biens ou de la gloire !
         Si j'arrondissois mes États !
Si je pouvois remplir mes coffres de ducats !
Si j'apprenois l'hébreu, les sciences, l'histoire !
         Tout cela, c'est la mer à boire ;
         Mais rien à l'homme ne suffit.
Pour fournir aux projets que forme un seul esprit,
Il faudroit quatre corps ; encor, loin d'y suffire,
A mi-chemin je crois que tous demeureroient :
Quatre Mathusalems bout à bout ne pourroient
         Mettre à fin ce qu'un seul désire.

Their breath was quench'd before their thirst,
   And presently the creatures burst!

   And such is man. Whatever he
   May set his soul to do or be,
   To him is possibility.
     How many vows he makes!
     How many steps he takes!
   How does he strive, and pant, and strain,
   Fortune's or Glory's prize to gain!
If round my farm off well I must,
Or fill my coffers with the dust,
Or master Hebrew, science, history, –
I make my task to drink the sea.
One spirit's projects to fulfil,
Four bodies would require; and still
   The work would stop half done;
The lives of four Methuselahs,
Placed end to end for use, alas!
   Would not suffice the wants of one.

DEMOCRITUS AND THE
PEOPLE OF ABDERA.

How do I hate the tide of vulgar thought!
Profane, unjust, with childish folly fraught;
It breaks and bends the rays of truth divine,
And by its own conceptions measures mine.
 Famed Epicurus' master tried
 The power of this unstable tide.
 His country said the sage was mad —
  The simpeltons! But why?
 No prophet ever honour had
  Beneath his native sky.
 Democritus, in truth, was wise;
 The mass were made, with faith in lies.
  So far this error went,
  That all Abdera sent
  To old Hippocrates
  To cure the sad disease.
'Our townsman,' said the messengers,
Apropriately shedding tears,
'Hath lost his wits! Democritus,
By study spoil'd, is lost to us.
Were he but fill'd with ignorance,
We should esteem him less a dunce.
He saith that worlds like this exist,
An absolutely endless list, —
And peopled, even, it may be,
With countless hosts as wise as we!
But, not contented with such dreams,
His brain with viewless "atoms" teems,
Instinct with deathless life, it seems.
And, never stirring from the sod below,
 He weighs and measures all the stars;
  And, while he knows the universe,
   Himself he doth not know.
  Though now his lips he strictly bars,
   He once delighted to converse.

DÉMOCRITE ET LES ABDÉRITAINS.

Que j'ai toujours haï les pensers du vulgaire !
Qu'il me semble profane, injuste, et téméraire,
Mettant de faux milieux entre la chose et lui,
Et mesurant par soi ce qu'il voit en autrui !

Le maître d'Épicure en fit l'apprentissage.
Son pays le crut fou. Petits esprits ! Mais quoi !
  Aucun n'est prophète chez soi.
Ces gens étoient les fous, Démocrite, le sage.
L'erreur alla si loin qu'Abdère députa
  Vers Hippocrate, et l'invita,
  Par lettres et par ambassade,
A venir rétablir la raison du malade.
« Notre concitoyen, disoient-ils en pleurant,
Perd l'esprit : la lecture a gâté Démocrite.
Nous l'estimerions plus s'il étoit ignorant.
« Aucun nombre, dit-il, les mondes ne limite :
  « Peut-être même ils sont remplis
  « De Démocrites infinis. »
Non content de ce songe, il y joint les atomes,
Enfants d'un cerveau creux, invisibles fantômes ;
Et, mesurant les cieux sans bouger d'ici-bas,
Il connoit l'Univers, et ne se connoit pas.
Un temps fut qu'il savoit accorder les débats :
  Maintenant il parle à lui-même.
Venez, divin mortel ; sa folie est extrême. »
Hippocrate n'eut pas trop de foi pour ces gens ;
Cependant il partit. Et voyez, je vous prie,
  Quelles rencontres dans la vie
Le sort cause ! Hippocrate arriva dans le temps
Que celui qu'on disoit n'avoir raison ni sens
  Cherchoit dans l'homme et dans la bête
Quel siége a la raison, soit le cœur, soit la tête.

Sous un ombrage épais, assis près d'un ruisseau,
  Les labyrinthes d'un cerveau
L'occupoient. Il avoit à ses pieds maint volume,
Et ne vit presque pas son ami s'avancer,
  Attaché selon sa coutume.
Leur compliment fut court, ainsi qu'on peut penser :
Le sage est ménager du temps et des paroles.
Ayant donc mis à part les entretiens frivoles,
Et beaucoup raisonné sur l'homme et sur l'esprit,
  Ils tombèrent sur la morale.
  Il n'est pas besoin que j'étale
  Tout ce que l'un et l'autre dit.
  Le récit précédent suffit
Pour montrer que le peuple est juge récusable.
  En quel sens est donc véritable
  Ce que j'ai lu dans certain lieu,
  Que sa voix est la voix de Dieu ?

Come, godlike mortal, try thy art divine
Where traits of worst insanity combine!'
  Small faith the great physician lent,
But still, perhaps more readily, he went.
    And mark what meetings strange
  Chance causes in this world of change!
    Hippocrates arrived in season,
    Just as his patient (void of reason!)
  Was searching whether reason's home,
  In talking animals and dumb,
  Be in the head, or in the heart,
  Or in some other local part.
  All calmly seated in the shade,
  Where brooks their softest music made,
  He traced, with study most insane,
  The convolutions of a brain;
  And at his feet lay many a scroll —
  The works of sages on the soul.
  Indeed, so much absorb'd was he,
  His friend, at first, he did not see.
  A pair so admirably match'd,
  Their compliments erelong despatch'd.
  In time and talk, as well as dress,
  The wise are frugal, I confess.
  Dismissing trifles, they began
  At once with eagerness to scan
  The life, and soul, and laws of man;
Nor stopp'd till they had travell'd o'er all
The ground, from physical to moral.
    My time and space would fail
    To give the full detail.

  But I have said enough to show
  How little 'tis the people know.
  How true, then, goes the saw abroad —
  Their voice is but the voice of God?

THE WOLF AND THE HUNTER.

Thou lust of gain, – foul fiend, whose evil eyes
Regard as nought the blessings of the skies,
Must I for ever battle thee in vain?
  How long demandest thou to gain
  The meaning of my lessons plain?
  Will constant getting never cloy?
  Will man ne'er slacken to enjoy?
  Haste, friend; thou hast not long to live:
    Let me the precious word repeat,
    And listen to it, I entreat;
    A richer lesson none can give –
The sovereign antidote for sorrow –
ENJOY! – 'I will.' – But when? – 'To-morrow. –'
    Ah! death may take you on the way,
    Why not enjoy, I ask, to-day?
    Lest envious fate your hopes ingulf,
As once it served the hunter and the wolf.

    The former, with his fatal bow,
    A noble deer had laid full low:
    A fawn approach'd, and quickly lay
      Companion of the dead,
      For side by side they bled.
    Could one have wished a richer prey?
    Such luck had been enough to sate
    A hunter wise and moderate.
Meantime a boar, as big as e'er was taken,
Our archer tempted, proud, and fond of bacon.
    Another candidate for Styx,
    Struck by his arrow, foams and kicks.
    But strangely do the shears of Fate
    To cut his cable hesitate.
    Alive, yet dying, there he lies,
    A glorious and a dangerous prize.
    And was not this enough? Not quite,
    To fill a conqueror's appetite;
    For, ere the boar was dead, he spied

LE LOUP ET LE CHASSEUR.

Fureur d'accumuler, monstre de qui les yeux
Regardent comme un point tous les bienfaits des Dieux,
Te combattrai-je en vain sans cesse en cet ouvrage?
Quel temps demandes-tu pour suivre mes leçons?
L'homme, sourd à ma voix comme à celle du sage,
Ne dira-t-il jamais : « C'est assez, jouissons?
— Hâte-toi, mon ami, tu n'as pas tant à vivre.
Je te rebats ce mot; car il vaut tout un livre :
Jouis. — Je le ferai. — Mais quand donc? — Dès demain.
— Eh! mon ami, la mort te peut prendre en chemin :
Jouis dès aujourd'hui; redoute un sort semblable
A celui du Chasseur et du Loup de ma fable. »

Le premier de son arc avoit mis bas un daim.
Un faon de biche passe, et le voilà soudain
Compagnon du défunt : tous deux gisent sur l'herbe.
La proie étoit honnête, un daim avec un fan;
Tout modeste chasseur en eût été content :
Cependant un sanglier, monstre énorme et superbe,
Tente encor notre archer, friand de tels morceaux.
Autre habitant du Styx : la Parque et ses ciseaux
Avec peine y mordoient; la Déesse infernale
Reprit à plusieurs fois l'heure au monstre fatale.
De la force du coup pourtant il s'abattit.
C'étoit assez de biens. Mais quoi! rien ne remplit
Les vastes appétits d'un faiseur de conquêtes.
Dans le temps que le porc revient à soi, l'Archer
Voit le long d'un sillon une perdrix marcher;
    Surcroit chétif aux autres têtes :
De son arc toutefois il bande les ressorts.
Le sanglier, rappelant les restes de sa vie,
Vient à lui, le découd, meurt vengé sur son corps,
    Et la perdrix le remercie.

A partridge by a furrow's side –
A trifle to his other game.
   Once more his bow he drew;
The desperate boar upon him came,
   And in his dying vengeance slew:
   The partridge thank'd him as she flew.

Thus much is to the covetous address'd;
   The miserly shall have the rest.

A wolf, in passing, saw that woeful sight.
'O Fortune,' cried the savage, with delight,
   'A fane to thee I'll build outright!
   Four carcasses! how rich! But spare –
   I'll make them last – such luck is rare,'
   (The miser's everlasting plea.)
   'They'll last a month, for – let me see –
One, two, three, four – the weeks are four,
If I can count – and some days more.
         Well, two days hence
         And I'll commence.
Meantime, the string upon this bow
   I'll stint myself to eat;
For by its mutton-smell I know
   'Tis made of entrails sweet.'
His entrails rued the fatal weapon,
Which, while he heedlessly did step on,
The arrow pierced his bowels deep,
And laid him lifeless on the heap.

Hark, stingy souls! insatiate leeches!
Our text this solemn duty teaches, –
Enjoy the present; do not wait
To share the wolf's or hunter's fate.

Cette part du récit s'adresse au Convoiteux;
L'Avare aura pour lui le reste de l'exemple.

Un Loup vit en passant ce spectacle piteux :
« O Fortune! dit-il, je te promets un temple.
Quatre corps étendus! que de biens! mais pourtant
Il faut les ménager, ces rencontres sont rares.
         (Ainsi s'excusent les avares.)
J'en aurai, dit le Loup, pour un mois, pour autant :
Un, deux, trois, quatre corps; ce sont quatre semaines,
         Si je sais compter, toutes pleines.
Commençons dans deux jours; et mangeons cependant
La corde de cet arc : il faut que l'on l'ait faite
De vrai boyau; l'odeur me le témoigne assez. »
         En disant ces mots, il se jette
Sur l'arc qui se détend, et fait de la sagette
Un nouveau mort : mon Loup a les boyaux percés.

Je reviens à mon texte. Il faut que l'on jouisse;
Témoin ces deux gloutons punis d'un sort commun :
         La convoitise perdit l'un;
         L'autre périt par l'avarice.

LE GLAND ET LA CITROUILLE.

Dieu fait bien ce qu'il fait. Sans en chercher la preuve
En tout cet Univers, et l'aller parcourant,
 Dans les citrouilles je la treuve.

  Un villageois, considérant
Combien ce fruit est gros et sa tige menue :
« A quoi songeoit, dit-il, l'auteur de tout cela ?
Il a bien mal placé cette citrouille-là.
  Eh parbleu ! je l'aurois pendue
  A l'un des chênes que voilà ;
  C'eût été justement l'affaire :
  Tel fruit, tel arbre, pour bien faire.
C'est dommage, Garo, que tu n'es point entré
Au conseil de Celui que prêche ton curé ;
Tout en eût été mieux : car pourquoi, par exemple,
Le gland, qui n'est pas gros comme mon petit doigt,
  Ne pend-il pas en cet endroit ?
  Dieu s'est mépris : plus je contemple
Ces fruits ainsi placés, plus il semble à Garo
  Que l'on a fait un quiproquo. »
Cette réflexion embarrassant notre homme :
« On ne dort point, dit-il, quand on a tant d'esprit. »
Sous un chêne aussitôt il va prendre son somme.
Un gland tombe : le nez du dormeur en pâtit.
Il s'éveille ; et, portant la main sur son visage,
Il trouve encor le gland pris au poil du menton.
Son nez meurtri le force à changer de langage.
« Oh ! oh ! dit-il, je saigne ! et que seroit-ce donc
S'il fût tombé de l'arbre une masse plus lourde,
  Et que ce gland eût été gourde ?
Dieu ne l'a pas voulu : sans doute il eut raison ;
  J'en vois bien à présent la cause. »
  En louant Dieu de toute chose
  Garo retourne à la maison.

THE ACORN AND THE
PUMPKIN.

God's works are good. This truth to prove
Around the world I need not move;
 I do it by the nearest pumpkin.
'This fruit so large, on vie so small,'
 Surveying once, exclaim'd a bumpkin—
'What could He mean who made us all?
He's left this pumpkin out of place.
If I had order'd in the case,
Upon that oak it should have hung—
A noble fruit as ever swung
To grace a tree so firm and strong.
Indeed, it was a great mistake,
  As this discovery teaches,
That I myself did not partake
His counsels whom my curate preaches.
All things had then in order come;
 This acorn, for example,
  Not bigger than my thumb,
Had not disgraced a tree so ample.
The more I think, the more I wonder
 To see outraged proportion's laws.
 And that without the slightest cause;
God surely made an awkward blunder.'
 With such reflections proudly fraught,
 Our sage grew tired of mighty thought,
 And threw himself on Nature's lap,
 Beneath an oak, to take his nap.
 Plump on his nose, by lucky hap,
 An acorn fell: he waked, and in
 The matted beard that graced his chin,
 He found the cause of such a bruise
 As made him different language use.
'O! O!' he cried; 'I bleed! I bleed!
And this is what has done the deed!
But, truly, what had been my fate,
Had this had half a pumpkin's weight!
I see that God had reasons good,
And all his works well understood.'
Thus home he went in humbler mood.

THE SCULPTOR AND THE
STATUE OF JUPITER.

A block of marble was so fine,
    To buy it did a sculptor hasten.
'What shall my chisel, now 'tis mine –
    A god, a table, or a basin?'

'A god,' said he, 'the thing shall be;
    I'll arm it, too, with thunder.
Let people quake, and bow the knee
    With reverential wonder.'

So well the cunning artist wrought
    All things within a mortal's reach,
That soon the marble wanted nought
    Of being Jupiter, but speech.

Indeed, the man whose skill did make
    Had scarcely laid his chisel down,
Before himself began to quake,
    And fear his manufacture's frown.

And even this excess of faith
    The poet once scarce fell behind,
The hatred fearing, and the wrath,
    Of gods the product of his mind.

This trait we see in infancy
    Between the baby and its doll,
Of wax or china, it may be –
    A pocket stuff'd, or folded shawl.

Imagination rules the heart:
    And here we find the fountain head
From whence the pagan errors start,
    That o'er the teeming nations spread.

With violent and flaming zeal,
    Each takes his own chimera's part;
Pygmalion doth a passion feel
    For Venus chisel'd by his art.

All men, as far as in them lies,
    Create realities of dreams.
To truth our nature proves but ice;
    To falsehood, fire it seems.

FABLE VI.

LE STATUAIRE ET LA STATUE DE JUPITER.

Un bloc de marbre étoit si beau
Qu'un statuaire en fit l'emplette.
« Qu'en fera, dit-il, mon ciseau?
Sera-t-il dieu, table, ou cuvette?

Il sera dieu; même je veux
Qu'il ait en sa main un tonnerre.
Tremblez, humains! faites des vœux:
Voilà le Maître de la terre. »

L'artisan exprima si bien
Le caractère de l'idole,
Qu'on trouva qu'il ne manquoit rien
A Jupiter que la parole:

Même l'on dit que l'ouvrier
Eut à peine achevé l'image,
Qu'on le vit frémir le premier,
Et redouter son propre ouvrage.

A la foiblesse du sculpteur
Le poëte autrefois n'en dut guère,
Des Dieux dont il fut l'inventeur
Craignant la haine et la colère.

Il étoit enfant en ceci;
Les enfants n'ont l'âme occupée
Que du continuel souci
Qu'on ne fâche point leur poupée.

Le cœur suit aisément l'esprit:
De cette source est descendue
L'erreur païenne, qui se vit
Chez tant de peuples répandue.

Ils embrassoient violemment
Les intérêts de leur chimère:
Pygmalion devint amant
De la Vénus dont il fut père.

Chacun tourne en réalités,
Autant qu'il peut, ses propres songes:
L'homme est de glace aux vérités;
Il est de feu pour les mensonges.

THE OYSTER AND THE LITIGANTS.

L'HUITRE ET LES PLAIDEURS.

Un jour deux pèlerins sur le sable rencontrent
Une Huître, que le flot y venoit d'apporter :
Ils l'avalent des yeux, du doigt ils se la montrent ;
A l'égard de la dent il fallut contester.
L'un se baissoit déjà pour amasser la proie ;
L'autre le pousse, et dit : « Il est bon de savoir
        Qui de nous en aura la joie.
Celui qui le premier a pu l'apercevoir
En sera le gobeur ; l'autre le verra faire.
        — Si par là l'on juge l'affaire,
Reprit son compagnon, j'ai l'œil bon, Dieu merci.
        — Je ne l'ai pas mauvais aussi,
Dit l'autre ; et je l'ai vue avant vous, sur ma vie.
— Hé bien ! vous l'avez vue ; et moi je l'ai sentie. »
        Pendant tout ce bel incident,
Perrin Dandin arrive : ils le prennent pour juge.
Perrin, fort gravement, ouvre l'Huître, et la gruge,
        Nos deux messieurs le regardant.
Ce repas fait, il dit d'un ton de président :
« Tenez, la cour vous donne à chacun une écaille
Sans dépens ; et qu'en paix chacun chez soi s'en aille. »

Mettez ce qu'il en coûte à plaider aujourd'hui ;
Comptez ce qu'il en reste à beaucoup de familles :
Vous verrez que Perrin tire l'argent à lui,
Et ne laisse aux plaideurs que le sac et les quilles.

Two pilgrims on the sand espied
An oyster thrown up by the tide.
In hope, both swallow'd ocean's fruit;
But ere the fact there came dispute.
While one stoop'd down to take the prey,
The other push'd him quite away.
        Said he, ' 'Twere rather meet
        To settle which shall eat.
Why, he who first the oyster saw
Should be its eater, by the law;
The other should but see him do it.'
Replied his mate, 'If thus you view it,
Thank God the lucky eye is mine.'
'But I've an eye not worse than thine,'
The other cried, 'and will be cursed,
If, too, I didn't see it first.'
'You saw it, did you? Grant it true,
I saw it then, and felt it too.'
        Amidst this sweet affair,
        Arrived a person very big,
        Ycleped Sir Nincom Periwig.
They made him judge, — to set the matter square.
        Sir Nincom, with a solemn face,
        Took up the oyster and the case:
        In opening both, the first he swallow'd,
        And, in due time, his judgment follow'd.
'Attend: the court awards you each a shell
Cost free; depart in peace, and use them well.'
        Foot up the cost of suits at law,
        The leavings reckon and awards,
The cash you'll see Sir Nincom draw,
And leave the parties — purse and cards.

NOTHING TOO MUCH.

RIEN DE TROP.

Je ne vois point de créature
Se comporter modérément.
Il est certain tempérament
Que le Maitre de la nature
Veut que l'on garde en tout. Le fait-on? nullement :
Soit en bien, soit en mal, cela n'arrive guère.
Le blé, riche présent de la blonde Cérès,
Trop touffu bien souvent épuise les guérets :
En superfluités s'épandant d'ordinaire,
    Et poussant trop abondamment,
    Il ôte à son fruit l'aliment.
L'arbre n'en fait pas moins; tant le luxe sait plaire !
Pour corriger le blé, Dieu permit aux moutons
De retrancher l'excès des prodigues moissons :
    Tout au travers ils se jetèrent,
    Gâtèrent tout, et tout broutèrent ;
    Tant que le ciel permit aux loups
D'en croquer quelques-uns : ils les croquèrent tous ;
S'ils ne le firent pas, du moins ils y tâchèrent.
    Puis le ciel permit aux humains
De punir ces derniers : les humains abusèrent
    A leur tour des ordres divins.

De tous les animaux l'homme a le plus de pente
    A se porter dedans l'excès.
    Il faudroit faire le procès
Aux petits comme aux grands. Il n'est âme vivante
Qui ne pèche en ceci. Rien de trop est un point
Dont on parle sans cesse, et qu'on n'observe point.

Look where we will throughout creation,
We look in vain for moderation.
There is a certain golden mean,
Which Nature's sovereign Lord, I ween,
Design'd the path of all forever.
    Doth one pursue it? Never.
E'en things which by their nature bless,
Are turn'd to curses by excess.

The grain, best gift of Ceres fair,
Green waving in the genial air,
By overgrowth exhausts the soil;
    By superfluity of leaves
    Defrauds the treasure of its sheaves,
And mocks the busy farmer's toil.
Not less redundant is the tree,
So sweet a thing is luxury.
The grain within due bounds to keep,
Their Maker licenses the sheep
The leaves excessive to retrench.
    In troops they spread across the plain,
    And, nibbling down the hapless grain,
Contrive to spoil it, root and branch.
    So, then, with licence from on high,
The wolves are sent on sheep to prey;
The whole the greedy gluttons slay;
    Or, if they don't, they try.

Next, men are sent on wolves to take
    The vengeance now condign:
In turn the same abuse they make
    Of this behest divine.

Of animals, the human kind
Are to excess the most inclined.
On low and high we make the charge, –
Indeed, upon the race at large.
There liveth not the soul select
That sinneth not in this respect.
Of "Nought too much," the fact is,
All preach the truth, – none practise.

WAX-CANDLE.

From bowers of gods the bees came down to man.
　　On Mount Hymettus, first, they say,
　　They made their home, and stored away
　　The treasures which the zephyrs fan.
When men had robb'd these daughters of the sky,
And left their palaces of nectar dry, —
　　Or, as in French the thing's explain'd
　　When hives were of their honey drain'd —
　　The spoilers 'gan the wax to handle,
　　And fashion'd from it many a candle.
Of these, one seeing clay, made brick by fire,
Remain uninjured by the teeth of time,
　　Was kindled into great desire
　　　For immortality sublime.
And so this new Empedocles
Upon the blazing pile one sees,
Self-doom'd by purest folly
To fate so melancholy.
The candle lack'd philosophy:
All things are made diverse to be.
To wander from our destined tracks —
　There cannot be a vainer wish;
But this Empedocles of wax,
　That melted in the chafing-dish,
Was truly not a greater fool
Than he of whom we read at school.

LE CIERGE.

C'est du séjour des Dieux que les abeilles viennent.
Les premières, dit-on, s'en allèrent loger
　　　　Au mont Hymette, et se gorger
Des trésors qu'en ce lieu les zéphyrs entretiennent.
Quand on eut des palais de ces filles du ciel
Enlevé l'ambroisie en leurs chambres enclose,
　　　　Ou, pour dire en françois la chose,
　　　　Après que les ruches sans miel
N'eurent plus que la cire, on fit mainte bougie,
　　　　Maint cierge aussi fut façonné.
Un d'eux voyant la terre en brique au feu durcie
Vaincre l'effort des ans, il eut la même envie;
Et, nouvel Empédocle aux flammes condamné
　　　　Par sa propre et pure folie,
Il se lança dedans. Ce fut mal raisonné :
Ce Cierge ne savoit grain de philosophie.

Tout en tout est divers : ôtez-vous de l'esprit
Qu'aucun être ait été composé sur le vôtre.
L'Empédocle de cire au brasier se fondit :
　　　　Il n'étoit pas plus fou que l'autre.

JUPITER ET LE PASSAGER.

Oh! combien le péril enrichiroit les Dieux,
Si nous nous souvenions des vœux qu'il nous fait faire!
Mais, le péril passé, l'on ne se souvient guère
    De ce qu'on a promis aux cieux;
On compte seulement ce qu'on doit à la terre.
« Jupiter, dit l'impie, est un bon créancier;
    Il ne se sert jamais d'huissier.
    — Eh! qu'est-ce donc que le tonnerre?
Comment appelez-vous ces avertissements? »

    Un Passager, pendant l'orage,
Avoit voué cent bœufs au vainqueur des Titans.
Il n'en avoit pas un: vouer cent éléphants
    N'auroit pas coûté davantage.
Il brûla quelques os quand il fut au rivage:
Au nez de Jupiter la fumée en monta.
« Sire Jupin, dit-il, prends mon vœu; le voilà:
C'est un parfum de bœuf que Ta Grandeur respire.
La fumée est ta part: je ne te dois plus rien. »
    Jupiter fit semblant de rire;
Mais, après quelques jours, le dieu l'attrapa bien,
    Envoyant un songe lui dire
Qu'un tel trésor étoit en tel lieu. L'homme au vœu
    Courut au trésor comme au feu.
Il trouva des voleurs; et, n'ayant dans sa bourse
    Qu'un écu pour toute ressource,
    Il leur promit cent talents d'or,
    Bien comptés, et d'un tel trésor:
On l'avoit enterré dedans telle bourgade.
L'endroit parut suspect aux voleurs; de façon
Qu'à notre prometteur l'un dit: « Mon camarade,
Tu te moques de nous; meurs, et va chez Pluton
    Porter tes cent talents en don. »

JUPITER AND THE PASSENGER.

How danger would the gods enrich,
If we the vows remember'd which
It drives us to! But, danger past,
Kind Providence is paid the last.
No earthly debt is treated so.
'Now, Jove,' the wretch exclaims, 'will wait;
He sends no sheriff to one's gate,
    Like creditors below;'
    But, let me ask the dolt,
    What means the thunderbolt?

A passenger, endanger'd by the sea,
    Had vow'd a hundred oxen good
    To him who quell'd old Terra's brood.
He had not one: as well might be
Have vow'd a hundred elephants.
Arrived on shore, his good intents
    Were dwindled to the smoke which rose
    An offering merely for the nose,
    From half a dozen beefless bones.
'Great Jove,' said he, 'behold my vow!
The fumes of beef thou breathest now
    Are all they godship ever owns:
From debt I therefore stand acquitted.'
With seeming smile, the god submitted,
    But not long after caught him well,
    By sending him a dream, to tell
    Of treasure hid. Off ran the liar,
    As if to quench a house on fire,
And on a band of robbers fell.
As but a crown he had that day,
    He promised them of sterling gold
    A hundred talents truly told;
    Directing where conceal'd they lay,
    In such a village on their way.
The rogues so much the tale suspected,
    Said one, 'If we should suffer you to,
You'd cheaply get us all detected;
    Go, then, and bear your gold to Pluto.'

THE MONKEY AND THE CAT.

Sly Bertrand and Ratto in company sat,
(The one was a monkey, the other a cat,)
    Co-servants and lodgers:
    More mischievous codgers
Ne'er mess'd from a platter, since platters were flat.
Was anything wrong in the house or about it,
The neighbours were blameless, – no mortal could
        doubt it;
For Bertrand was thievish, and Ratto so nice,
More attentive to cheese than he was to the mice.
One day the two plunderers sat by the fire,
Where chestnuts were roasting, with looks of desire.
To steal them would be a right noble affair.
A double inducement our heroes drew there –
'Twould benefit them, could they swallow their fill,
And then 'twould occasion to somebody ill.
Said Bertrand to Ratto, 'My brother, to-day
Exhibit your powers in a masterly way,
    And take me these chestnuts, I pray.
    Which were I but otherwise fitted
    (As I am ingeniously witted)
    For pulling things out of the flame,
    Would stand but a pitiful game.'
' 'Tis done,' replied Ratto, all prompt to obey;
And thrust out his paw in a delicate way.
    First giving the ashes a scratch,
    He open'd the coveted batch;
    Then lightly and quickly impinging,
    He drew out, in spite of the singeing,
One after another, the chestnuts at last, –
While Bertrand contrived to devour them as fast.
    A servant girl enters. Adieu to the fun.
    Our Ratto was hardly contented, says one. –

    No more are the princes, by flattery paid
    For furnishing help in a different trade,
      And burning their fingers to bring
      More power to some mightier king.

LE SINGE ET LE CHAT.

Bertrand avec Raton, l'un singe et l'autre chat,
Commensaux d'un logis, avoient un commun maître.
D'animaux malfaisants c'étoit un très-bon plat :
Ils n'y craignoient tous deux aucun, quel qu'il pût être.
Trouvoit-on quelque chose au logis de gâté ?
L'on ne s'en prenoit point aux gens du voisinage :
Bertrand déroboit tout ; Raton, de son côté,
Etoit moins attentif aux souris qu'au fromage.
Un jour, au coin du feu, nos deux maîtres fripons
    Regardoient rôtir des marrons.
Les escroquer étoit une très-bonne affaire :
Nos galands y voyoient double profit à faire ;
Leur bien premièrement, et puis le mal d'autrui.
Bertrand dit à Raton : « Frère, il faut aujourd'hui
    Que tu fasses un coup de maître ;
Tire-moi ces marrons. Si Dieu m'avoit fait naître
    Propre à tirer marrons du feu,
    Certes marrons verroient beau jeu. »
Aussitôt fait que dit : Raton, avec sa patte,
    D'une manière délicate,
Ecarte un peu la cendre, et retire les doigts,
    Puis les reporte à plusieurs fois,
Tire un marron, puis deux, et puis trois en escroque ;
    Et cependant Bertrand les croque.
Une servante vient : adieu mes gens. Raton
    N'étoit pas content, ce dit-on.

Ainsi ne le sont pas la plupart de ces princes
    Qui, flattés d'un pareil emploi,
    Vont s'échauder en des provinces
    Pour le profit de quelque roi.

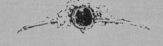

THE KITE AND THE NIGHTINGALE.

A noted thief, the kite,
Had set a neighbourhood in fright,
And raised the clamorous noise
Of all the village boys,
When, by misfortune, – sad to say, –
A nightingale fell in his way.
Spring's herald begg'd him not to eat
A bird for music – not for meat.
'O spare!' cried she, 'and I'll relate
The crime of Tereus and his fate.' –
'What's Tereus? Is it food for kites?' –
'No, but a king, of female rights
The villain spoiler, whom I taught
A lesson with repentance fraught;
And, should it please you not to kill,
  My song about his fall
Your very heart shall thrill,
  As it, indeed, does all.' –
Replied the kite, a 'pretty thing!
When I am faint and famishing,
To let you go, and hear you sing?' –
'Ah, but I entertain the king!' –
'Well, when he takes you, let him hear
  Your tale, full wonderful, no doubt;
  For me, a kite, I'll go without.
An empty stomach hath no ear.

LE MILAN ET LE ROSSIGNOL.

Après que le Milan, manifeste voleur,
Eut répandu l'alarme en tout le voisinage,
Et fait crier sur lui les enfants du village,
Un Rossignol tomba dans ses mains par malheur.
Le héraut du printemps lui demande la vie.
« Aussi bien, que manger en qui n'a que le son?
    Écoutez plutôt ma chanson:
Je vous raconterai Térée et son envie.
— Qui, Térée? est-ce un mets propre pour les milans?
— Non pas; c'étoit un roi dont les feux violents
Me firent ressentir leur ardeur criminelle.
Je m'en vais vous en dire une chanson si belle
Qu'elle vous ravira: mon chant plaît à chacun. »
    Le Milan alors lui réplique:
« Vraiment; nous voici bien! lorsque je suis à jeun,
    Tu me viens parler de musique.
— J'en parle bien aux rois. — Quand un roi te prendra,
    Tu peux lui conter ces merveilles:
    Pour un milan, il s'en rira.
    Ventre affamé n'a point d'oreilles. »

Il n'étoit point d'étang dans tout le voisinage
Qu'un Cormoran n'eût mis à contribution :
Viviers et réservoirs lui payoient pension.
Sa cuisine alloit bien : mais, lorsque le long âge
     Eut glacé le pauvre animal,
     La même cuisine alla mal.
Tout cormoran se sert de pourvoyeur lui-même.
Le nôtre, un peu trop vieux pour voir au fond des eaux,
     N'ayant ni filets ni réseaux,
     Souffroit une disette extrême.
Que fit-il? Le besoin, docteur en stratagème,
Lui fournit celui-ci. Sur le bord d'un étang
     Cormoran vit une écrevisse.
« Ma commère, dit-il, allez tout à l'instant
     Porter un avis important
     A ce peuple : il faut qu'il périsse;
Le maître de ce lieu dans huit jours pêchera. »
     L'Écrevisse en hâte s'en va
     Conter le cas. Grande est l'émute,
     On court, on s'assemble, on députe
     A l'oiseau : « Seigneur Cormoran,
D'où vous vient cet avis? Quel est votre garant?
     Êtes-vous sûr de cette affaire?
N'y savez-vous remède? Et qu'est-il bon de faire?
— Changer de lieu, dit-il. — Comment le ferons-nous?
— N'en soyez point en soin : je vous porterai tous,
     L'un après l'autre, en ma retraite.
Nul que Dieu seul et moi n'en connoit les chemins :
     Il n'est demeure plus secrète.
Un vivier que Nature y creusa de ses mains,
     Inconnu des traîtres humains,
     Sauvera votre république. »
On le crut. Le peuple aquatique

THE FISHES AND THE
CORMORANT.

No pond nor pool within his haunt
     But paid a certain cormorant
Its contribution from its fishes,
And stock'd his kitchen with good dishes.
     Yet, when old age the bird had chill'd,
     His kitchen was less amply fill'd.
All cormorants, however grey,
Must die, or for themselves purvey.
But ours had now become so blind,
His finny prey he could not find;
And, having neither hook nor net,
His appetite was poorly met.
What hope, with famine thus infested?
     Necessity, whom history mentions,
     A famous mother of inventions,
The following stratagem suggested:
He found upon the water's brink
A crab, to which said he, 'My friend,
A weighty errand let me send:
     Go quicker than a wink—
     Down to the fishes sink,
And tell them they are doom'd to die;
For, ere eight days have hasten'd by,
Its lord will fish this water dry.'
The crab, as fast as she could scrabble,
Went down, and told the scaly rabble.
What busling, gathering, agitation!
Straight up they send a deputation
To wait upon the ancient bird.
'Sir Cormorant, whence hast thou heard
     This dreadful news? And what
Assurance of it hast thou got?
How such a danger can we shun?
Pray tell us, what is to be done?'
'Why, change your dwelling-place,' said he,

L'un après l'autre fut porté
Sous ce rocher peu fréquenté.
Là, Cormoran le bon apôtre,
Les ayant mis en un endroit
Transparent, peu creux, fort étroit,
Vous les prenoit sans peine, un jour l'un, un jour l'autre;
Il leur apprit à leurs dépens
Que l'on ne doit jamais avoir de confiance
En ceux qui sont mangeurs de gens.
Ils y perdirent peu, puisque l'humaine engeance
En auroit aussi bien croqué sa bonne part.

Qu'importe qui vous mange, homme ou loup? toute panse
Me paroit une à cet égard :
Un jour plus tôt, un jour plus tard,
Ce n'est pas grande différence.

'What, change our dwelling! How can we?'
'O, by your leave, I'll take that care,
And, one by one, in safety bear
    You all to my retreat:
        The path's unknown
            To any feet,
        Except my own.
A pool, scoop'd out by Nature's hands,
Amidst the desert rocks and sands,
Where human traitors never come,
Shall save your people from their doom.'
The fish republic swallow'd all,
And, coming at the fellow's call,
Were singly borne away to stock
A pond beneath a lonely rock;
And there good prophet cormorant,
    Proprietor and bailiff sole,
    From narrow water, clear and shoal,
With ease supplied his daily want,
And taught them, at their own expense,
That heads well stored with common sense
Give no devourers confidence.—
Still did the change not hurt their case,
Since, had they staid, the human race,
Successful by pernicious art,
Would have consumed as large a part.
What matters who your flesh devours,
Of human or of bestial powers?
In this respect, or wild or tame,
All stomachs seem to me the same:
The odds is small, in point of sorrow,
Of death today, or death to-morrow.

THE SPIDER AND THE SWALLOW.

'O Jupiter, whose fruitful brain,
By odd obstetrics freed from pain,
Bore Pallas, erst my mortal foe,
   Pray listen to my tale of woe.
This Progne takes my lawful prey.
As through the air she cuts her way,
And skims the waves in seeming play.
My flies she catches from my door,–
   Yes, *mine*–I emphasize the word,–
   And, but for this accursed bird,
My net would hold an ample store:
For I have woven it of stuff
To hold the strongest strong enough.'
'Twas thus, in terms of insolence,
Complain'd the fretful spider, once
   Of palace-tapestry a weaver,
   But then a spinster and deciever,
That hoped within her toils to bring
Of insects all that ply the wing.
The sister swift of Philomel,
Intent on business, prosper'd well;
In spite of the complaining pest,
The insects carried to her nest–
Nest pitiless to suffering flies–
Mouths gaping aye, to gormandize,
  Of young ones clamouring,
      And stammering,
   With unintelligible cries.
   The spider, with but head and feet.
    And powerless to compete
    With wings so fleet,
    Soon saw herself a prey.
   The swallow, passing swiftly by,
    Bore web and all away,
   The spinster dangling in the sky!
   Two tables hath our Maker set
   For all that in this world are met.
    To seats around the first
The skilful, vigilant, and strong are beckon'd:
    Their hunger and their thirst
The rest must quell with leavings at the second.

L'ARAIGNÉE ET L'HIRONDELLE.

« O Jupiter, qui sus de ton cerveau,
   Par un secret d'accouchement nouveau,
   Tirer Pallas, jadis mon ennemie,
   Entends ma plainte une fois en ta vie.
   Progné me vient enlever les morceaux;
   Caracolant, frisant l'air et les eaux,
   Elle me prend mes mouches à ma porte :
   Miennes je puis les dire; et mon réseau
   En seroit plein sans ce maudit oiseau :
   Je l'ai tissu de matière assez forte. »
    Ainsi, d'un discours insolent,
Se plaignoit l'Araignée, autrefois tapissière,
    Et qui lors étant filandière
Prétendoit enlacer tout insecte volant.
La sœur de Philomèle, attentive à sa proie,
Malgré le bestion, happoit mouches dans l'air,
Pour ses petits, pour elle, impitoyable joie,
Que ses enfants gloutons, d'un bec toujours ouvert,
D'un ton demi-formé, bégayante couvée,
Demandoient par des cris encor mal entendus.
    La pauvre Aragne, n'ayant plus
Que la tête et les pieds, artisans superflus,
    Se vit elle-même enlevée :
L'Hirondelle, en passant, emporta toile, et tout,
    Et l'animal pendant au bout.

Jupin pour chaque état mit deux tables au monde :
L'adroit, le vigilant, et le fort, sont assis
    A la première; et les petits
    Mangent leur reste à la seconde.

LA PERDRIX ET LES COQS.

Parmi de certains Coqs, incivils, peu galants,
　　Toujours en noise, et turbulents,
　　Une Perdrix étoit nourrie.
　　Son sexe, et l'hospitalité,
De la part de ces Coqs, peuple à l'amour porté,
Lui faisoient espérer beaucoup d'honnêteté :
Ils feroient les honneurs de la ménagerie.
Ce peuple cependant, fort souvent en furie,
Pour la dame étrangère ayant peu de respec,
Lui donnoit fort souvent d'horribles coups de bec.
　　D'abord elle en fut affligée;
Mais, sitôt qu'elle eut vu cette troupe enragée
S'entre-battre elle-même et se percer les flancs,
Elle se consola. « Ce sont leurs mœurs, dit-elle;
Ne les accusons point, plaignons plutôt ces gens :
　　Jupiter sur un seul modèle
　　N'a pas formé tous les esprits;
Il est des naturels de coqs et de perdrix.
S'il dépendoit de moi, je passerois ma vie
　　En plus honnête compagnie.
Le maître de ces lieux en ordonne autrement;
　　Il nous prend avec des tonnelles,
Nous loge avec des coqs, et nous coupe les ailes :
C'est de l'homme qu'il faut se plaindre seulement. »

THE PARTRIDGE AND THE
COCKS.

With a set of uncivil, and turbulent cocks,
That deserved for their noise to be put in the stocks,
　　A partridge was placed to be rear'd.
　　Her sex, by politeness revered,
Made her hope, from a gentry devoted to love,
For the courtesy due to the tenderest dove;
Nay, protection chivalric from knights of the yard.
That gentry, however, with little regard
　For the honours and knighthood wherewith they were deck'd
And, for the strange lady as little respect,
Her ladyship often most horribly peck'd.
At first, she was greatly afflicted therefore,
But when she had noticed these madcaps at war
With each other, and dealing far bloodier blows,
Consoling her own individual woes,—
'Entail'd by their customs,' said she, 'is the shame;
Let us pity the simpletons rather than blame.
Our Maker creates not all spirits the same;
The cocks and the partridges certainly differ,
By a nature than laws of civility stiffer.
Were the choice to be mine, I would finish my life
In society freer from riot and strife.
　But the lord of this soil has a different plan;
His tunnel our race to captivity brings,
He throws us with cocks, after clipping our wings.
　'Tis little we have to complain of but man.'

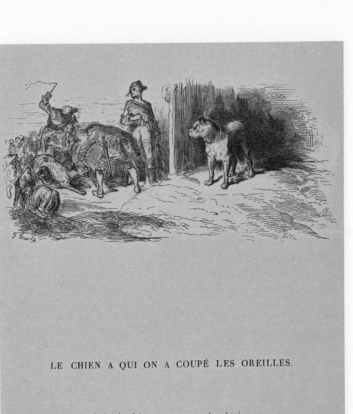

THE DOG WHOSE EARS WERE CROPPED.

'What have I done, I'd like to know,
To make my master maim me so?
 A pretty figure I shall cut!
From other dogs I'll keep, in kennel shut.
The kings of beasts, or rather tyrants, ho!
 Would any beast have served you so?'
Thus Growler cried, a mastiff young;—
The man, whom pity never stung,
 Went on to prune him of his ears.
Though Growler whined about his losses,
 He found, before the lapse of years,
Himself a gainer by the process;
 For, being by his nature prone
 To fight his brethren for a bone,
 He'd oft come back from sad reverse
With those appendages the worse.
 All snarling dogs have ragged ears.

The less of hold for teeth of foe,
The better will the battle go.
 When, in a certain place, one fears
The chance of being hurt or beat,
He fortifies it from defeat.
 Besides the shortness of his ears,
See Growler arm'd against his likes
With gorget full of ugly spikes.
A wolf would find it quite a puzzle
To get a hold about his muzzle.

LE CHIEN A QUI ON A COUPÉ LES OREILLES.

« Qu'ai-je fait, pour me voir ainsi
 Mutilé par mon propre maître?
 Le bel état où me voici!
Devant les autres chiens oserai-je paraître?
O rois des animaux, ou plutôt leurs tyrans,
 Qui vous feroit choses pareilles? »
Ainsi crioit Mouflar, jeune dogue; et les gens,
Peu touchés de ses cris douloureux et perçants,
Venoient de lui couper sans pitié les oreilles.
Mouflar y croyoit perdre. Il vit avec le temps
Qu'il y gagnoit beaucoup; car, étant de nature
A piller ses pareils, mainte mésaventure
 L'auroit fait retourner chez lui
Avec cette partie en cent lieux altérée :
Chien hargneux a toujours l'oreille déchirée.

Le moins qu'on peut laisser de prise aux dents d'autrui,
C'est le mieux. Quand on n'a qu'un endroit à défendre,
 On le munit, de peur d'esclandre.
Témoin maître Mouflar armé d'un gorgerin;
Du reste ayant d'oreille autant que sur ma main,
 Un loup n'eût su par où le prendre.

THE SHEPHERD AND THE
KING.

Two demons at their pleasure share our being –
The cause of Reason from her homestead fleeing;
No heart but on their altars kindleth flames.
If you demand their purposes and names,
The one is Love, the other is Ambition.
Of far the greater share this takes possession,
    For even into love it enters,
Which I might prove; but now my story centres
Upon a shepherd clothed with lofty powers:
The tale belongs to older times than ours.

A king observed a flock, wide spread
Upon the plains, most admirably fed,
O'erpaying largely, as return'd the years,
Their shepherd's care, by harvests for his shears.
Such pleasure in this man the monarch took, –
'Thou meritest,' said he, 'to wield a crook
O'er higher flock than this; and my esteem
    O'er men now makes thee judge supreme.'
    Behold our shepherd, scales in hand,
Although a hermit and a wolf or two,
Besides his flock and dogs, were all he knew!
    Well stock'd with sense, all else upon demand
    Would come of course, and did, we understand.
His neighbour hermit came to him to say,
'Am I awake? Is this no dream, I pray?
You favourite! you great! Beware of kings,
    Their favours are but slippery things,
Dear-bought; to mount the heights to which they call
Is but to court a more illustrious fall.
You little know to what this lure beguiles.
My friend, I say, Beware!' The other smiles.
    The hermit adds, 'See how
The court has marr'd your wisdom even now!
    That purblind traveller I seem to see,

LE BERGER ET LE ROI.

Deux démons à leur gré partagent notre vie,
Et de son patrimoine ont chassé la raison;
Je ne vois point de cœur qui ne leur sacrifie :
Si vous me demandez leur état et leur nom,
J'appelle l'un, Amour, et l'autre, Ambition.
Cette dernière étend le plus loin son empire;
    Car même elle entre dans l'amour.
Je le ferois bien voir; mais mon but est de dire
Comme un Roi fit venir un Berger à sa cour.
Le conte est du bon temps, non du siècle où nous sommes.

Ce Roi vit un troupeau qui couvroit tous les champs,
Bien broutant, en bon corps, rapportant tous les ans,
Grâce aux soins du Berger, de très-notables sommes.
Le Berger plut au Roi par ces soins diligents.
« Tu mérites, dit-il, d'être pasteur de gens :
Laisse là tes moutons, viens conduire des hommes;
    Je te fais juge souverain. »
Voilà notre Berger la balance à la main.
Quoiqu'il n'eût guère vu d'autres gens qu'un ermite,
Son troupeau, ses mâtins, le loup, et puis c'est tout,
Il avoit du bon sens; le reste vient ensuite :
    Bref, il en vint fort bien à bout.
L'ermite son voisin accourut pour lui dire :
« Veillé-je? et n'est-ce point un songe que je vois?
Vous, favori! vous, grand! Défiez-vous des rois;
Leur faveur est glissante : on s'y trompe; et le pire
C'est qu'il en coûte cher : de pareilles erreurs
Ne produisent jamais que d'illustres malheurs.
Vous ne connoissez pas l'attrait qui vous engage :
Je vous parle en ami, craignez tout. » L'autre rit,
    Et notre ermite poursuivit :
« Voyez combien déjà la cour vous rend peu sage.

Je crois voir cet aveugle à qui, dans un voyage,
　　　Un serpent engourdi de froid
Vint s'offrir sous la main : il le prit pour un fouet;
Le sien s'étoit perdu, tombant de sa ceinture.
Il rendoit grâce au ciel de l'heureuse aventure,
Quand un passant cria : « Que tenez-vous? ô Dieux!
« Jetez cet animal traître et pernicieux,
« Ce serpent.—C'est un fouet.—C'est un serpent, vous dis-je.
« A me tant tourmenter quel intérêt m'oblige?
« Prétendez-vous garder ce trésor?—Pourquoi non?
« Mon fouet étoit usé; j'en retrouve un fort bon :
　　　« Vous n'en parlez que par envie. »
　　　L'aveugle enfin ne le crut pas,
　　　Il en perdit bientôt la vie :
L'animal dégourdi piqua son homme au bras.
　　　Quant à vous, j'ose vous prédire
Qu'il vous arrivera quelque chose de pire.
— Eh! que me sauroit-il arriver que la mort?
— Mille dégoûts viendront, » dit le prophète ermite.
Il en vint en effet; l'ermite n'eut pas tort.
Mainte peste de cour fit tant, par maint ressort,
Que la candeur du juge, ainsi que son mérite,
Furent suspects au Prince. On cabale, on suscite
Accusateurs, et gens grevés par ses arrêts.
« De nos biens, dirent-ils, il s'est fait un palais. »
Le Prince voulut voir ces richesses immenses.
Il ne trouva partout que médiocrité,
Louanges du désert et de la pauvreté :
　　　C'étoient là ses magnificences.
« Son fait, dit-on, consiste en des pierres de prix :
Un grand coffre en est plein, fermé de dix serrures. »
Lui-même ouvrit ce coffre, et rendit bien surpris
　　　Tous les machineurs d'impostures.
Le coffre étant ouvert, on y vit des lambeaux,
　　　L'habit d'un gardeur de troupeaux,
Petit chapeau, jupon, panetière, houlette,
　　　Et je pense aussi sa musette.
« Doux trésor, ce dit-il, chers gages, qui jamais
N'attirâtes sur vous l'envie et le mensonge,
Je vous reprends : sortons de ces riches palais
　　　Comme l'on sortiroit d'un songe.
Sire, pardonnez-moi cette exclamation :
J'avois prévu ma chute en montant sur le faîte.
Je m'y suis trop complu : mais qui n'a dans la tête
　　　Un petit grain d'ambition? »

Who, having lost his whip, by strange mistake,
　　　Took for a better one a snake;
　　But, while he thank'd his stars, brimful of glee,
Outcried a passenger, "God shield your breast!
Why, man, for life, thrown down that treacherous pest,
　　That snake!" – "It is my whip." – "A snake, I say:
What selfish end could prompt my warning, pray?
Think you to keep your prize?" – "And wherefore not?
　　My whip was worn; I've found another new:
　　This counsel grave from envy springs in you." –
The stubborn wight would not believe a jot,
　　　Till warm and lithe the serpent grew,
　　　And, striking with his venom, slew
　　The man almost upon the spot.
　　And as to you, I dare predict
　　That something worse will soon afflict.'
'Indeed? What worse than death, prophetic hermit?'
'Perhaps, the compound heartache I may term it.'
　　And never was there truer prophecy.
　　Full many a courtier pest, by many a lie
　　　Contrived, and many a cruel slander,
　　To make the king suspect the judge awry
　　　In both ability and candour.
Cabals were raised, and dark conspiracies,
Of men that felt aggrieved by his decrees.
'With wealth of ours he hath a palace built,'
Said they. The king, astonish'd at his guilt,
　　　His ill-got riches ask'd to see.
　　　He found but mediocrity,
　　　Bespeaking strictest honesty.
　　　So much for his magnificence.
Anon, his plunder was a hoard immense
Of precious stones that fill'd an iron box
All fast secur'd by half a score of locks.
Himself the coffer oped, and sad surprise
Befell those manufacturers of lies.
The open'd lid disclosed no other matters
　　　Than, first, a shepherd's suit in tatters,
　　And then a cap and jacket, pipe and crook,
　　And scrip, mayhap with pebbles from the brook.
'O treasure sweet,' said he, 'that never drew
　　The viper brood of envy's lies on you!
I take you back, and leave this palace splendid,
As some roused sleeper doth a dream that's ended.
　　Forgive me, sire, this exclamation.
　　In mounting up, my fall I had foreseen,
　　Yet loved the height too well; for who hath been,
　　　Of mortal race, devoid of all ambition?'

THE TWO PARROTS, THE KING, AND HIS SON.

Two parrots lived, a sire and son,
On roastings from a royal fire.
Two demigods, a son and sire,
These parrots pension'd for their fun.
Time tied the knot of love sincere:
The sires grew to each other dear;
The sons, in spite of their frivolity,
Grew comrades boon, in joke and jollity;
At mess they mated, hot or cool;
Were fellow-scholars at a school.
Which did the bird no little honour, since
The boy, by king begotten, was a prince.
By nature fond of birds, the prince, too, petted
A sparrow, which delightfully coquetted.
These rivals, both of unripe feather,
One day were frolicking together:
As oft befalls such little folks,
A quarrel follow'd from their jokes.
The sparrow, quite uncircumspect,
Was by the parrot sadly peck'd;
With drooping wing and bloody head,
His master pick'd him up for dead,
And, being quite too wroth to bear it,
In heat of passion kill'd his parrot.
When this sad piece of news he heard,
His piercing cries bespoke his pain;
But cries and tears were all in vain.
The talking bird had left the shore;
In short, he, talking now no more,
Caused such a rage to seize his sire,
That, lighting on the prince in ire,
He put out both his eyes,
And fled for safety as was wise.
The bird a pine for refuge chose,

LES DEUX PERROQUETS, LE ROI ET SON FILS.

Deux Perroquets, l'un père et l'autre fils,
Du rôt d'un Roi faisoient leur ordinaire;
Deux demi-Dieux, l'un fils et l'autre père,
De ces oiseaux faisoient leurs favoris.
L'âge lioit une amitié sincère
Entre ces gens : les deux pères s'aimoient;
Les deux enfants, malgré leur cœur frivole,
L'un avec l'autre aussi s'accoutumoient,
Nourris ensemble, et compagnons d'école.
C'étoit beaucoup d'honneur au jeune Perroquet;
Car l'enfant étoit prince, et son père monarque.
Par le tempérament que lui donna la Parque,
Il aimoit les oiseaux. Un moineau fort coquet,
Et le plus amoureux de toute la province,
Faisoit aussi sa part des délices du Prince.
Ces deux rivaux un jour ensemble se jouants,
Comme il arrive aux jeunes gens,
Le jeu devint une querelle.
Le passereau, peu circonspec,
S'attira de tels coups de bec,
Que, demi-mort et traînant l'aile,
On crut qu'il n'en pourroit guérir.
Le Prince indigné fit mourir
Son Perroquet. Le bruit en vint au père.
L'infortuné vieillard crie et se désespère,
Le tout en vain, ses cris sont superflus;
L'oiseau parleur est déjà dans la barque :
Pour dire mieux, l'oiseau ne parlant plus
Fait qu'en fureur sur le fils du Monarque
Son père s'en va fondre, et lui crève les yeux.
Il se sauve aussitôt, et choisit pour asile
Le haut d'un pin : là, dans le sein des Dieux,

Il goûte sa vengeance en lieu sûr et tranquille.
Le Roi lui-même y court, et dit pour l'attirer :
« Ami, reviens chez moi ; que nous sert de pleurer ?
Haine, vengeance, et deuil, laissons tout à la porte.
        Je suis contraint de déclarer,
        Encor que ma douleur soit forte,
Que le tort vient de nous ; mon fils fut l'agresseur ;
Mon fils ! non ; c'est le Sort qui du coup est l'auteur.
La Parque avoit écrit de tout temps en son livre
Que l'un de nos enfants devoit cesser de vivre,
        L'autre de voir, par ce malheur.
Consolons-nous tous deux, et reviens dans ta cage. »
        Le Perroquet dit : « Sire Roi,
        Crois-tu qu'après un tel outrage
        Je me doive fier à toi ?
Tu m'allègues le Sort : prétends-tu, par ta foi,
Me leurrer de l'appât d'un profane langage ?
Mais que la Providence, ou bien que le Destin
        Règle les affaires du monde,
Il est écrit là-haut qu'au faite de ce pin,
        Ou dans quelque forêt profonde,
J'achèverai mes jours loin du fatal objet
        Qui doit t'être un juste sujet
De haine et de fureur. Je sais que la vengeance
Est un morceau de roi ; car vous vivez en dieux.
        Tu veux oublier cette offense ;
Je le crois : cependant il me faut, pour le mieux,
        Éviter ta main et tes yeux.
Sire Roi, mon ami, va-t'en, tu perds ta peine :
        Ne me parle point de retour ;
L'absence est aussi bien un remède à la haine
        Qu'un appareil contre l'amour. »

And to its lofty summit rose;
    There, in the bosom of the skies,
        Enjoy'd his vengeance sweet,
    And scorn'd the wrath beneath his feet.
Out ran the king, and cried, in soothing tone,
'Return, dear friend; what serves it to bemoan?
    Hate, vengeance, mourning, let us both omit.
        For me, it is no more than fit
        To own, though with an aching heart,
        The wrong is wholly on our part.
        Th' aggressor truly was my son —
My son? no; but by Fate the deed was done.
        Ere birth of Time, stern Destiny
        Had written down the sad decree,
        That by this sad calamity
Your child should cease to live, and mine to see.

        'Let both, then, cease to mourn;
        And you, back to your cage return.'
            'Sire king,' replied the bird,
        'Think you that, after such a deed,
            I ought to trust your word?
You speak of Fate; by such a heathen creed
Hope you that I shall be enticed to bleed?
But whether Fate or Providence divine
        Gives law to things below,
'Tis writ on high, that on this waving pine,
        Or where wild forests grow,
        My days I finish, safely, far
        From that which ought your love to mar,
            And turn it all to hate.
    Revenge, I know, 's a kingly morsel,
    And ever hath been part and parcel
            If this your godlike state.
    You would forget the cause of grief;
    Suppose I grant you my belief, —
    'Tis better still to make it true,
    By keeping out of sight of you.
    Sire king, my friend, no longer wait
        For friendship to he heal'd;…
    But absence is the cure of hate,
        As 'tis from love the shield.'

THE LIONESS AND THE BEAR.

The lioness had lost her young;
   A hunter stole it from the vale;
The forests and the mountains rung
   Responsive to her hideous wail.
Nor night, nor charms of sweet repose,
Could still the loud lament that rose
      From that grim forest queen.
   No animal, as you might think,
   With such a noise could sleep a wink.
   A bear presumed to intervene.
     'One word, sweet friend,' quoth she,
     'And that is all, from me.
The young that through your teeth have pass'd,
   In file unbroken by a fast,
      Had they nor dam nor sire?'
   'They had them both.' 'Then I desire,
Since all their deaths caused no such grievous riot,
While mothers died of grief beneath your fiat,
To know why you yourself cannot be quiet?'
   'I quiet! – I! – a wretch bereaved!
   My only son! – such anguish be relieved!
   No, never! All for me below
   Is but a life of tears and woe!' –
  'But say, why doom yourself to sorrow so?' –
  'Alas! 'tis Destiny that is my foe.'

   Such language, since the mortal fall,
   Has fallen from the lips of all.
   Ye human wretches, give your heed;
   For your complaints there's little need.
Let him for who thinks his own the hardest case,
   Some widowed, childless Hecuba behold,
   Herself to toil and shame of slavery sold,
And he will own the wealth of heavenly grace.

LA LIONNE ET L'OURSE.

   Mère Lionne avoit perdu son fan :
Un chasseur l'avoit pris. La pauvre infortunée
     Poussoit un tel rugissement
Que toute la forêt étoit importunée.
     La nuit ni son obscurité,
     Son silence, et ses autres charmes,
De la reine des bois n'arrêtoient les vacarmes :
Nul animal n'étoit du sommeil visité.
     L'Ourse enfin lui dit : « Ma commère,
     Un mot sans plus : tous les enfants
     Qui sont passés entre vos dents
     N'avoient-ils ni père ni mère?
     — Ils en avoient. — S'il est ainsi,
Et qu'aucun de leur mort n'ait nos têtes rompues,
     Si tant de mères se sont tues,
     Que ne vous taisez-vous aussi?
     — Moi, me taire? moi, malheureuse!
Ah! j'ai perdu mon fils! il me faudra traîner
     Une vieillesse douloureuse.
— Dites-moi, qui vous force à vous y condamner?
—Hélas! c'est le Destin qui me hait. — Ces paroles
Ont été de tout temps en la bouche de tous. »

Misérables humains, ceci s'adresse à vous.
Je n'entends résonner que des plaintes frivoles.
Quiconque, en pareil cas, se croit haï des cieux,
Qu'il considère Hécube, il rendra grâce aux Dieux.

LES DEUX AVENTURIERS ET LE TALISMAN.

Aucun chemin de fleurs ne conduit à la gloire.
Je n'en veux pour témoin qu'Hercule et ses travaux :
    Ce dieu n'a guère de rivaux;
J'en vois peu dans la fable, encor moins dans l'histoire.
En voici pourtant un, que de vieux talismans
Firent chercher fortune au pays des romans.
    Il voyageoit de compagnie;
Son camarade et lui trouvèrent un poteau
    Ayant au haut cet écriteau :
« Seigneur Aventurier, s'il te prend quelque envie
« De voir ce que n'a vu nul chevalier errant,
    « Tu n'as qu'à passer ce torrent;
« Puis, prenant dans tes bras un éléphant de pierre
    « Que tu verras couché par terre,
« Le porter, d'une haleine, au sommet de ce mont
« Qui menace les cieux de son superbe front. »
L'un des deux chevaliers saigna du nez. « Si l'onde
    Est rapide autant que profonde,
Dit-il, et supposé qu'on la puisse passer,
Pourquoi de l'éléphant s'aller embarrasser?
    Quelle ridicule entreprise!
Le sage l'aura fait par tel art et de guise
Qu'on le pourra porter peut-être quatre pas :
Mais jusqu'au haut du mont, d'une haleine, il n'est pas
Au pouvoir d'un mortel; à moins que la figure
Ne soit d'un éléphant nain, pygmée, avorton,
    Propre à mettre au bout d'un bâton :
Auquel cas, où l'honneur d'une telle aventure?
On nous veut attraper dedans cette écriture;
Ce sera quelque énigme à tromper un enfant :
C'est pourquoi je vous laisse avec votre éléphant. »
Le raisonneur parti, l'aventureux se lance,
    Les yeux clos, à travers cette eau.

THE TWO ADVENTURERS AN
THE TALISMAN.

No flowery path to glory leads.
  This truth no better voucher needs
  Than Hercules, of mighty deeds.
Few demigods, the tomes of fable
Reveal to us as being able
  Such weight of task-work to endure:
  In history, I find still fewer.
    One such, however, here behold –
    A knight by talisman made bold,
    Within the regions of romance,
    To seek adventures with the lance.
    There rode a comrade at his ride,
    And as they rode they both espied
      This writing on a post:–
    "Wouldst see, sir valiant knight,
    A thing whereof the sight
      No errant yet can boast?
Thou hast this torrent but to ford,
    And, lifting up, alone,
    The elephant of stone
    Upon its margin shored,
  Upbear it to the mountain's brow,
  Round which, aloft before thee now,
    The misty chaplets wreathe –
    Not stopping once to breathe."
    One knight, whose nostrils bled,
    Betokening courage fled,
  Cried out, 'What if that current's sweep
Not only rapid be, but deep!
And grant it cross'd, – pray, why encumber
One's arms with that unwieldy lumber,
    An elephant of stone?
  Perhaps the artist may have done
  His work in such a way, that one
    Might lug it twice its length;

Ni profondeur ni violence
Ne purent l'arrêter; et, selon l'écriteau,
Il vit son éléphant couché sur l'autre rive.
Il le prend, il l'emporte, au haut du mont arrive,
Rencontre une esplanade, et puis une cité.
Un cri par l'éléphant est aussitôt jeté :
      Le peuple aussitôt sort en armes.
Tout autre aventurier, au bruit de ces alarmes,
Auroit fui : celui-ci, loin de tourner le dos,
Veut vendre au moins sa vie, et mourir en héros.
Il fut tout étonné d'ouïr cette cohorte
Le proclamer monarque au lieu de son roi mort.
Il ne se fit prier que de la bonne sorte;
Encor que le fardeau fût, dit-il, un peu fort.
Sixte en disoit autant quand on le fit Saint-Père :
      (Seroit-ce bien une misère
      Que d'être pape ou d'être roi?)
On reconnut bientôt son peu de bonne foi.

Fortune aveugle suit aveugle hardiesse.
Le sage quelquefois fait bien d'exécuter
Avant que de donner le temps à la sagesse
D'envisager le fait, et sans la consulter.

But then to reach yon mountain top,
And that without a breathing stop,
   Were surely past a mortal's strength –
Unless, indeed, it be no bigger
Than some wee, pigmy, dwarfish figure,
Which one would head a cane withal; –
And if to this the case should fall,
The adventurer's honour would be small!
This posting seems to me a trap,
Or riddle for some greenish chap;
   I therefore leave the whole to you.'
The doubtful reasoner onward hies.
With heart resolved, in spite of eyes,
   The other boldly dashes through;
      Nor depth of flood nor force
      Can stop his onward course.
He finds the elephant of stone;
      He lifts it all alone;
      Without a breathing stop,
      He bears it to the top
Of that steep mount, and seeth there
A high-wall'd city, great and fair.
Out-cried the elephant – and hush'd;
But forth in arms the people rush'd.
A knight less bold had surely fled;
   But he, so far from turning back,
His course right onward sped,
   Resolved himself to make attack,
And die but with the bravest dead.
Amazed was he to hear that band
Proclaim him monarch of their land,
And welcome him, in place of one
Whose death had left a vacant throne!
In sooth, he lent a gracious ear,
Meanwhile expressing modest fear,
Lest such a load of royal care
Should be too great for him to bear.
And so, exactly, Sixtus said,
When first the pope's tiara press'd his head;
   (Though, is it such a grievous thing
   To be a pope, or be a king?)
But days were few before they read it,
That with but little truth he said it.

Blind Fortune follows daring blind.
   Oft executes the wisest man,
Ere yet the wisdom of his mind
   Is task'd his means or end to scan.

THE MERCHANT, THE NOBLE, THE SHEPHERD, AND THE KING'S SON.

Four voyagers to parts unknown,
　On shore, not far from naked, thrown
By furious waves, – a merchant, now undone,
A noble, shepherd, and a monarch's son, –
Brought to the lot of Belisarius,
Their wants supplied on alms precarious.
　To tell what fates, and winds, and weather,
　Had brought these mortals all together,
　Though from far distant points abscinded,
　　Would make my tale long-winded.
Suffice to say, that, by a fountain met,
　In council grave these outcasts held debate.
The prince enlarged, in an oration set,
　Upon the mis'ries that befall the great.
　The shepherd deem'd it best to cast
　Off thought of all misfortune past,
　And each to do the best he could,
　　In efforts for the common weal.
　'Did ever a repining mood,'
　　He added, 'a misfortune heal?
　Toil, friends, will take us back to Rome,
　Or make us here as good a home.'
A shepherd so to speak! a shepherd? What!
　　As though crown'd heads were not,
　　By Heaven's appointment fit,
　　The sole receptacles of wit!
　As though a shepherd could be deeper,
　In thought or knowledge, than his sheep are!
The three, how'er, at once approved his plan,
Wreck'd as they were on shores American.
'I'll teach arithmetic,' the merchant said, –
Its rules, of course, well seated in his head, –
'For monthly pay.' The prince replied, 'And I

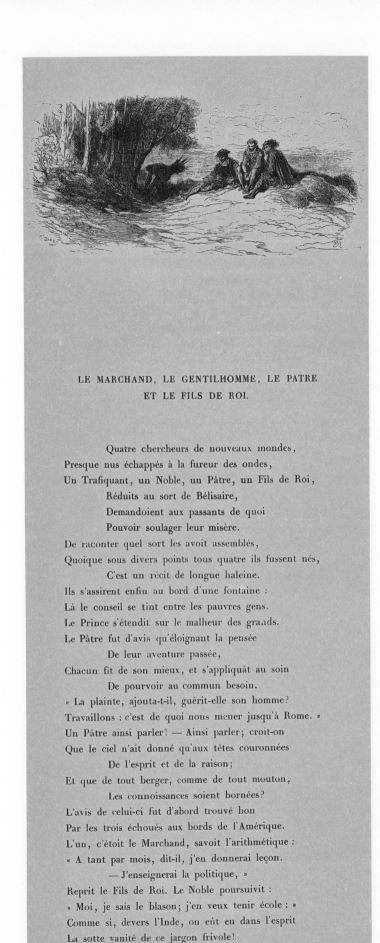

LE MARCHAND, LE GENTILHOMME, LE PATRE
ET LE FILS DE ROI.

Quatre chercheurs de nouveaux mondes,
Presque nus échappés à la fureur des ondes,
Un Trafiquant, un Noble, un Pâtre, un Fils de Roi,
　Réduits au sort de Bélisaire,
　Demandoient aux passants de quoi
　Pouvoir soulager leur misère.
De raconter quel sort les avoit assemblés,
Quoique sous divers points tous quatre ils fussent nés,
　C'est un récit de longue haleine.
Ils s'assirent enfin au bord d'une fontaine :
Là le conseil se tint entre les pauvres gens.
Le Prince s'étendit sur le malheur des grands.
Le Pâtre fut d'avis qu'éloignant la pensée
　De leur aventure passée,
Chacun fit de son mieux, et s'appliquât au soin
　De pourvoir au commun besoin.
« La plainte, ajouta-t-il, guérit-elle son homme?
Travaillons : c'est de quoi nous mener jusqu'à Rome. »
Un Pâtre ainsi parler! — Ainsi parler; croit-on
Que le ciel n'ait donné qu'aux têtes couronnées
　De l'esprit et de la raison;
Et que de tout berger, comme de tout mouton,
　Les connoissances soient bornées?
L'avis de celui-ci fut d'abord trouvé bon
Par les trois échoués aux bords de l'Amérique.
L'un, c'étoit le Marchand, savoit l'arithmétique :
« A tant par mois, dit-il, j'en donnerai leçon.
　— J'enseignerai la politique, »
Reprit le Fils de Roi. Le Noble poursuivit :
« Moi, je sais le blason; j'en veux tenir école : »
Comme si, devers l'Inde, on eût eu dans l'esprit
La sotte vanité de ce jargon frivole!

Le Pâtre dit : « Amis, vous parlez bien; mais quoi!
Le mois a trente jours : jusqu'à cette échéance
　　　Jeûnerons-nous, par votre foi?
　　　Vous me donnez une espérance
Belle, mais éloignée; et cependant j'ai faim.
Qui pourvoira de nous au dîner de demain?
　　　Ou plutôt sur quelle assurance
Fondez-vous, dites-moi, le souper d'aujourd'hui?
　　　Avant tout autre, c'est celui
　　　Dont il s'agit. Votre science
Est courte là-dessus : ma main y suppléera. »
　　　A ces mots, le Pâtre s'en va
Dans un bois : il y fit des fagots, dont la vente,
Pendant cette journée et pendant la suivante,
Empêcha qu'un long jeûne à la fin ne fît tant
Qu'ils allassent là-bas exercer leur talent.

　　　Je conclus de cette aventure
Qu'il ne faut pas tant d'art pour conserver ses jours,
　　　Et, grâce aux dons de la Nature,
La main est le plus sûr et le plus prompt secours.

Will teach political economy.'
'And I,' the noble said, 'in heraldry
Well versed, will open for that branch a school –'
　　As if, beyond a thousand leagues of sea,
　　　That senseless jargon could befool!
　　　'My friends, you talk like men,'
　　　The shepherd cried, 'but then
The month has thirty days; till they are spent,
Are we upon your faith to keep full Lent?
　　The hope you give is truly good;
　　But, ere it comes, we starve for food!
　　Pray tell me, if you can divine,
　　On what, to-morrow, we shall dine;
　　Or tell me, rather, whence we may
　　Obtain a supper for to-day.
　　This point, if truth should be confess'd,
　　Is first, and vital to the rest.
　　Your science short in this respect,
　　My hands shall cover the defect. –'
　　This said, the nearest woods he sought,
　　And thence for market fagots brought,
　　Whose price that day, and eke the next,
　　Relieved the company perplex'd –
Forbidding that, by fasting, they should go
To use their talents in the world below.

　　We learn from this adventure's course,
There needs but little skill to get a living.
Thanks to the gifts of Nature's giving,
　　Our hands are much the readiest resource.

THE LION.

Some time ago, a sultan Leopard,
  By means of many a rich escheat,
  Had many an ox in meadow sweet,
  And many a stag in forest, fleet,
And (what a savage sort of shepherd!)
  Full many a sheep upon the plains,
  That lay within his wide domains.
    Not far away, one morn,
  There was a lion born.
    Exchanged high compliments of state,
    As is the custom with the great,
  The sultan call'd his vizier Fox,
  Who had a deeper knowledge-box,
And said to him, 'This lion's whelp you dread;
What can he do, his father being dead?
    Otr pity rather let him share,
    An orphan so beset with care.
    The luckiest lion ever known,
    If, letting conquest quite alone,
    He should have power to keep his own.'
      Sir Renard said,
      And shook his head,
  'Such orphans, please your majesty,
  Will get no pity out of me.
We ought to keep within his favour,
Or else with all our might endeavour
  To thrust him out of life and throne,
  Ere yet his claws and teeth are grown.
  There's not a moment to be lost.
    His horoscope I've cast;
    He'll never quarrel to his cost;
    But then his friendship fast
  Will be to friends of greater worth.
  Than any lion's e'er on earth,
  Try then, my liege, to make it ours,
  Or else to check his rising powers.'
    The warning fell in vain.

LE LION.

Sultan Léopard autrefois
    Eut, ce dit-on, par mainte aubaine,
Force bœufs dans ses prés, force cerfs dans ses bois,
    Force moutons parmi la plaine.
Il naquit un Lion dans la forêt prochaine.
Après les compliments et d'une et d'autre part,
    Comme entre grands il se pratique,
  Le Sultan fit venir son visir le Renard,
    Vieux routier, et bon politique.
  « Tu crains, ce lui dit-il, Lionceau mon voisin;
    Son père est mort; que peut-il faire?
    Plains plutôt le pauvre orphelin.
    Il a chez lui plus d'une affaire,
    Et devra beaucoup au Destin,
S'il garde ce qu'il a, sans tenter de conquête. »
    Le Renard dit, branlant la tête :
  « Tels orphelins, Seigneur, ne me font point pitié;
Il faut de celui-ci conserver l'amitié,
    Ou s'efforcer de le détruire
    Avant que la griffe et la dent
Lui soit crue, et qu'il soit en état de nous nuire.
    N'y perdez pas un seul moment.
J'ai fait son horoscope : il croitra par la guerre;
    Ce sera le meilleur lion
    Pour ses amis, qui soit sur terre :
    Tâchez donc d'en être; sinon
Tâchez de l'affoiblir. » La harangue fut vaine.
Le Sultan dormoit lors; et dedans son domaine
Chacun dormoit aussi, bêtes, gens : tant qu'enfin
Le Lionceau devient vrai Lion. Le tocsin
Sonne aussitôt sur lui; l'alarme se promène
    De toutes parts; et le visir,
Consulté là-dessus, dit avec un soupir :

« Pourquoi l'irritez-vous? La chose est sans remède.
En vain nous appelons mille gens à notre aide :
Plus ils sont, plus il coûte; et je ne les tiens bons
    Qu'à manger leur part des moutons.
Apaisez le Lion : seul il passe en puissance
Ce monde d'alliés vivants sur notre bien.
Le Lion en a trois qui ne lui coûtent rien,
Son courage, sa force, avec sa vigilance.
Jetez-lui promptement sous la griffe un mouton;
S'il n'en est pas content, jetez-en davantage :
Joignez-y quelque bœuf; choisissez, pour ce don,
    Tout le plus gras du pâturage.
Sauvez le reste ainsi. » Ce conseil ne plut pas;
    Il en prit mal; et force États
    Voisins du Sultan en pâtirent :
    Nul n'y gagna, tous y perdirent.
    Quoi que fit ce monde ennemi,
    Celui qu'ils craignoient fut le maître.

Proposez-vous d'avoir le Lion pour ami,
    Si vous voulez le laisser craître.

The sultan slept; and beasts and men
  Did so, throughout his whole domain,
Till lion's whelp became a lion.
Then came at once the tocsin cry on,
Alarm and fluttering consternation.
The vizier call'd to consultation,
  A sigh escaped him as he said,
    'Why all this mad excitement now,
    When hope is fled, no matter how?
  A thousand men were useless aid,—
The more, the worse, — since all their power
Would be our mutton to devour.
    Appease this lion; sole he doth exceed
The helpers all that on us feed.
And three hath he, that cost him nought—
His courage, strength, and watchful thought.
Quick send a wether for his use:
  If not contented, send him more;
Yes, add an ox, and see you choose
  The best our pastures ever bore.
Thus save the rest.' — But such advice
The sultan spurn'd, as cowardice.
And his, and many states beside,
Did ills, in consequence, betide.
However fought, this world allied,
The beast maintain'd his power and pride.
If you must let the lion grow,
Don't let him live to be your foe.

THE GODS WISHING TO INSTRUCT A SON OF JUPITER.

For Monseigneur the Duke Du Maine

To Jupiter was born a son,
   Who, conscious of his origin,
   A godlike spirit had within.
To love, such age is little prone;
     Yet this celestial boy
     Made love his chief employ,
And was beloved wherever known.
   In him both love and reason
     Sprang up before their season.
With charming smiles and manners winning,
Had Flora deck'd his life's beginning,
   As an Olympian became:
   Whatever lights the tender flame,—
   A heart to take and render bliss,—
   Tears, sighs, in short the whole were his.
Jove's son, he should of course inherit
A higher and a nobler spirit
   Than sons of other deities.
   It seem'd as if by Memory's aid—
   As if a previous life had made
     Experiment and hid it—
   He plied the lover's hard-learn'd trade,
     So perfectly he did it.
   Still Jupiter would educate
   In manner fitting to his state.
   The gods, obedient to his call,
   Assemble in their council-hall;
When thus the sire: 'Companionless and sole,
Thus far the boundless universe I roll;
But numerous other offices there are,
   Of which I give to younger gods the care.
I'm now forecasting for this cherish'd child,
Whose countless altars are already piled.

LES DIEUX VOULANT INSTRUIRE UN FILS DE JUPITER.

POUR MONSEIGNEUR LE DUC DU MAINE.

Jupiter eut un fils, qui, se sentant du lieu
    Dont il tiroit son origine,
    Avoit l'âme toute divine.
L'enfance n'aime rien : celle du jeune Dieu
     Faisoit sa principale affaire
     Des doux soins d'aimer et de plaire.
     En lui l'amour et la raison
Devancèrent le temps, dont les ailes légères
N'amènent que trop tôt, hélas! chaque saison.
Flore aux regards riants, aux charmantes manières,
Toucha d'abord le cœur du jeune Olympien.
Ce que la passion peut inspirer d'adresse,
Sentiments délicats et remplis de tendresse,
Pleurs, soupirs, tout en fut : bref, il n'oublia rien.
Le fils de Jupiter devoit, par sa naissance,
Avoir un autre esprit et d'autres dons des cieux,
    Que les enfants des autres Dieux :
Il sembloit qu'il n'agit que par réminiscence,
Et qu'il eût autrefois fait le métier d'amant,
    Tant il le fit parfaitement!
Jupiter cependant voulut le faire instruire.
Il assembla les Dieux, et dit : « J'ai su conduire,
Seul et sans compagnon, jusqu'ici l'Univers;
    Mais il est des emplois divers
    Qu'aux nouveaux Dieux je distribue.
Sur cet enfant chéri j'ai donc jeté la vue :
C'est mon sang; tout est plein déjà de ses autels.
Afin de mériter le rang des immortels,
Il faut qu'il sache tout. » Le maître du tonnerre
Eut à peine achevé, que chacun applaudit.
Pour savoir tout, l'enfant n'avoit que trop d'esprit.

« Je veux, dit le Dieu de la guerre,
Lui montrer moi-même cet art
Par qui maints héros ont eu part
Aux honneurs de l'Olympe, et grossi cet empire.
— Je serai son maître de lyre,
Dit le blond et docte Apollon.
— Et moi, reprit Hercule à la peau de lion,
Son maître à surmonter les vices,
A dompter les transports, monstres empoisonneurs,
Comme hydres renaissants sans cesse dans les cœurs :
Ennemi des molles délices,
Il apprendra de moi les sentiers peu battus
Qui mènent aux honneurs sur les pas des vertus. »
Quand ce vint au Dieu de Cythère,
Il dit qu'il lui montreroit tout.

L'Amour avoit raison : de quoi ne vient à bout
L'esprit joint au désir de plaire?

To merit such regard from all below,
All things the young immortal ought to know.'
No sooner had the Thund'rer ended,
Than each his godlike plan commended;
Nor did the boy too little yearn
His lesson infinite to learn.
Said fiery Mars, 'I take the part
To make him master of the art
Whereby so many heroes high
Have won the honours of the sky.'
'To teach him music be my care,'
Apollo said, the wise and fair;
'And mine,' that mightly god replied,
In the Nemæan lion's hide,
'To teach him to subdue
The vices, an envenom'd crew,
Like Hydras springing ever new.
The foe of weakening luxury,
The boy divine will learn from me
Those rugged paths, so little trod,
That lead to glory man and god.'
Said Cupid, when it came his turn,
'All things from me the boy may learn.'

Well spoke the god of love.
What feat of Mars, or Hercules,
Or bright Apollo, lies above
Wit, wing'd by a desire to please?

THE FARMER, THE DOG, AND
THE FOX.

The wolf and fox are neighbours strange:
I would not build within their range.
The fox once eyed with strict regard
From day to day, a poultry-yard;
But though a most accomplish'd cheat,
He could not get a fowl to eat.
Between the risk and appetite,
His rogueship's trouble was not slight.
'Alas! 'quoth he, 'this stupid rabble
But mock me with their constant gabble;
I go and come, and rack my brains,
And get my labour for my pains.
Your rustic owner, safe at home,
Takes all the profits as they come:
He sells his capons and his chicks,
    Or keeps them hanging on his hook,
    All dress'd and ready for his cook;
But I, adept in art and tricks,
Should I but catch the toughest crower,
Should be brimful of joy, and more.
O Jove supreme! Why was I made
A master of the fox's trade?
By all the higher powers, and lower,
I swear to rob this chicken-grower!'
    Revolving such revenge within,
    When night had still'd the various din,
    And poppies seem'd to bear full sway
    O'er man and dog, as lock'd they lay
    Alike secure in slumber deep,
    And cocks and hens were fast asleep,
    Upon the populous roost he stole.
        By negligence,—a common sin,—
    The farmer left unclosed the hole,
        And stooping down, the fox went in.
    The blood of every fowl was spill'd,

LE FERMIER, LE CHIEN ET LE RENARD.

Le Loup et le Renard sont d'étranges voisins :
Je ne bâtirai point autour de leur demeure.
        Ce dernier guettoit à toute heure
Les poules d'un Fermier; et, quoique des plus fins,
Il n'avoit pu donner d'atteinte à la volaille.
D'une part l'appétit, de l'autre le danger,
N'étoient pas au compère un embarras léger.
        « Hé quoi! dit-il, cette canaille
        Se moque impunément de moi?
        Je vais, je viens, je me travaille,
J'imagine cent tours : le rustre, en paix chez soi,
Vous fait argent de tout, convertit en monnoie
Ses chapons, sa poulaille; il en a même au croc;
Et moi, maître passé, quand j'attrape un vieux coq,
        Je suis au comble de la joie!
Pourquoi sire Jupin m'a-t-il donc appelé
Au métier de renard? Je jure les puissances
De l'Olympe et du Styx, il en sera parlé. »
        Roulant en son cœur ces vengeances,
Il choisit une nuit libérale en pavots :
Chacun étoit plongé dans un profond repos;
Le maître du logis, les valets, le Chien même,
Poules, poulets, chapons, tout dormoit. Le Fermier,
        Laissant ouvert son poulailler,
        Commit une sottise extrême.
Le voleur tourne tant qu'il entre au lieu guetté,
Le dépeuple, remplit de meurtres la cité.
        Les marques de sa cruauté
Parurent avec l'aube : on vit un étalage
        De corps sanglants et de carnage.
        Peu s'en fallut que le Soleil
Ne rebroussât d'horreur vers le manoir liquide.
        Tel, et d'un spectacle pareil,
Apollon irrité contre le fier Atride

Joncha son camp de morts : on vit presque détruit
L'ost des Grecs ; et ce fut l'ouvrage d'une nuit.
        Tel encore, autour de sa tente,
        Ajax, à l'âme impatiente,
De moutons et de boucs fit un vaste débris,
Croyant tuer en eux son concurrent Ulysse,
        Et les auteurs de l'injustice
        Par qui l'autre emporta le prix.
Le Renard, autre Ajax aux volailles funeste,
Emporte ce qu'il peut, laisse étendu le reste.
Le maître ne trouva de recours qu'à crier
Contre ses gens, son Chien : c'est l'ordinaire usage.
« Ah ! maudit animal, qui n'es bon qu'à noyer,
Que n'avertissois-tu dès l'abord du carnage ?
— Que ne l'évitiez-vous ? c'eût été plus tôt fait :
Si vous, maître et fermier, à qui touche le fait,
Dormez sans avoir soin que la porte soit close,
Voulez-vous que moi, Chien, qui n'ai rien à la chose,
Sans aucun intérêt je perde le repos ? »
        Ce Chien parloit très à propos :
        Son raisonnement pouvoit être
        Fort bon dans la bouche d'un maître ;
        Mais, n'étant que d'un simple chien,
        On trouva qu'il ne valoit rien :
        On vous sangla le pauvre drille.

Toi donc, qui que tu sois, ô père de famille
(Et je ne t'ai jamais envié cet honneur),
T'attendre aux yeux d'autrui, quand tu dors, c'est erreur.
Couche-toi le dernier, et vois fermer ta porte.
        Que si quelque affaire t'importe,
        Ne la fais point par procureur.

The citadel with murder fill'd.
The dawn disclosed sad sights, I ween,
When heaps on slaughter'd heaps were seen,
All weltering in their mingled gore.
    With horror stricken, as of yore,
The sun well nigh shrunk back again,
To hide beneath the liquid main.
Such sight once saw the Trojan plain,
When on the fierce Atrides' head
    Apollo's awful anger fell,
And strew'd the crimson field with dead:
    Of Greeks, scarce one was left to tell
The carnage of that night so dread.
Such slaughter, too, around his tent,
    The furious Ajax made, one night,
    Of sheep and goats, in easy fight;
In anger blindly confident
That by his well-directed blows
Ulysses fell, or some of those
By whose iniquity and lies
That wily rival took the prize.
The fox, thus having Ajax play'd,
    Bore off the nicest of the brood,—
    As many pullets as he could,—
And left the rest, all prostrate laid.
The owner found his sole resource
His servants and his dog to curse.
'You useless puppy, better drown'd!
Why did you not your 'larum sound?'
'Why did you not the evil shun,'
Quoth Towser, 'as you might have done?
If you, whose interest was more,
Could sleep and leave an open door,
Think you that I, a dog at best,
Would watch, and lose my precious rest?'
This pithy speech had been, in truth,
    Good logic in a master's mouth;
    But, coming from a menial's lip,
    It even lack'd the lawyership
    To save poor Towser from the whip.

    O thou who head'st a family,
    (An honour never grudged by me,)
    Thou art a patriarch unwise,
    To sleep, and trurt another's eyes.
    Thyself shouldst go to bed the last,
    Thy doors all seen to, shut and fast.
I charge you never let a fox see
Your special business done by proxy.

THE MICE AND THE OWL.

Beware of saying, 'Lend an ear,'
To something marvellous or witty.
   To disappoint your friends who hear,
Is possible, and were a pity.
   But now a clear exception see,
   Which I maintain a prodigy—
A thing which with the air of fable,
Is true as is the interest-table.
   A pine was by a woodman fell'd,
      Which ancient, huge, and hollow tree
   An owl had for his palace held—
      A bird the Fates had kept in fee,
      Interpreter to such as we.
Within the caverns of the pine,
With other tenants of that mine,
Were found full many footless mice,
   But well provision'd, fat, and nice.
   The bird had bit off all their feet,
   And fed them there with heaps of wheat.
   That this n to the chase he first went out,
   And home alive the vermin brought,
   Which in his talons he had caught,
   The nimble creatures ran away.
   Next time, resolved to make them stay,
He cropp'd their legs, and found, with pleasure,
That he could eat them at his leisure;
   It were impossible to eat
   Them all at once, did health permit.
   His foresight, equal to our own,
   In furnishing their food was shown.
   Now, let Cartesians, if they can,
      Pronounce this owl a mere machine.
   Could springs originate the plan
      Of maiming mice when taken lean,
      To fatten for his soup-tureen?
   If reason did no service there,
   I do not know it anywhere.

LES SOURIS ET LE CHAT–HUANT.

Il ne faut jamais dire aux gens :
Écoutez un bon mot, oyez une merveille.
   Savez-vous si les écoutants
En feront une estime à la vôtre pareille?
Voici pourtant un cas qui peut être excepté :
Je le maintiens prodige, et tel que d'une fable
Il a l'air et les traits, encor que véritable.
On abattit un pin pour son antiquité,
Vieux palais d'un Hibou, triste et sombre retraite
De l'oiseau qu'Atropos prend pour son interprète.
Dans son tronc caverneux, et miné par le temps,
   Logeoient, entre autres habitants,
Force Souris sans pieds, toutes rondes de graisse.
L'oiseau les nourrissoit parmi des tas de blé,
Et de son bec avoit leur troupeau mutilé.
Cet oiseau raisonnoit : il faut qu'on le confesse.
En son temps, aux Souris le compagnon chassa :
Les premières qu'il prit du logis échappées,
Pour y remédier, le drôle estropia
Tout ce qu'il prit ensuite; et leurs jambes coupées
Firent qu'il les mangeoit à sa commodité,
   Aujourd'hui l'une, et demain l'autre.
Tout manger à la fois, l'impossibilité
S'y trouvoit, joint aussi le soin de sa santé.
Sa prévoyance alloit aussi loin que la nôtre :
   Elle alloit jusqu'à leur porter
   Vivres et grains pour subsister.
   Puis, qu'un Cartésien s'obstine
A traiter ce Hibou de montre et de machine!
   Quel ressort lui pouvoit donner
Le conseil de tronquer un peuple mis en mue?
   Si ce n'est pas là raisonner,
   La raison n'est chose inconnue.

Voyez que d'arguments il fit :

« Quand ce peuple est pris, il s'enfuit;
Donc il faut le croquer aussitôt qu'on le happe.
Tout? il est impossible. Et puis, pour le besoin
N'en dois-je pas garder? Donc il faut avoir soin
De le nourrir sans qu'il échappe.
Mais comment? Otons-lui les pieds. » Or, trouvez-moi
Chose par les humains à sa fin mieux conduite.
Quel autre art de penser Aristote et sa suite
Enseignent-ils, par votre foi?

Observe the course of argument:
These vermin are no sooner caught than gone:
They must be used as soon, 'tis evident;
But this to all cannot be done.
And then, for future need,
I might as well take heed.
Hence, while their ribs I lard,
I must from their elopement guard.
But how?—A plan complete!—
I'll clip them of their feet!
Now, find me, in your human schools,
A better use of logic's tools!
Upon your faith, what different art of thought
Has Aristotle or his followers taught?

THE OLD CAT AND THE YOUNG MOUSE.

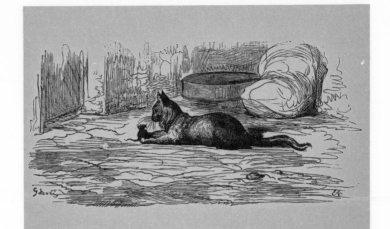

A young and inexperienced mouse
  Had faith to try a veteran cat, —
  Raminagrobis, death to rat,
And scourge of vermin through the house, —
Appealing to his clemency
  With reasons sound and fair.
'Pray let me live; a mouse like me
  It were not much to spare.
Am I, in such a family,
A burden? Would my largest wish
Our wealthy host impoverish?
A grain of wheat will make my meal;
A nut will fat me like a seal.
I'm lean at present; please to wait,
And for your heirs reserve my fate.'
  The captive mouse thus spake.
Replied the captor, 'You mistake;
To me shall such a thing be said?
Address the deaf! address the dead!
A cat to pardon! — old one too!
Why, such a thing I never knew.
  Thou victim of my paw,
  By well-establish'd law,
  Die as a mousling should,
  And beg the sisterhood
  Who ply the thread and shears,
  To lend they speech their ears.
  Some other like repast
  My heirs may find, or fast.'
He ceased. The moral's plain.
Youth always hopes its ends to gain,
Believes all spirits like its own:
Old age is not to mercy prone.

LE VIEUX CHAT ET LA JEUNE SOURIS.

Une jeune Souris, de peu d'expérience,
Crut fléchir un vieux Chat, implorant sa clémence,
Et payant de raisons le Raminagrobis :
        « Laissez-moi vivre : une souris
        De ma taille et de ma dépense
        Est-elle à charge en ce logis?
        Affamerois-je, à votre avis,
        L'hôte et l'hôtesse, et tout leur monde?
        D'un grain de blé je me nourris :
        Une noix me rend toute ronde.
A présent je suis maigre; attendez quelque temps :
Réservez ce repas à messieurs vos enfants. »
Ainsi parloit au Chat la Souris attrapée.
        L'autre lui dit : « Tu t'es trompée :
Est-ce à moi que l'on tient de semblables discours?
Tu gagnerois autant de parler à des sourds.
Chat, et vieux, pardonner? cela n'arrive guères.
        Selon ces lois, descends là-bas,
        Meurs, et va-t'en, tout de ce pas,
        Haranguer les sœurs filandières :
Mes enfants trouveront assez d'autres repas. »
        Il tint parole. Et pour ma fable
Voici le sens moral qui peut y convenir :

La jeunesse se flatte, et croit tout obtenir :
        La vieillesse est impitoyable.

LE CERF MALADE.

En pays plein de cerfs, un Cerf tomba malade.
    Incontinent maint camarade
Accourt à son grabat le voir, le secourir,
Le consoler du moins : multitude importune.
    « Eh! messieurs, laissez-moi mourir :
    Permettez qu'en forme commune
La Parque m'expédie, et finissez vos pleurs. »
    Point du tout : les consolateurs
De ce triste devoir tout au long s'acquittèrent,
    Quand il plut à Dieu s'en allèrent :
    Ce ne fut pas sans boire un coup,
C'est-à-dire, sans prendre un droit de pâturage.
Tout se mit à brouter les bois du voisinage.
La pitance du Cerf en déchut de beaucoup.
    Il ne trouva plus rien à frire :
    D'un mal il tomba dans un pire,
    Et se vit réduit à la fin
    A jeûner et mourir de faim.

    Il en coûte à qui vous réclame,
    Médecins du corps et de l'âme.
    O temps! ô mœurs! j'ai beau crier,
    Tout le monde se fait payer.

THE SICK STAG.

A stag, where stags abounded,
Fell sick, and was surrounded
Forthwith by comrades kind,
    All pressing to assist,
    Or see, their friend, at least,
And ease his anxious mind –
    An irksome multitude.
'Ah, sirs!' the sick was fain to cry,
'Pray leave me here to die,
    As others do in solitude.
Pray, let your kind attentions cease,
Till death my spirit shall release.'
But comforters are not so sent:
On duty sad full long intent,
When Heaven pleased, they went:
But not without a friendly glass;
That is to say, they cropp'd the grass
And leaves which in that quarter grew,
From which the sick his pittance drew.
By kindness thus compell'd to fast,
He died for want of food at last.
The men take off no trifling dole
Who heal the body, or the soul.
Alas the times! do what we will,
They have their payment, cure or kill.

LE LOUP ET LE RENARD.

D'où vient que personne en la vie
N'est satisfait de son état?
Tel voudroit bien être soldat
A qui le soldat porte envie.

Certain Renard voulut, dit-on,
Se faire loup. Eh! qui peut dire
Que pour le métier de mouton
Jamais aucun loup ne soupire?

Ce qui m'étonne est qu'à huit ans
Un prince en fable ait mis la chose,
Pendant que sous mes cheveux blancs
Je fabrique à force de temps
Des vers moins sensés que sa prose.

Les traits dans sa fable semés
Ne sont en l'ouvrage du poëte
Ni tous ni si bien exprimés :
Sa louange en est plus complète.

De la chanter sur la musette,
C'est mon talent; mais je m'attends
Que mon héros, dans peu de temps,
Me fera prendre la trompette.

Je ne suis pas un grand prophète :
Cependant je lis dans les cieux
Que bientôt ses faits glorieux
Demanderont plusieurs Homères;
Et ce temps-ci n'en produit guères.
Laissant à part tous ces mystères,
Essayons de conter la fable avec succès.

THE WOLF AND THE FOX

Whence comes it that there liveth not
A man contented with his lot?
Here's one who would a soldier be,
Whom soldiers all with envy see.

A fox to be a wolf once sigh'd.
With disappointments mortified,
Who knows but that, his wolfship cheap,
The wolf himself would be a sheep?

I marvel that a prince is able,
At eight, to put the thing in fable;
While I, beneath my seventy snows,
    Forge out, with toil and time,
    The same in labour'd rhyme,
    Less striking than his prose.

The traits which in his work we meet,
    A poet, it must be confess'd,
    Could not have half so well express'd:
He bears the palm as more complete.
'Tis mine to sing it to the pipe;
    But I expect that when the sands
Of Time have made my hero ripe,
    He'll put a trumpet in my hands.

My mind but little doth aspire
    To prophecy; but yet it reads
    On high, that soon his glorious deeds
Full many Homers will require—
Of which this age produces few.
But, bidding mysteries adieu,
I try my powers upon this fable new.

'Dear wolf', complain'd a hungry fox,
'A lean chick's meat, or veteran cock's,
    Is all I get by toil or trick:

Of such a living I am sick.
With far less risk, you've better cheer;
A house you need not venture near,
But I must do it, spite of fear.
Pray, make me master of your trade.
And let me by that means be made
The first of all my race that took
Fat mutton to his larder's hook:
Your kindness shall not be repented.'
The wolf quite readily consented.
'I have a brother, lately dead:
Go fit his skin to yours,' he said.
'Twas done; and then the wolf proceeded:
'Now mark you well what must be done,
The dogs that guard the flock to shun.'
The fox the lessons strictly heeded.
At first he boggled in his dress;
But awkwardness grew less and less,
Till perseverance gave success.
His education scarce complete,
A flock, his scholarship to greet,
 Came rambling out that way.
The new-made wolf his work began,
Amidst the heedless nibblers ran,
 And spread a sore dismay.
Such terror did Patroclus spread,
 When on the Trojan camp and town,
Clad in Achilles' armour dread,
 He valiantly came down.
The matrons, maids, and aged men
All hurried to the temples then.–
The bleating host now surely thought
That fifty wolves were on the spot:
 Dog, shepherd, sheep, all homeward fled,
And left a single sheep in pawn,
Which Renard seized when they were gone.
 But, ere upon his prize he fed,
There crow'd a cock near by, and down
The scholar threw his prey and gown,
That he might run that way the faster–
Forgetting lessons, prize and master.
How useless is the art of seeming!
 Reality, in every station,
Is through its cloak at all times gleaming,
 And bursting out on fit occasion.

Young prince, to your unrivall'd wit
My muse gives credit, as is fit,
For what she here hath labour'd with–
The subject, characters, and pith.

Le Renard dit au Loup : « Notre cher, pour tout mets
J'ai souvent un vieux coq, ou de maigres poulets :
 C'est une viande qui me lasse.
Tu fais meilleure chère avec moins de hasard :
J'approche des maisons; tu te tiens à l'écart.
Apprends-moi ton métier, camarade, de grâce;
 Rends-moi le premier de ma race
Qui fournisse son croc de quelque mouton gras :
Tu ne me mettras point au nombre des ingrats.
— Je le veux, dit le Loup : il m'est mort un mien frère,
Allons prendre sa peau, tu t'en revêtiras. »
Il vint; et le Loup dit : « Voici comme il faut faire,
Si tu veux écarter les mâtins du troupeau. »
 Le Renard, ayant mis la peau,
Répétoit les leçons que lui donnoit son maitre.
D'abord il s'y prit mal, puis un peu mieux, puis bien;
 Puis enfin il n'y manqua rien.
A peine il fut instruit autant qu'il pouvoit l'être,
Qu'un troupeau s'approcha. Le nouveau Loup y court
Et répand la terreur dans les lieux d'alentour.
 Tel, vêtu des armes d'Achille,
Patrocle mit l'alarme au camp et dans la ville :
Mères, brus, et vieillards, au temple couroient tous.
L'ost au peuple bêlant crut voir cinquante loups :
Chien, berger, et troupeau, tout fuit vers le village,
Et laisse seulement une brebis pour gage.
Le larron s'en saisit. A quelques pas de là
Il entendit chanter un coq du voisinage.
Le disciple aussitôt droit au coq s'en alla,
 Jetant bas sa robe de classe,
Oubliant les brebis, les leçons, le régent,
 Et courant d'un pas diligent.

 Que sert-il qu'on se contrefasse?
Prétendre ainsi changer est une illusion :
 L'on reprend sa première trace
 A la première occasion.

 De votre esprit, que nul autre n'égale,
Prince, ma Muse tient tout entier ce projet :
 Vous m'avez donné le sujet,
 Le dialogue, et la morale.

L'ÉCREVISSE ET SA FILLE.

Les Sages quelquefois, ainsi que l'Écrevisse,
Marchent à reculons, tournent le dos au port.
C'est l'art des matelots : c'est aussi l'artifice
De ceux qui, pour couvrir quelque puissant effort,
Envisagent un point directement contraire,
Et font vers ce lieu-là courir leur adversaire.
Mon sujet est petit, cet accessoire est grand :
Je pourrois l'appliquer à certain conquérant
Qui tout seul déconcerte une ligue à cent têtes.
Ce qu'il n'entreprend pas, et ce qu'il entreprend,
N'est d'abord qu'un secret, puis devient des conquêtes.
En vain l'on a les yeux sur ce qu'il veut cacher,
Ce sont arrêts du Sort qu'on ne peut empêcher :
Le torrent à la fin devient insurmontable.
Cent dieux sont impuissants contre un seul Jupiter.
Louis et le Destin me semblent de concert
Entraîner l'Univers. Venons à notre fable.

Mère Écrevisse un jour à sa fille disoit :
« Comme tu vas, bon dieu! ne peux-tu marcher droit?
—Et comme vous allez vous-même! dit la fille :
Puis-je autrement marcher que ne fait ma famille?
Veut-on que j'aille droit quand on y va tortu? »

    Elle avoit raison : la vertu
    De tout exemple domestique
    Est universelle, et s'applique
En bien, en mal, en tout; fait des sages, des sots;
Beaucoup plus de ceux-ci. Quant à tourner le dos
A son but, j'y reviens; la méthode en est bonne,
    Surtout au métier de Bellone :
    Mais il faut le faire à propos.

THE LOBSTER AND HER DAUGHTER.

The wise, sometimes, as lobsters do,
To gain their ends back foremost go.
It is the rower's art; and those
Commanders who mislead their foes,
Do often seem to aim their sight
Just where they don't intend to smite.
My theme, so low, may yet apply
To one whose fame is very high.
    Who finds it not the hardest matter
    A hundred-headed league to scatter.
What he will do, what leave undone,
    Are secrets with unbroken seals,
    Till victory the truth reveals.
Whatever he would have unknown
Is sought in vain. Decrees of Fate
Forbid to check, at first, the course
Which sweeps at last with torrent force.
    One Jove, as ancient fables state,
    Exceeds a hundred gods in weight.
    So Fate and Louis would seem able
        The universe to draw,
        Bound captive to their law.—
    But come we to our fable.
A mother lobster did her daughter chide:
'For shame, my daughter! can't you go ahead?'
    'And how go you yourself ?' the child replied;
'Can I be but by your example led?
    Head foremost should I, singularly, wend,
    While all my race pursue the other end.'
She spoke with sense: for better or for worse,
    Example has a universal force.
        To some it opens wisdom's door,
        But leads to folly many more.
        Yet, as for backing to one's aim,
            When properly pursued
            The art is doubtless good,
        At least in grim Bellona's game.

THE FOX, THE FLIES, AND
THE HEDGEHOG.

A fox, old, subtle, vigilant, and sly,—
By hunters wounded, fallen in the mud,—
Attracted, by the traces of his blood,
    That buzzing parasite, the fly.
    He blamed the gods, and wonder'd why
    The Fates so cruelly should wish
    To feast the fly on such a costly dish.
    'What! light on me! make me its food!
    Me, me, the nimblest of the wood!
    How long has fox-meat been so good?
What serves my tail? Is it a useless weight?
Go,—Heaven confound thee, greedy reprobate!—
And suck thy fill from some more vulgar veins!'
    A hedgehog, witnessing his pains,
      (This fretful personage
      Here graces first my page,)
      Desired to set him free
      From such cupidity.
      'My neighbour fox,' said he,
    My quills these rascals shall empale,
    And ease they torments without fail.'
'Not for the world, my friend!' the fox replied.
    'Pray let them finish their repast.
These flies are full. Should they be set aside,
    New hungrier swarms would finish me at last.'
Consumers are too common here below,
In court and camp, in church and state, we know.
    Old Aristotle's penetration
    Remark'd our fable's application;
    It might more clearly in our nation.
    The fuller certain men are fed,
    The less the public will be bled.

LE RENARD, LES MOUCHES ET LE HÉRISSON.

Aux traces de son sang un vieux hôte des bois,
    Renard fin, subtil, et matois,
Blessé par des chasseurs et tombé dans la fange,
Autrefois attira ce parasite ailé
    Que nous avons mouche appelé.
Il accusoit les Dieux, et trouvoit fort étrange
Que le Sort à tel point le voulût affliger,
    Et le fit aux mouches manger.
« Quoi! se jeter sur moi, sur moi le plus habile
    De tous les hôtes des forêts!
Depuis quand les renards sont-ils un si bon mets?
Et que me sert ma queue? est-ce un poids inutile?
Va, le ciel te confonde, animal importun!
    Que ne vis-tu sur le commun? »
    Un Hérisson du voisinage,
    Dans mes vers nouveau personnage,
Voulut le délivrer de l'importunité
    Du peuple plein d'avidité.
« Je les vais de mes dards enfiler par centaines,
Voisin Renard, dit-il, et terminer tes peines.
— Garde-t'en bien, dit l'autre; ami, ne le fais pas:
Laisse-les, je te prie, achever leur repas.
Ces animaux sont soûls; une troupe nouvelle
Viendroit fondre sur moi, plus âpre et plus cruelle. »

Nous ne trouvons que trop de mangeurs ici-bas:
Ceux-ci sont courtisans, ceux-là sont magistrats.
Aristote appliquoit cet apologue aux hommes.
    Les exemples en sont communs,
    Surtout au pays où nous sommes.
Plus telles gens sont pleins, moins ils sont importuns.

L'AMOUR ET LA FOLIE.

Tout est mystère dans l'Amour,
Ses flèches, son carquois, son flambeau, son enfance :
Ce n'est pas l'ouvrage d'un jour
Que d'épuiser cette science.
Je ne prétends donc point tout expliquer ici :
Mon but est seulement de dire, à ma manière,
Comment l'aveugle que voici
(C'est un dieu), comment, dis-je, il perdit la lumière;
Quelle suite eut ce mal, qui peut-être est un bien;
J'en fais juge un amant, et ne décide rien.

La Folie et l'Amour jouoient un jour ensemble :
Celui-ci n'étoit pas encor privé des yeux.
Une dispute vint : l'Amour veut qu'on assemble
Là-dessus le conseil des Dieux ;
L'autre n'eut pas la patience ;
Elle lui donne un coup si furieux,
Qu'il en perd la clarté des cieux.
Vénus en demande vengeance.
Femme et mère, il suffit pour juger de ses cris :
Les Dieux en furent étourdis,
Et Jupiter, et Némésis,
Et les Juges d'Enfer, enfin toute la bande.
Elle représenta l'énormité du cas;
Son fils, sans un bâton, ne pouvoit faire un pas :
Nulle peine n'étoit pour ce crime assez grande :
Le dommage devoit être aussi réparé.
Quand on eut bien considéré
L'intérêt du public, celui de la partie,
Le résultat enfin de la suprême cour
Fut de condamner la Folie
A servir de guide à l'Amour.

LOVE AND FOLLY.

Love bears a world of mystery —
His arrows, quiver, torch, and infancy:
'Tis not a trifling work to sound
A sea of science so profound:
And, hence, t' explain it all to-day
Is not my aim; but, in my simple way,
To show how that blind archer lad
(And he a god!) came by the loss of sight,
And eke what consequence the evil had,
Or good, perhaps, if named aright —
A point I leave the lover to decide,
As fittest judge, who hath the matter tried.

Together on a certain day,
Said Love and Folly were at play:
The former yet enjoy'd his eyes.
Dispute arose. Love thought it wise
Before the council of the gods to go,
Where both of them by birth held stations;
But Folly, in her lack of patience,
Dealt on his forehead such a blow
As seal'd his orbs to all the light of heaven.
Now Venus claim'd that vengeance should be given.
And by what force of tears yourselves may guess
The woman and the mother sought redress.
The gods were deafen'd with her cries —
Jove, Nemesis, the stern assize
Of Orcus, — all the gods, in short,
From whom she might the boon extort.
The enormous wrong she well portray'd —
Her son a wretched groper made,
An ugly staff his steps to aid!
For such a crime, it would appear,
No punishment could be severe:
The damage, too, must be repair'd.
The case maturely weigh'd and cast,
The public weal with private squared:
Poor Folly was condemn'd at last,
By judgment of the court above,
To serve for aye as guide to Love.

LA FORÊT ET LE BUCHERON.

Un Bûcheron venoit de rompre ou d'égarer
Le bois dont il avoit emmanché sa cognée.
Cette perte ne put sitôt se réparer
Que la forêt n'en fût quelque temps épargnée.
    L'homme enfin la prie humblement
    De lui laisser tout doucement
    Emporter une unique branche,
    Afin de faire un autre manche :
Il iroit employer ailleurs son gagne-pain ;
Il laisseroit debout maint chêne et maint sapin
Dont chacun respectoit la vieillesse et les charmes.
L'innocente forêt lui fournit d'autres armes.
Elle en eut du regret. Il emmanche son fer :
    Le misérable ne s'en sert
    Qu'à dépouiller sa bienfaitrice
    De ses principaux ornements.
    Elle gémit à tous moments :
    Son propre don fait son supplice.

Voilà le train du monde et de ses sectateurs :
On s'y sert du bienfait contre les bienfaiteurs.
Je suis las d'en parler. Mais que de doux ombrages
    Soient exposés à ces outrages,
    Qui ne se plaindroit là-dessus ?
Hélas ! j'ai beau crier et me rendre incommode,
    L'ingratitude et les abus
    N'en seront pas moins à la mode.

THE WOODS AND THE WOODMAN.

A certain wood-chopper lost or broke
From his axe's eye a bit of oak.
The forest must needs be somewhat spared
While such a loss was being repair'd.
Came the man at last, and humbly pray'd
    That the woods would kindly lend to him —
    A moderate loan — a single limb,
Whereof might another helve be made,
And his axe should elsewhere drive its trade.
O, the oaks and firs that then might stand,
A pride and a joy throughout the land,
For their ancientness and glorious charms!
The innocent Forest lent him arms;
But bitter indeed was her regret;
For the wretch, his axe new-helved and whet,
Did nought but his benefactress spoil
Of the finest trees that graced her soil;
And ceaselessly was she made to groan,
Doing penance for that fatal loan.

Behold the world-stage and its actors,
Where benefits hurt benefactors! —
    A weary theme, and full of pain;
For where's the shade so cool and sweet,
Protecting strangers from the heat,
    But might of such a wrong complain?
      Alas! I vex myself in vain;
      Ingratitude, do what I will,
      Is sure to be the fashion still.

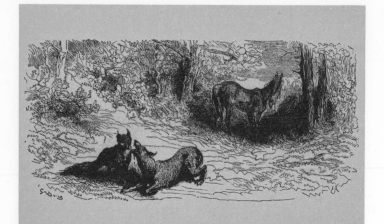

LE RENARD, LE LOUP ET LE CHEVAL.

Un Renard, jeune encor, quoique des plus madrés,
Vit le premier cheval qu'il eût vu de sa vie.
Il dit à certain Loup, franc novice : « Accourez,
    Un animal paît dans nos prés,
Beau, grand; j'en ai la vue encor toute ravie.
— Est-il plus fort que nous? dit le Loup en riant :
    Fais-moi son portrait, je te prie.
— Si j'étois quelque peintre ou quelque étudiant,
Repartit le Renard, j'avancerois la joie
    Que vous aurez en le voyant.
Mais venez; que sait-on? peut-être est-ce une proie
    Que la Fortune nous envoie. »
Ils vont; et le Cheval, qu'à l'herbe on avoit mis,
Assez peu curieux de semblables amis,
Fut presque sur le point d'enfiler la venelle.
« Seigneur, dit le Renard, vos humbles serviteurs
Apprendroient volontiers comment on vous appelle. »
Le Cheval, qui n'étoit dépourvu de cervelle,
Leur dit : « Lisez mon nom, vous le pouvez, messieurs :
Mon cordonnier l'a mis autour de ma semelle. »
Le Renard s'excusa sur son peu de savoir.
« Mes parents, reprit-il, ne m'ont point fait instruire;
Ils sont pauvres, et n'ont qu'un trou pour tout avoir;
Ceux du Loup, gros messieurs, l'ont fait apprendre à lire. »
    Le Loup, par ce discours flatté,
    S'approcha. Mais sa vanité
Lui coûta quatre dents : le Cheval lui desserre
Un coup; et haut le pied. Voilà mon Loup par terre,
    Mal en point, sanglant, et gâté.
« Frère, dit le Renard, ceci nous justifie
    Ce que m'ont dit des gens d'esprit :
Cet animal vous a sur la mâchoire écrit
Que de tout inconnu le Sage se méfie. »

THE FOX, THE WOLF, AND
THE HORSE.

A fox, though young, by no means raw,
  Had seen a horse, the first he ever saw:
'Ho! neighbour wolf,' said he to one quite green,
'A creature in our meadow I have seen, —
    Sleek, grand! I seem to see him yet, —
    The finest beast I ever met.'
    'Is he a stouter one than we?'
    The wolf demanded, eagerly;
    'Some picture of him let me see.'
'If I could paint,' said fox, 'I should delight
T' anticipate your pleasure at the sight;
But come; who knows? perhaps it is a prey
    By fortune offer'd in our way.'
  They went. The horse, turn'd loose to graze,
  Not liking much their looks or ways,
    Was just about to gallop off.
'Sir,' said the fox, 'your humble servants, we
Make bold to ask you what your name may be.'
  The horse, an animal with brains enough,
Replied, 'Sirs, you yourselves may read my name;
My shoer round my heel hath writ the same.'
The fox excus'd himself for want of knowledge:
    'Me, sir, my parents did not educate, —
    So poor, a hole was their entire estate.
My friend, the wolf, however, taught at college,
    Could read it were it even Greek.'
      The wolf, to flattery weak,
    Approach'd to verify the boast;
    For which four teeth he lost.
The high raised hoof came down with such a blow,
As laid him bleeding on the ground full low.
'My brother,' said the fox, 'this shows how just
    What once was taught me by a fox of wit, —
    Which on thy jaws this animal hath writ, —
"All unknown things the wise mistrust." '

THE FOX AND THE TURKEYS.

Against a robber fox, a tree
    Some turkeys served as citadel.
That villain, much provoked to see
    Each standing there as sentinel,
        Cried out, 'Such witless birds
At me stretch out their necks, and gobble!
No, by the powers! I'll give them trouble.'
        He verified his words.
    The moon, that shined full on the oak,
    Seem'd then to help the turkey folk.
    But fox, in arts of siege well versed,
    Ransack'd his bag of tricks accursed.
    He feign'd himself about to climb;
    Walk'd on his hinder legs sublime;
Then death most aptly counterfeited,
And seem'd anon resuscitated.
    A practiser of wizard arts
    Could not have fill'd so many parts.
    In moonlight he contrived to raise
    His tail, and make it seem a blaze:
    And countless other tricks like that.
    Meanwhile, no turkey slept or sat.
    Their constant vigilance at length,
    As hoped the fox, wore out their strength.
    Bewilder'd by the rigs he run,
    They lost their balance one by one.
    As Renaard slew, he laid aside,
    'Till nearly half of them had died;
    Then proudly to his larder bore,
    And laid them up, an ample store.

    A foe, by being over-heeded,
    Has often in his plan succeeded.

LE RENARD ET LES POULETS D'INDE.

    Contre les assauts d'un Renard
Un arbre à des Dindons servoit de citadelle.
Le perfide ayant fait tout le tour du rempart,
        Et vu chacun en sentinelle,
S'écria : « Quoi! ces gens se moqueront de moi!
Eux seuls seront exempts de la commune loi!
Non, par tous les Dieux! non. » Il accomplit son dire.
La lune, alors luisant, sembloit contre le Sire
Vouloir favoriser la dindonnière gent.
Lui, qui n'étoit novice au métier d'assiégeant,
Eut recours à son sac de ruses scélérates,
Feignit vouloir gravir, se guinda sur ses pattes,
Puis contrefit le mort, puis le ressuscité.
        Arlequin n'eût exécuté
        Tant de différents personnages.
Il élevoit sa queue, il la faisoit briller,
        Et cent mille autres badinages,
Pendant quoi nul dindon n'eût osé sommeiller.
L'ennemi les lassoit en leur tenant la vue
        Sur même objet toujours tendue.
Les pauvres gens étant à la longue éblouis,
Toujours il en tomboit quelqu'un : autant de pris,
Autant de mis à part : près de moitié succombe.
Le compagnon les porte en son garde-manger.

Le trop d'attention qu'on a pour le danger
        Fait le plus souvent qu'on y tombe.

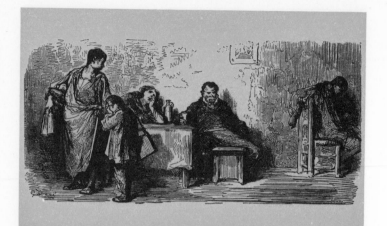

LE SINGE.

Il est un Singe dans Paris
A qui l'on avoit donné femme :
Singe en effet d'aucuns maris,
Il la battoit. La pauvre dame
En a tant soupiré, qu'enfin elle n'est plus.
Leur fils se plaint d'étrange sorte,
Il éclate en cris superflus :
Le père en rit, sa femme est morte ;
Il a déjà d'autres amours,
Que l'on croit qu'il battra toujours ;
Il hante la taverne, et souvent il s'enivre.

N'attendez rien de bon du peuple imitateur,
Qu'il soit singe ou qu'il fasse un livre :
La pire espèce, c'est l'auteur.

THE APE.

There is an ape in Paris,
　To which was given a wife:
Like many a one that marries,
　This ape, in brutal strife,
　Soon beat her out of life.
Their infant cries, – perhaps not fed, –
　But cries, I ween, in vain;
The father laughs: his wife is dead,
　And he has other loves again,
Which he will also beat, I think, –
Return'd from tavern drown'd in drink.

For aught that's good, you need not look
　Among the imitative tribe;
A monkey be it, or what makes a book –
　The worse, I deem – the aping scribe.

THE FOOL AND THE SAGE.

A fool pursued, with club and stone,
A sage, who said, 'My friend, well done!
Receive this guinea for your pains;
They well deserve far higher gains.
The workman's worthy of his hire,
'Tis said. There comes a wealthy squire,
Who hath wherewith thy works to pay;
To him direct thy gifts, and they
Shall gain their proper recompense.'
   Urged by the hope of gain,
   Upon the wealthy citizen
The fool repeated the offence.
His pay this time was not in gold.
   Upon the witless man
   A score of ready footmen ran,
And on his back, in full, his wages told.
In courts, such fools afflict the wise;
They raise the laugh at your expense.
To check their babble, were it sense
Their folly meetly to chastise?
   Perhaps 'twill take a stronger man.
   Then make them worry one who can.

UN FOU ET UN SAGE.

Certain Fou poursuivoit à coups de pierre un Sage.
Le Sage se retourne, et lui dit : « Mon ami,
C'est fort bien fait à toi, reçois cet écu-ci.
Tu fatigues assez pour gagner davantage;
Toute peine, dit-on, est digne de loyer :
Vois cet homme qui passe, il a de quoi payer;
Adresse-lui tes dons, ils auront leur salaire. »
Amorcé par le gain, notre Fou s'en va faire
   Même insulte à l'autre bourgeois.
On ne le paya pas en argent cette fois.
Maint estafier accourt : on vous happe notre homme,
   On vous l'échine, on vous l'assomme.

Auprès des Rois il est de pareils fous :
A vos dépens ils font rire le maitre.
Pour réprimer leur babil, irez-vous
Les maltraiter? Vous n'êtes pas peut-être
Assez puissant. Il faut les engager
A s'adresser à qui peut se venger.

LE JUGE ARBITRE, L'HOSPITALIER ET LE SOLITAIRE.

Trois Saints, également jaloux de leur salut,
Portés d'un même esprit, tendoient à même but.
Ils s'y prirent tous trois par des routes diverses :
Tous chemins vont à Rome ; ainsi nos concurrents
Crurent pouvoir choisir des sentiers différents.
L'un, touché des soucis, des longueurs, des traverses
Qu'en apanage on voit aux procès attachés,
S'offrit de les juger sans récompense aucune,
Peu soigneux d'établir ici-bas sa fortune.
Depuis qu'il est des lois, l'homme, pour ses péchés,
Se condamne à plaider la moitié de sa vie :
La moitié? les trois quarts, et bien souvent le tout.
Le conciliateur crut qu'il viendroit à bout
De guérir cette folle et détestable envie.
Le second de nos Saints choisit les hôpitaux.
Je le loue ; et le soin de soulager ces maux
Est une charité que je préfère aux autres.
Les malades d'alors, étant tels que les nôtres,
Donnoient de l'exercice au pauvre hospitalier ;
Chagrins, impatients, et se plaignant sans cesse :
« Il a pour tels et tels un soin particulier ;
      Ce sont ses amis ; il nous laisse. »
Ces plaintes n'étoient rien au prix de l'embarras
Où se trouva réduit l'appointeur de débats :
Aucun n'étoit content ; la sentence arbitrale
    A nul des deux ne convenoit :
      Jamais le juge ne tenoit
    A leur gré la balance égale.
De semblables discours rebutoient l'appointeur :
Il court aux hôpitaux, va voir leur directeur.
Tous deux ne recueillant que plainte et que murmure,
Affligés et contraints de quitter ces emplois,
Vont confier leur peine au silence des bois.

THE ARBITER, THE ALMONER
AND THE HERMIT.

Three saints, for their salvation jealous,
Pursued, with hearts alike most zealous,
    By routes diverse, their common aim.
    All highways lead to Rome: the same
    Of heaven our rivals deeming true,
Each chose alone his pathway to pursue.
Moved by the cares, delays, and crosses
Attach'd to suits by legal process,
One gave himself as judge, without reward,
For earthly fortune having small regard.
      Since there are laws, to legal strife
      Man damns himself for half his life.
For half? – Three-fourths! – perhaps the whole!
    The hope possess'd our umpire's soul,
    That on his plan he should be able
    To cure this vice detestable. –
    The second chose the hospitals.
      I give him praise: to solace pain
      Is charity not spent in vain,
    While men in part are animals.
The sick – for things went then as now they go –
Gave trouble to the almoner, I trow.
    Impatient, sour, complaining ever,
    As rack'd by rheum, or parch'd with fever, –
      'His favourites are such and such;
      With them he watches over-much,
        And lets us die,' they say, –
      Such sore complaints from day to day
      Were nought to those that did await
      The reconciler of debate.
      His judgments suited neither side;
        Forsooth, in either party's view,
        He never held the balance true,
      But swerved in every cause he tried.

Discouraged by such speech, the arbiter
Betook himself to see the almoner.
As both received but murmurs for their fees,
    They both retired, in not the best of moods,
    To break their troubles to the silent woods,
And hold communion with the ancient trees.
        There, underneath a rugged mountain,
        Beside a clear and silent fountain,
A place revered by winds, to sun unknown,
They found the other saint, who lived alone.
        Forthwith they ask'd his sage advice.
        'Your own,' he answer'd, 'must suffice;
        Who but yourselves your wants should know?
        To know one's self, is, here below,
        The first command of the Supreme.
Have you obey'd among the bustling throngs?
Such knowledge to tranquillity belongs;
        Elsewhere to seek were fallacy extreme.
Disturb the water – do you see your face?
        See we ourselves within a troubled breast?
            A murky cloud in such a case,
            Though once it were a crystal vase!
            But, brothers, let it simply rest,
And each shall see his features there impress'd.
For inward thought a desert home is best.'

        Such was the hermit's answer brief;
        And, happily, it gain'd belief.

But business, still, from life must not be stricken
Since men will doubtless sue at law, and sicken,
Physicians there must be, and advocates, –
Whereof, thank God, no lack the world awaits,
While wealth and honours are the well-known baits.
Yet, in the stream of common wants when thrown,
What busy mortal but forgets his own?
O, you who give the public all your care,
        Be it as judge, or prince, or minister,
    Disturb'd by countless accidents most sinister,
By adverse gales abased, debased by fair, –
Yourself you never see, nor *see* you aught.
Comes there a moment's rest for serious thought,
There comes a flatterer too, and brings it all to nought
        This lesson seals our varied page:
        O, may it teach from age to age!
        To kings I give it, to the wise propose;
Where could my labours better close?

Là, sous d'âpres rochers, près d'une source pure,
Lieu respecté des vents, ignoré du soleil,
Ils trouvent l'autre Saint, lui demandent conseil.
« Il faut, dit leur ami, le prendre de soi-même.
        Qui, mieux que vous, sait vos besoins ?
Apprendre à se connoître est le premier des soins
Qu'impose à tout mortel la Majesté suprême.
Vous êtes-vous connus dans le monde habité ?
L'on ne le peut qu'aux lieux pleins de tranquillité :
Chercher ailleurs ce bien est une erreur extrême.
        Troublez l'eau : vous y voyez-vous ?
Agitez celle-ci. — Comment nous verrions-nous ?
        La vase est un épais nuage
Qu'aux effets du cristal nous venons d'opposer.
— Mes frères, dit le Saint, laissez-la reposer,
        Vous verrez alors votre image.
Pour vous mieux contempler demeurez au désert. »
        Ainsi parla le Solitaire.
Il fut cru ; l'on suivit ce conseil salutaire.

Ce n'est pas qu'un emploi ne doive être souffert.
Puisqu'on plaide et qu'on meurt, et qu'on devient malade,
Il faut des médecins, il faut des avocats ;
Ces secours, grâce à Dieu, ne nous manqueront pas :
Les honneurs et le gain, tout me le persuade.
Cependant on s'oublie en ces communs besoins.
O vous, dont le public emporte tous les soins,
        Magistrats, princes et ministres,
Vous que doivent troubler mille accidents sinistres,
Que le malheur abat, que le bonheur corrompt,
Vous ne vous voyez point, vous ne voyez personne.
Si quelque bon moment à ces pensers vous donne,
        Quelque flatteur vous interrompt.

Cette leçon sera la fin de ces ouvrages :
Puisse-t-elle être utile aux siècles à venir !
Je la présente aux Rois, je la propose aux Sages :
        Par où saurois-je mieux finir ?